DIANA

W0029005

Das Buch

»Aus Onkel Max' Kulturtagebuch« – unter diesem Titel veröffentlicht Max Goldt seit 1989 in dem Satiremagazin »Titanic« eine umfangreiche Kolumne, über die gebetsmühlenartig behauptet wird, sie genieße Kultstatus. Ein Begriff, den der bescheidene Autor lachend von sich weist. Wahr ist aber, daß die Texte von Menschen, die ein gepflegtes Durcheinander zu schätzen wissen, gern gelesen werden. Der Autor, von dem der Ausspruch »Themen interessieren mich nicht« überliefert ist, vereint in seinen Aufsätzen nicht nur hastig Hingeschriebenes mit akribisch Ausgetüfteltem aus bang durchwachten Nächten, sondern auch seine sehr persönliche, stets aber nur scheinbar private Weltsicht mit stilistischen Karussellfahrten, daß es einem schwindlig werden möchte. Ein Buch für alle, die Goldt kennen und lieben – und für alle, die diese Erfahrung noch vor sich haben.

Der Autor

Max Goldt, geboren 1958 in Göttingen, lebt seit 1977 als Musiker und freier Schriftsteller in Berlin. Er gründete 1981 zusammen mit Gerd Pasemann das Duo »Foyers des Arts«. Zahlreiche Schallplattenveröffentlichungen, auch solo, folgten. 1984 erschien sein erstes Buch *Mein äußerst schwer erziehbarer schwuler Schwager aus der Schweiz*, 1988 *Ungeduscht geduzt und ausgebuht*. Seit 1989 schreibt Max Goldt für das Satiremagazin »Titanic«.

Im Wilhelm Heyne Verlag liegen bereits vor: *Die Radiotrinkerin* (01/8739), *Schließ einfach die Augen und stell dir vor, ich wäre Heinz Klunker* (01/10103), *Die Kugeln in unseren Köpfen* (01/10348), *Ä* (01/10642).

Max Goldt

Quitten für die Menschen zwischen Emden und Zittau

Aus
Onkel Max' Kulturtagebuch

DIANA VERLAG

Diana Taschenbuch Nr. 62/0064

Einzig berechtigte Taschenbuchausgabe
Der Diana Taschenbuchverlag ist ein Unternehmen der
Wilhelm Heyne Verlag GmbH & Co. KG, München
Printed in Germany 1999

Umschlagillustration: Michael Sowa
Umschlaggestaltung: Hauptmann und Kampa
Werbeagentur, CH-Zug
Druck und Bindung: Elsnerdruck, Berlin
Gedruckt auf chlor- und säurefreiem Papier

ISBN: 3-453-15585-8

http://www.heyne.de

Inhalt

Vorwort

Als Berlin noch durch eine unmenschliche Mauer geteilt war, gab es im Westteil der Stadt eine kleine, handgemachte Zeitschrift, welche von einem trinkfreudigen englischen Ex-Punk herausgegeben wurde und sich »Ich und mein Staubsauger« nannte. Darin hatte ich eine regelmäßige Doppelseite, die ich mit »Onkel Max« unterzeichnete. Es ging in meinen Texten, genau wie in denen der anderen Autoren, darum, in welchem Lokal man was für Bier getrunken hatte und auf was für Konzerten man gewesen war. (Für Feinbeine: Besucht man ein klassisches oder Jazz-Konzert, dann geht man *in* ein Konzert, bei Rock-Ereignissen sagt man »*auf* ein Konzert«, was damit zu tun hat, daß man »auf eine Party« und »auf ein Bier« geht, und darum geht es meistens.) Gelesen wurde die Zeitschrift von Leuten, die auf den gleichen Konzerten waren. Meine Kolumne fiel einem Titanic-Redakteur auf, der mich daraufhin fragte, ob ich nicht Lust hätte, sie in seinem Heftchen weiterzuführen. Au ja, sagte ich, dann krieg ich wenigstens mal Geld dafür.

Schwer tat ich mich anfangs, da ich mich neuen Inhalten zuwenden mußte. Einem bundesweiten Leserkreis konnte ich unmöglich mitteilen, in welchem Lokal der und der nach wie vielen Bieren das und das gemacht habe.

Ich mußte die subkulturellen Berlinensien meiden und schrieb daher einfach irgendwas. Ich biß mir allerdings keine Fingernägel ab vor lauter Ambition. Wie wenig wichtig mir und auch der Redaktion die Kolumne anfangs war, mag belegen, daß ich mir von den ersten zehn, fünfzehn Texten noch nicht mal Kopien machte und daß ich, als ich in diesen Wochen die Titanic bat, mir doch mal die alten Manuskripte zurückzuschicken, als Antwort

»Hamwa weggeschmissen« erhielt. Mit der Zeit bekam ich aber immer wieder erstaunlich freundliche Leserzuschriften und vernahm sogar, daß Kapazitäten mich lobten, und so begann ich allmählich, mir Mühe zu geben. Inzwischen ist mir die Kolumne so sehr ans Herz gewachsen, daß ich ganz zermürbt bin, wenn sie mißrät, was leider noch immer mal vorkommt. Da ich fast immer ohne Themenvorgabe schreibe, kann ich ein Mißlingen auch für die Zukunft nicht ausschließen. Mein einziger Begleiter ist ein Zettel, auf dem Wörter stehen, mit denen ich Affären habe. Meine Affären sind nicht immer blond und breitschultrig, es kommt auch vor, daß ich mich mit Wörtern wie »Beutelschweißnaht« treffe, weil das prickelt. Ich setze mich hin, fang irgendwie zu schreiben an und warte ab, was passiert. Das Höchste, was ich anstrebe, ist, daß es in meinen Aufsätzen zugeht wie in der vollgestopften Wohnung einer einst gefeierten, verwahrlosten, bettlägerigen, ihr eigenes Elend trunken bekichernden Diseuse, d. h. rührend, bedenklich und durcheinander. Wie schön wäre es, wenn man da etwas herumwühlen könnte, während die Diva leise röchelt, da gäb es reichlich Anlaß, abwechselnd ernst und heiter zu blicken. Und so ists auch bei Onkel Max. Es gibt Texte, in denen bombastische Übertreibungen, nützliche Informationen, zartes, lyrisches Sehnen, kesse Leseransprache, nüchterne Gesellschaftskritik, privates, verlorenes Murmeln und trotziges Poltern friedensreich koexistieren. Manche Texte sind allerdings auch ganz normale Texte. Ironisch ist nicht vieles. Ich mag keine Berichte, in denen der ironische Ton so kontinuierlich durchgeht wie die Baßtrommel in der Euro-Disco. Lustig geriet wohl mancherlei, denn das geht leicht. Nie werde ich mir die Lebenslüge eitler Humoristen zu eigen machen, daß Lustiges ach so viel schwieriger zu schaffen sei als Ernstes. Gelächter ist ein ausgesprochen häufiges Geräusch.

Keinen der hier gesammelten Texte habe ich mit dem Gedanken an eine Zweitverwertung in Buchform geschrieben, doch als Gerd Haffmans mir vor einigen Monaten den Vorschlag machte, über ein Kolumnen-Buch nachzudenken, tat ich das gern, sträubte mich gar nicht und schnurrte bald aus Vorfreude über ein Michael Sowa-Bild vornedrauf. Der Einfall, nur eine Auswahl herauszubringen, die mißratenen Aufsätze also fortzulassen, verdunkelte mein Hirn nur kurz, denn dies Verfahren hätte zu einem Buch geführt, das wegen seiner extremen Wenigseitigkeit von jedermann als mißraten eingestuft worden wäre. Außerdem kenne ich den Ärger, den man empfindet, wenn man sich eine CD namens »The Singles« gekauft hat und daheim feststellt, daß da mehrere Stücke fehlen, weil die Band offenbar nicht mehr hinter ihnen steht. Man lechzt auch nach Mittelmaß, wenn man das Gefühl hat, es werde einem ungerechterweise vorenthalten. Ich möchte mir nun ein Selbstzitat erlauben. Im Vorwort meines ersten Büchleins schrieb ich 1984: »Man sollte einen Künstler nicht ausschließlich an seinen Spitzenleistungen messen (dieser Band enthält ca. fünf Seiten Weltliteratur), sondern auch an seinem Ausschuß. Wenn ich einmal von der Welt gehe, dann mit der Gewißheit, daß keine kommende Studentengeneration durch die Rekonstruktion meines Papierkorbes verschlissen wird. Sie möge lieber lernen, die Pflanzen und Tiere der Heimat zu unterscheiden.«

Obwohl ich einige der früheren Texte einer teilweise rabiaten Überarbeitung unterzogen habe – ohne sie aber zu aktualisieren –, habe ich das Gefühl, daß in der ersten Hälfte des Buches mehr Langeweile und weniger Gediegenheit wohnt als in der zweiten. Daher rate ich insbesondere solchen Lesern, die das Buch geschenkt bekommen haben und zweifeln, ob die Lektüre sich denn lohne, es nicht von vorne nach hinten zu lesen, sondern sich zuerst mit den Texten Nr. 44, 31, 37, 26, 22, 45, 16 und 25 zu befassen und dann zu entscheiden, ob sie das Buch weiterlesen oder weiterverschenken.

Bedanken möchte ich mich bei meinen lieben und treuen Stammlesern, besonders bei den Schreibern aufmunternder Briefe, und aus dieser Gruppe besonders bei jenen, die nicht böse waren, wenn ich nur mit einer Postkarte oder überhaupt nicht geantwortet habe. Dank gebührt auch den Titanics, die mein telephonisches Gejammere über Druckfehler, verbumfeite Sätze und vertauschte Bilder stets geduldig ertrugen und kaum einmal zurückjammerten, daß ich ja schließlich selber daran schuld sei, wenn ich immer erst drei Tage nach Redaktionsschluß schicke oder faxe. Ich danke auch allen Haffmännern und Hafffrauen, denn die sind alle lieb. Alle, alle, alle! Ach, danken ist etwas herrliches, es blüht viel Dank in meiner Seele, mir ist ganz blümerant davon. Ich danke also allen, die ich kenne und ehre und allen, die ich persönlich zwar nicht kenne, aber doch ehre. Ich will völlig durcheinander danken, d. h., ich danke Else Gabriel, den Cocteau Twins, Walter Kempowski, Adalbert Stifter, Dr. Erika Fuchs, Hermine Démoriane, allen »Müslis«, »Ökos« und »Grünen«, Nikola Hernadi, Ilona Albert, Max Grundig und seiner Firma für die tadellos funktionierenden Geräte, Ulf Wrede, Marcus Rattelschneck und seiner Mutter, Tex Rubinowitz und seiner Mutter, Matthias Ernst, Derrick, Eugen Egner, allen Läden, die nicht homogenisierte Milch führen, Rainer Maria Rilke, den Brüdern Grimm, Leonhard Lorek und Fritz Dubach, Sparks, Elvis Costello, Franz Josef Degenhardt, Stephan Winkler, Voltaire, der Frau, die sagte, es sei hinreißend anachronistisch, daß ich meine Disketten mit Bleistift beschrifte (Name vergessen), worauf ich sagte, Bleistift kann man so gut wieder abwischen, Talk Talk,

OMD, Siouxsie and the Banshees und all ihren Müttern, Johnnie Ray, Perry Como, Patti Page, Ray Conniff And His Orchestra And Chorus, Hergé, dem After Shave Moisturizer von Gianfranco Ferré für das angenehme Brennen und Duften, Robert Gernhardt, Ursula Hübner, den Azoren, den Färöern und dem Baltikum, Kate Bush, Guns 'n' Roses (wenigstens für »November Rain«), Dieter Steinmann, Ingmar Bergman, Gerd Pasemann, allen Leuten, die nicht in dieser Liste stehen und deswegen beleidigt sind (dafür, daß sie nicht wirklich beleidigt sind), der GEMA, dem WDR und der heiligen, unverzichtbaren Deutschen Bundespost und ihren unermüdlichen Zustellern, allen schüchternen und melancholischen Menschen, die nicht wissen, wie es weitergehen soll, Liselotte Funcke und ihrer Mutter, Hans Joachim Kulenkampff, Morrissey, Susan Shutan, Andy Partridge, Thomas Bodmer, dem Prince of Wales, der Sonne, dem Mond und dem tröstenden Schnee, der in der seligen Winterfrühe auf den Dächern liegt und »Psst« sagt. Ich danke, daß es Haselnüsse gibt und indische Restaurants. Ich danke Heinz Kluncker und Angelika Maisch und meinem Heimatland. Möge Deutschland gedeihen und sprießen. Es lebe hoch! Noch höher mögen von mir aus Dänemark und Finnland leben, denn da ist es beinahe noch schöner. Die anderen Länder sollen auch relativ hoch leben, aber natürlich nicht ganz so hoch wie Deutschland, Dänemark und Finnland.

Max Goldt, November 1992

Herrlich verrückte Krater

(Februar 1989)

Lediglich weil ich es meinen Mitkreaturen nicht zumuten mag, am Sonntag um 21.00 Uhr vergeblich vor dem Kant-Kino auf mich zu warten, weil ich mir bereits seit 20.30 Uhr vor dem Graffiti-Kino die Beine in den Bauch stehe, kaufe ich mir jedes Jahr einen Terminkalender. Diesmal ist es ein gehobener, einer für Inhaber von Lufthansa Frequent Traveller-Pässen oder ähnlichem, denn es steht drin, wann in England Bankfeiertage sind und wann in Paris die FAST FOOD stattfindet, die *Internationale Messe für Schnellgerichte,* wahrscheinlich ein *anschlagrelevantes Thema* – in Kreuzberg chartert man sicher schon Busse. Ab Mitte Februar werden Terminkalender zum halben Preis angeboten, aber wer bis dahin warten kann, hat sowieso keine Termine außer 10 Uhr 30 Zahnarzt und 23.6. Geburtstag Mutti. Ein unermüdlich um den Globus schwirrender Charismatiker wie ich braucht natürlich sofort einen. Die alljährlich entstehende Mühsal, den Adressenteil zu übertragen, wird gemildert durch die sich dabei ergebende Gelegenheit, Anschriften und Nummern von in Ungnade gefallenen Bekannten maliziös und hochkant rauszuschmeißen. Also dieser Oliver, über den mir erzählt wurde, er habe behauptet, ich sei ein . . . (Setzen Sie hier irgendwas ein) – der fliegt! Raus mit ihm!

Ulla Meinecke wird kalendermäßig auch dieses Jahr mitdurchgeschleppt, obwohl ich ihr in den letzten fünf Jahren nur zweimal begegnet bin und sie noch nie angerufen habe. Aber schließlich ist Ulla Meinecke ja immerhin Ulla Meinecke, und eines Tages werde ich ihre wahrscheinlich seit fünf Jahren nicht mehr aktuelle Telephonnummer sicher ganz dringend brauchen. Christine H. dagegen, die

Axel S. erzählt hat, ich sei oberschülerhaft, hat in meinem Verzeichnis nichts verloren und wird ausgemerzt. Möglich ist, daß ich als Sonderbotschafter des Subproletariats unter Akzeptanzschwierigkeiten leiden würde, aber die wären gar nichts verglichen mit den Akzeptanzschwierigkeiten, die ich als einziges Arbeiterkind in meiner Klasse auf der Oberschule hatte.

Nach dieser vergnüglichen Säuberungsaktion ist wieder viel Platz für geistreiche Frauen und charmante Herren, deren Bekanntschaft mir dieses Jahr ins Haus stehen mag – vielleicht mal welche mit Q? Unter Q ist immer am meisten Platz. Leute mit Q sind doch bestimmt »herrlich verrückt« und haben »echt verrückte Möbel-Ideen für wenig Moos« und lackieren sich die Fingernägel »in den verrücktesten Farben«. (Originalzitate aus Prospektbeilagen des ›Berliner Tagesspiegels‹.) Erstaunlich, was die Leute alles für verrückt halten. Die Ost-Berliner Zeitschrift ›Deine Gesundheit‹ berichtet gar, daß DDR-Bürger, die im statistischen Durchschnitt mehr als ein halbes Pfund Fleisch täglich verzehren, Vegetarier im allgemeinen für verrückt halten, während in der (West-) ›Berliner Morgenpost‹ steht: Es gibt aber sonst noch allerhand verrückte Dinge in dieser Stadt, zum Beispiel ein Versicherungsunternehmen für homosexuelle Männer!

Einmal saß ich beim Friseur, und eine adrett aussehende Frau bat die Friseurin, sie möchte doch mal etwas »ein

Werbepostkarte der Firma Butter-Lindner Herbst 1992

bißchen Verrücktes mit ihrem Kopf« machen. Eine Stunde später sah sie aus wie eine Pornodarstellerin. Anschließend wird sich die unvorteilhaft Verwandelte wohl ein Micky Maus-Telephon und einen Marilyn Monroe-Spiegel gekauft haben. Oder gar ein Saxophon? Saxophone gelten als Inbegriff des Verrückten und weltstädtisch Schillernden. Kaum eine Werbung, die aufs Jungvolk zielt, sei es für Haarspray, Deo oder fürs Berufsanfänger-Konto, kommt ohne einen schrill quäkenden, barkeeperähnlichen, den Unterleib nach vorne stemmenden und manhattanhaft energetischen Saxophonisten aus, was dem Ruf dieses vielseitigen Instruments schon sehr geschadet hat. Richtige Saxophonisten fahren ihr Becken nicht dermaßen blödsinnig nach vorne aus, sondern verrichten schwitzend und ohne zu klagen die ihnen zugewiesene Arbeit, so wie andere Leute auch. Diese Ansicht ist leider nicht modern. Die Leute wollen was »total Verrücktes« machen, z. B. raubkatzengemusterte Schlauchhosen anziehen und sich schwarze Balken ins Gesicht malen. Warum? »Weils verrückt ist.« Oder »Um sich von der Masse abzuheben«, wie neulich eine Tanzpalastbesucherin in einer Radiosendung über Jugendstyling freimütig angab. Tja, aber: Den Wunsch, sich von der Masse abzuheben, kann natürlich nur derjenige empfinden, welcher der Masse angehört. Wer der Masse nicht angehört, wird dadurch schon genügend Nachteile erfahren haben und seine Andersartigkeit nicht auch noch betonen. Meiner Erfahrung nach verbergen sich hinter verwegenen Maskeraden oft besonders unspektakuläre Menschen. Ich möchte übrigens nicht, daß die Leser denken, ihr neuer Kolumnist, der sich in der Tat eher mit grauen, braunen und dunkelblauen Warenhausstandards bekleidet, halte sich für spektakulär.

Ein wenig »verrückt« war allerdings mein erster Terminkalender-Eintrag von 1989: *3.1., 17.00: Dreh bei W.* – Bei W. handelt es sich um den Filmemacher Wieland Speck, der mir jüngst eine kleine Filmrolle anbot, die ich eitlerweise ohne jedes Nachfragen sofort akzeptierte. Freilich habe ich erst einmal schlucken müssen, als ich erfuhr, daß es sich bei dem Film um ein noch von Rita Süssmuth finanziertes Safer-Sex-Aufklärungsvideo handelt, das vorrangig in Saunen mit homosexuellem Publikum laufen wird – aber zugesagt ist zugesagt, ein Mann, ein Wort, etc. Außerdem habe ich mit derlei Belangen Erfahrung. Einst schlug ich mich als Kleindarsteller durch. Ein einziges Mal durfte ich auch was sagen. Da ich damals ein Jugendlicher war, spielte ich einen Jugendlichen, der an einem Tresen sitzt und raucht. Ein anderer Jugendlicher kam auf mich zugestürzt und rief: »Hach, hach, ich glaube, ich habe einen Tripper.« Darauf mußte ich ihm erklären, das das kein Grund zur Panik sei und den klassischen Satz äußern: *»Frauen spüren es in der Scheide.«* Dieser Spot des Gesundheitssenators wurde noch jahrelang ausgestrahlt, und nicht selten wurde ich gefragt, ob ich denn derjenige sei, der einem das Abendbrot mit der Information bestreiche, daß Frauen es in der Scheide spüren.

Auch in Wielands Kondom-Porno beschränkt sich meine Mitwirkung aufs Sprecherische, korrekt und hochgeschlossen. Ehehygienische Vorführungen meinerseits würden die sexbesessene Bruderschaft statt zur Nachahmung zum Lachen anregen – soviel Einsicht muß sein. Ich spiele einen Nachrichtensprecher und trage diese hübsche Notiz vor:

Der amerikanischen Lehrerin *Christa McAuliffe* und der Astronautin *Judith Resnik,* die zusammen mit fünf anderen Raumfahrern bei der Explosion der *Challenger* ums Leben kamen, wird von sowjetischer Seite eine postume Erklärung besonderer Qualität zuteil. Wie die Zeitung Sozialistitscheskaja Industrija meldete, haben sowjetische Kartographen beschlossen, zwei Krater auf der Venus nach den verunglückten Frauen zu benennen.

Daß diese Meldung in dem Video vorkommt, liegt wohl weniger in der Hoffnung begründet, daß Homosexuelle, aus Angst, explodierende Astronautinnen zu gebären, vermehrt zum Kondom greifen, als in dem Wissen, daß Homos ganz besonders gerne »Verrücktes« und »Schrilles« mögen. Ich habe diese Zeitungsnotiz übrigens nicht erfunden, sondern der Presse entnommen. Das kann man sich richtig bildlich vorstellen, wie die gehässigen Sowjets sich die Hände gerieben haben, als sie entschieden, die ekligen Krater auf dem unwirtlichen Nachbargestirn nach den verpufften Feindinnen zu benennen. Wenn die große Bühne vom Verständigungswillen beherrscht wird, wird man sich im Kleinen noch ein bißchen liebgewonnene Gemeinheit leisten dürfen, nicht wahr? Immerhin haben die Herren Venus-Krater und keine Venus-Hügel gewählt, das wäre doch etwas too much gewesen. Ob too much eine bleibende Bereicherung unserer Sprache ist, werden kommende Generationen wissen, der Ausdruck Fascho-Food ist auf jeden Fall eine. Mit diesem gefälligen Halbanglizismus bezeichnet die militante Vegetarier-Szene neuerdings all das, was sich Botschafter des Subproletariats gerne auf offener Straße in die Münder rammen, also Bratwürste, Döner, Hamburger etc. Ich benutze diesen Ausdruck gerne und in beleidigender Absicht. Weiter mag ichs aber mit der Beleidigungskultur nicht treiben, da ich nicht gleich nach meiner ersten Kolumne im militanten Kotelett-Block der Leser als anschlagsrelevantes Thema gelten will, und erst recht nicht, daß nach erfolgter Bluttat ein scheußlicher Krater nach mir benannt wird.

Eine wichtige Notiz für die Freunde des Kultischen Fernsehens

(März 1989)

Seit Anfang des Jahrzehnts besteht vor allem unter älteren Großstadtjugendlichen ein Trend, den man als *Kultisches Fernsehen* bezeichnet. Der Unterschied zum normalen Fernsehkonsum besteht darin, daß zur Sendung seitens des Zuschauers teilweise erhebliche Vorbereitungen getroffen werden müssen. So müssen Gleichgesinnte eingeladen werden, was durchaus schriftlich erfolgen sollte, und der Fernseher wird an einen besonders schönen Platz im Zimmer gestellt, mit einem nagelneuen, echten *Vileda-Tuch* abgewischt und mit blühenden Topfpflanzen umgeben. Es ist auch üblich geworden, anläßlich des jährlichen Hauptereignisses, des *Grand Prix de la Chanson,* vorher durch die Delikatessengeschäfte zu tigern, um Bier- und Käsesorten aus möglichst allen teilnehmenden Staaten zu besorgen. Die Käse werden dann mit Miniaturflaggen der jeweiligen Herkunftsländer dekoriert. Lampions müssen aber keine aufgehängt werden, denn: *Junge Leute finden heute Lampions oft einfach »unmöglich«,* wie dem Buch »Freude mit Gästen« zu entnehmen ist. Man kann statt dessen Aschenbecher mit Städtewappen bereithalten, das sorgt für Gesprächsstoff.

Bei der Auswahl der Gäste ist zu beachten, daß jahrelange Vertrautheit mit der Sendung Voraussetzung zur Teilnahme am Kult ist. Neu Dazugestoßene, denen bestenfalls der Status schweigender Beobachter einzuräumen ist, würden kaum auf Anhieb begreifen, warum sich ein Dutzend erwachsener Menschen drei Stunden lang scheußliche, in den absonderlichsten Sprachen vorgetragene Lieder anhören, um dann während der Siegerermittlung bei Sätzen wie *Chypre douze points* in Ekstase zu geraten. (Bier und Käse aus Zypern zu bekommen, stellt übrigens auch in Zeiten, in denen Grenzen immer mehr das Trennende genommen wird, eine gewisse Herausforderung dar.)

Ähnlich verhält es sich bei der *Lindenstraße,* dem zweitwichtigsten Gegenstand Kultischen Fernsehens. Um bei über 30 Hauptdarstellern den Überblick zu haben, ist es unerläßlich, wenigstens die letzten 100 Folgen gesehen zu haben. Erbärmlich dran sind solche, die jetzt drei Jahre zu spät auf den fahrenden Kult-Zug springen wollen. Eine trendhörige Frau scheiterte neulich kläglich bei dem Versuch, mir Lindenstraßen-Vertrautheit vorzugaukeln. Sie sagte: Ich finde, Benny ist ein bißchen zu schnell an Aids gestorben. So schnell geht das doch gar nicht. Meine Antwort war Hohngelächter: Nicht Benny, du Närrin, ist gestorben, sondern Benno. Benny Beimer lebt und hat mit einer Cornelia angebändelt. Außerdem wurde Dr. Dressler auch binnen vier Wochen zum Alkoholiker und war ebenso schnell wieder clean.

Ich möchte jetzt eine Meldung machen, zu der getanzt werden darf: Seit kurzem gibt es eine neue Sendung, die den Ansprüchen von uns Freunden des Kultischen Fernsehens gerecht wird, nämlich das *SAT 1-Glücksrad.* Diese Quizsendung läuft jeden Tag – außer am Wochenende – um 18.28 und wird abwechselnd vom *Rama, Calgon* und *Sunil* präsentiert. Auch die Quizmaster wechseln, doch wenn man Glück hat, ist *Frederic Meisner* dran, ein etwas verwitterter Inhaber verkaufsfördernder Jungenhaftigkeit, der in den siebziger Jahren gefragtes Unterhosenmodell in Versandhauskatalogen war. Dies weiß ich von einem Fernseh-Gast, einem, was den Partnerschaftsvollzug angeht, zum Gleichgeschlechtlichen neigenden Herrn, der mir sagte, dieser Frederic sei seine erste Wichsvorlage gewesen; da sei er ganz sicher, denn das Gesicht seiner ersten Wichsvorlage vergesse man nie. Wenn Frederic dann unter dem dürren Applaus eines höchstens dreißigköpfigen, ganz offensichtlich zum Großteil aus Spät- und Allzuspätaussiedlern bestehenden Publikums auf die Bühne *gejoggt* gekommen ist, erklingt die verzaubernde *Maren-Gilzer-Erkennungsmelodie,* ein romantisches Saxophon-Jingle, das den Zweck hat, das Erscheinen der Assistentin *Maren Gilzer* atmosphärisch zu untermalen, welche nun, Bambi-Augen hervorstülpend und den Mund vorsichtig öffnend, drei exakt choreographierte Schritte nach vorn tut.

Daraufhin verschwindet sie erst einmal wieder, denn jetzt stellt Frederic die Kandidaten vor. Während die Bewerber in anderen Unterhaltungssendungen vorher getestet und gesiebt werden, verzichtet man hier auf solche Mühe. Daher hat man öfters Gelegenheit, irgendwelchen langhaarigen Studenten-Typen zu begegnen, die sich vorher im Kreise ihrer WG feixend ausgemalt haben, was für eine Gaudi es wohl werden dürfte, in einer so blöden Sendung aufzutreten und mit der Absicht angereist sind, alle *systematisch* zu verarschen, dann aber im Scheinwerferlicht versagen, nur linkisch grinsen und stammeln und nie etwas richtig raten. Gewinnt einer von denen dann doch mal einen Kaffeeautomaten mit elektronischer Aromaverstärkung, bringt er dann nur hochroten Kopfes heraus, daß seine Wohngemeinschaft sich jetzt wohl freuen werde.

Was zu erraten ist, sind Konsonanten, aus denen dann Begriffe gebildet werden. Um die Höhe ihres Gewinns zu bestimmen, müssen die Kandidaten aber erst das Glücksrad drehen, was Kleinwüchsigeren oft schwerfällt, denn das Rad befindet sich vor ihrem Stehpult, über das sie sich dann umständlich beugen müssen. Das gemütliche Rattern des Rades steht in einem bizarren Gegensatz zur sonstigen Klang-Ausstattung der Produktion, einem unablässigen rhythmischen Getöse, das aus der aus den Hitparaden leider geläufigen, international standardisierten Sample-Software besteht. Der *Glücksrad-Tusch* donnert z. B. in der knapp 20minütigen Sendung genau 27mal los.

Ob es nun gerade töst oder rattert, Maren Gilzer steht die ganze Zeit vor einer Wand mit Buchstaben-Fensterchen, und ihre ganze Aufgabe besteht darin, die Richtigkeit oder Falschheit eines Rateversuches gestisch zu illustrieren. Wird korrekt geraten, klatscht sie sechsmal in die Hände, andernfalls schüttelt sie mit dem Kopf, zieht ein Schnütchen und macht eine ausladende, bedauernde Armbewegung. Sonst tut sie nichts. Nur einmal, in der Sendung am 2. 2., hob sie unerwartet die Arme in die Höh', was aussah, als wünschte sie, standrechtlich erschossen zu werden. Was es damit auf sich hatte, wird niemand je erfahren, denn Maren spricht nicht. Ihr Wortschatz besteht aus zwei Wörtern, und die darf sie nur äußern, wenn in der Schlußrunde jemand ein Auto gewinnt. Dann springt sie klatschend um den Gewinner herum und ruft *Toll* und *Super,* aber nur ganz leise und auch nicht immer. Aber gerade ihre himmelschreiende Überflüssigkeit, die sogar noch diejenige solcher fast vergessenen Nichtigkeiten wie

Martin Jente oder *Walter Sparbier* übertrifft, scheint Maren Gilzer zu einem geeigneten Objekt Kultischen Fernsehens zu machen. Den Grund ihres Mitwirkens erfährt man dann allerdings doch aus dem Nachspann: *Maren Gilzer wurde eingekleidet von der Firma...*

Leider habe ich kein Foto von Maren Gilzer, sondern nur eines von einem Straßenkunstobjekt aus dem Zentrum von *Eisenhüttenstadt/DDR*. Evtl. ins Auge fallende Unterschiede wie Dreibeinigkeit etc. sind aber rein vordergründig und nicht der Rede wert.

In einem Aufwasch: Mar-, Würz-, und Augsburg

(April 1989)

Dichter, voran epische, kräftigen sich finanziell gerne, indem sie auf Anfragen, ob sie gegen ein gewisses Honorar ihre Werke öffentlich vortragen würden, keineswegs nein sagen, aber auch nicht wie aus der Pistole geschossen ja, sondern »Hach, normalerweise liegt mir das ja gar nicht, mich so eitel auf dem Präsentierteller zu produzieren, aber wenn sie schon so nett sind zu fragen. . .« oder »Hach, eigentlich hab ich ja gar keine Zeit, mein Terminkalender ist schon ganz klebrig vor lauter drängenden Terminsachen, aber das Publikum in gerade Ihrer Stadt ist ja immer so dankbar, das kann ich auf keinen Fall im Stich lassen.« So machts der kühle Routinier. Ich möchte an dieser Stelle unerfahrenen Dichtern, die sich noch mit dem Radiergummi rasieren, oder Dichterinnen, die noch ganz grün hinter den Ohren sind, einige Ratschläge servieren, wie man eine Lesung günstig vorbereitet und einigermaßen artig hinter sich bringt. Schließlich steht außer Zweifel, daß es sich bei den Lesern des Satireheftchens mehrheitlich um unerfahrene Autoren handelt, die einem breiten Publikum Einsicht in ihre Schubladen gewähren wollen. Ich bin mir vollkommen sicher, daß die Leserschaft sogar fast ausschließlich aus jungen Menschen besteht, die sich nichts sehnlicher wünschen, als schwitzend auf einem Stuhl zu sitzen und wildfremden Menschen ihre persönlichsten Gedanken vorzutragen. Jeder wird daher meinen Juniorenservice aufs inbrünstigste willkommen heißen:

1. Erbosen Sie nicht, wenn man Sie zu einer Vorlesung oder einer Dichterlesung bittet. Eine Vorlesung ist zwar eine Lehrveranstaltung an einer Universität, und unter

einer Dichterlesung stelle ich mir eine Niveauverbesserung eines Teekränzchens gelangweilter Gesellschaftsdamen oder Altpolitiker vor, aber der Einladende meint immer eine Autorenlesung.

2. Ganz wichtig ist der Raum! Zaudern Sie, wenn der Veranstalter von der tollen Atmosphäre des Veranstaltungsortes schwärmt. Atmosphäre ist immer ganz schlecht. Tolle Atmosphäre bedeutet, daß sie in einem stinkenden Kellerloch lesen sollen, in dem am Vortag eine Punkband gewütet hat, wo direkt vor der Bühne Säulen stehen, damit das Publikum ja nichts sieht. Tolle Atmosphäre bedeutet, daß es ein Stammpublikum gibt, das schwatzend an der Theke steht und sich für Ihre Darbietung überhaupt nicht interessiert. Der Raum ist viel zu klein, zu warm, und es gibt kaum Sitzgelegenheiten fürs Publikum. Lechzen Sie nach nüchternen Zweckbauten! Bevorzugen Sie Schulaulen und Gemeindesäle! Lassen Sie sich das Fehlen jeder Atmosphäre schriftlich garantieren. Das Publikum wird sich anfangs wundern, doch abschließend dankbar sein.

3. Bestehen Sie auf einer guten Sprechanlage, auch wenn der Veranstalter beteuert, daß der Raum eine hervorragende Akustik habe, und daß ja schließlich sogar ... (Setzen Sie hier einen Namen ein, den Sie vorher noch nie gehört haben) unverstärkt gelesen habe. Nur mit Mikro können Sie nuanciert, d. h. z. B. leisgedachte Stellen leise lesen. Gönnen Sie dem Zuhörer die Möglichkeit, sich unangestrengt zu konzentrieren. Bei einer Lesung ohne Mikro verpaßt er schon einen Satz, wenn sein Nebensitzer mit der Garderobe raschelt oder gar sauer aufstößt, hustet oder unter Magengerumpel leidet. Und hat er einmal einen Satz verpaßt, schwindet sein Interesse am nächstfolgenden.

4. Berücksichtigen Sie den Blickwinkel des Publikums, denn meist sitzen Sie auf einer erhöhten Bühne. Bitten Sie

daher den Veranstalter, Ihren Vortragstisch mit schwarzem Tuch zu umkleiden. Andernfalls guckt das Publikum die ganze Zeit auf Ihre Füße und deutet jede unbewußte Bewegung Ihrer Beine als Zeichen innerer Nervosität. Ein Publikum, das Füße beobachtet, ist in seiner Aufnahmefähigkeit eingeschränkt. Ich habe eine unschöne Erinnerung an den Vortrag einer Autorin, die an einem unverhüllten Tisch über das Sterben ihres Vaters sprach. Sie hatte es für angebracht gehalten, ihren Vortrag in einem Minirock zu halten. Diejenigen, die sie damit zwang, unausgesetzt auf ihren Slip zu starren, fanden die Wahl ihrer Toilette hingegen unangebracht.

5. Stehen Sie vor der Lesung nicht mit einer Bierflasche im Publikum herum.

6. Bevorzugen Sie nicht die Texte, die Sie für Ihre wichtigsten halten, sondern solche, die sich am effektvollsten vortragen lassen. Abendunterhaltung ist kein Literaturseminar. Verfallen Sie aber auch nicht in das andere Extrem. Die Leute sind nie generalprimitiv.

7. Selbstverständlich werden Sie während Ihrer Darbietung im Publikum Leute erspähen, mit denen Sie sich hinterher fürchterlich gern unterhalten und sonstwas machen würden, damit Sie nicht gleich in das gräßliche Hotelzimmer müssen. Seien Sie nicht traurig, daß gerade diese Zuhörer nach ihrem Vortrag fluchtartig das Etablissement verlassen. Das ist ein Naturgesetz: Je schöner, desto schneller weg. Die meinen das nicht persönlich.

Ein Vorteil, den der reisende Dichter gegenüber dem auftrittsenthaltsamen genießt, ist, daß er Orte kennenlernt, wo kein normaler Mensch je hinkommt. Ich hatte neulich Gelegenheit, in direkter Folge Mar-, Würz-, und Augsburg zu besuchen.

Mar-tialisch ragen die Türme der E-Kirche, wie studentische Flegelsprache die Elisabethkirche nennt, in den je nach Wetterlage düster bewölkten oder vollkommen wolkenfreien Himmel. Hier ruht nicht nur die Heilige Elisabeth, der nach ihrem Tode hysterische Reliquiensammler die Brustwarzen abgebissen haben sollen, sondern versehentlich auch Feldmarschall von Hindenburg. Wenn man eine Mark in einen Einheimischen steckt, erzählt er einem, warum. Die Altstadt ist ein Märchenort voll verpinkelter Winkel und Mittelalter, welches zwar aus dem 19. Jhd. stammt, aber das muß man ja niemandem auf die Nase binden. »Bergauf« ist hier kein Fremdwort, die Langspielplatten kosten nur 15.90, und die Studenten halten an traditionellen Studentenfrisuren fest, strömen aber in sympathisch großer Schar, wenn das Wort des Dichters lockt.

Vorbildcharakter hat Marburg, was die Verwendung ausrangierter Transvestiten betrifft (siehe Abbildung). Während sich in den Metropolen an manchem drückenden Tag wahre Großgebinde angejahrter Damenimitatoren von den Wolkenkratzern stürzen und an allen relevanten Kreuzungen Krisentelephone für Transvestiten wie Pilze aus dem Boden schießen, verwendet man die »Herren Damen« im kleinen Marburg zur Betreuung des Nachwuchses. Das scheint die Jugend zwar nur mäßig frohzustimmen, doch ist der andernorts eingeschlagene Weg, Kinderlachen gegen tote Transvestiten auszuspielen, sicher der falschestmögliche.

Wür-zig, also von wegen schön nach Kräutern duftend, ist die Luft in Würzburg nicht, wohl aber stickig. Und dann dieses ewige Würzburg-Getue. Die sollen mal aufhören mit ihrem Würzburg-Getue. Grund meiner Forderung: Würzburg-Getue nervt kapital. Kein Mensch auf der Welt bezweifelt das. Außer in Würzburg. Da rennen alle rum und sagen: Hach, Würzburg, Würzburg, und kriegen sich gar nicht mehr ein vor lauter Würzburg. Die bilden sich wahrscheinlich ein, daß sie, wenn sie in Augs- oder Marburg wohnen müßten, weniger Anlaß hätten, durch die Gegend zu laufen und »Hach, Würzburg, Würzburg« zu tirilieren. Dabei stimmt das gar nicht. Und überhaupt: Würzburg! Wenn man das schon hört! In diesem katholischen Eisenbahnknotenpunkt regnet es. Es pladdert ohne Unterlaß auf die auf Stelzen ruhende Autobahn herab, welche mitten durch die Stadt führt. Ins Museum gehen: Pustekuchen! Die Museen haben montags zu, die LPs kosten 18,90. Fährt man trotzdem am Montag zur Festung Marienberg, kommt man am »Fraunhofer Institut für Silicatforschung« vorbei. Soso, »Silicatforschung« nennt man das heute also! Heitata, die Küche brennt! In Würzburg passiert nichts Erfreuliches. Wenn man z. B. in eine der irre wenigen Telephonzellen der Stadt tritt, um Möffi in Berlin anzurufen, dabei aber vergißt, 030 vorzuwählen, was ja wohl mal vorkommen kann, dann meldet sich eine mürrische alte Frau, die einen in aufdringlicher Mundart belehrt, bei ihr wohne kein Möffi, und man habe sich wohl verwählt. Das ist, glaube ich, das Charakteristische an Würzburg. Aus einer Mücke machen die einen Elephanten. Nur weil man mal die Vorwahl vergißt, wird man gleich an den Pranger gestellt. Verwählt habe man sich. Na, so was. Hamses nicht ne Nummer kleiner? Warum behaupten Sie nicht gleich, ich hätte 400 gut Deutsch könnende, rehäugige, gerade eben mit Nivea eingecremte, ganz frisch gewaschene, nach Vernell riechende, von gutherzigen Würzburger Hausfrauen gespendete Kinderkleidung tragende Kleinkinder aus einem Krisenherd angeschnauzt? Es finden sich auch nur wenige Einheimische zum Vortrag des Dichters ein, welche dann aber um so lauter sauer aufstoßen. Da kann es nur heißen: rasch zum Bahnhof. Apropos Eisenbahn: Da fällt mir ein Erlebnis meines Freundes Tex ein: Er saß, so erzählte er mir in einer Vertrauensstunde, auf einer endlos langen Bahnfahrt in einem Abteil voll älterer Menschen, die unentwegt hartgekochte Eier schälten und Thermoskannen auf- und zuschraubten. Aus lauter Langeweile ging er auf die Toilette. Erst als er schon wieder eine ganze Weile bei den sich ernährenden Rentnern saß, bemerkte er, daß er Sperma auf den Schuhen hatte. Ein Frecherer als Tex hätte dann vielleicht gefragt »Haben Sie mal ein Taschentuch?«, doch er versuchte nur hochroten Kopfes, mit den Sohlen den Mannessaft zu verreiben.

In Augsburg ist es sauber. Männer mit Sperma auf den Schuhen würden dort unter gesellschaftlichen Sanktionen leiden. Die Jugendlichen sind kräftig gebaut und zeigen lebhaftes Interesse an durchreisenden Autoren, rascheln dabei aber heftig mit ihrer Kleidung. Die Sehenswürdigkeiten haben auf, und die LPs kosten 16.90. Auch sonst ist es preiswert. Für 1.72 kann man ein ganzes Jahr lang eine

Dreizimmerwohnung in der Fuggerei bewohnen, aber nur, wenn man unverschuldet in Not geraten ist. Die anderen, die wie ich und Sie an ihrer Not selber schuld sind, können sich immerhin am Erfrischungsstand im Siebentischwald eine Schleckpulverstange holen, an der man zu dritt eine ganze Stunde lang Schleckspaß hat. Das Verbot, Artikel mit lapidaren, schleckspaßbeschreibenden Sätzen zu beenden, ist übrigens gerade von irgendeiner komischen Kommission aufgehoben worden.

Nachbemerkung Herbst 1992:

Unlängst war ich trotzdem erneut in Würzburg. Die Sonne schien, die Menschen klatschten, die LPs waren alle und die Museen auf. Da griff ich mir eine Gratiszeitung, in welcher stand: »Justitia ist bekanntlich keine gebürtige Würzburgerin, hat aber hier wenigstens einen amtsbekannten Wohnsitz, nämlich in der Ottostraße, deren Namenspate nicht Otto Normalverbraucher ist, sondern der zum griechischen König gekrönte Sohn Ludwigs des Ersten. Ob Justitia sich dort besonders wohlfühlt, sei dahingestellt, denn immerhin fand ausgerechnet in Würzburg der letzte gesamtdeutsche Hexenprozeß statt, an dessen Ende im Namen des Volkes (und Gottes???) das Schandurteil stand, daß eine hochbetagte Klosterfrau der Hexerei überführt und deshalb auf dem Scheiterhaufen zu verbrennen sei. Würzburg.« Das hat mir gut gefallen, besonders das resignierte Schluß-Würzburg.

Krügel, Seidel, Achtel Rot und was an Tschechen Scheiße ist

(Mai 1989)

Der reißerischen Überschrift zum Trotz ist an Tschechen natürlich gar nichts Scheiße, aber wenn doch, dann ja wohl in erster Linie folgendes: Wenn man mit dem altehrwürdigen Traditionszug Vindobona von Berlin nach Wien reisen möchte, muß man sich zuvor zur im entlegenen Dahlem befindlichen Tschechischen Militärmission begeben, die sich mit Öffnungszeiten ausgestattet hat, welche man nicht anders als zynisch und menschenverachtend bezeichnen kann. Was red ich: Man kann sie schon noch anders bezeichnen, z. B. als Öffnungszeiten auf Stammtischniveau oder Öffnungszeiten im Stürmer-Stil – Öffnungszeiten als Racheakt für begangenes deutsches Unrecht. Den Antrag für ein Transitvisum hat man achtfach auszufüllen; Kohlepapier wird keines gereicht. Das ist ja schon mal Scheiße. Wenn man dann aber nach einstündigem Stehen in der Abgabeschlange belehrt wird, daß man zwar bei einem Einreisevisum die Paßbilder auf die erste und zweite Seite zu kleben habe, bei einem Transitvisum jedoch auf die zweite und dritte, und man sich daraufhin noch mal in die Klebestiftschlange einreihen muß, dann ist das noch mehr Scheiße. Totale Scheiße aber ist es, wenn man sich als Reisebegleiter den Journalisten Wiglaf Droste ausgesucht hat, in dessen krankhaft lockigem Schädel keine Informationen über die Reisegewährungspraktiken undemokratischer Regimes wohnen und der daher blauäugig »Journalist« in die Spalte »Beruf« einträgt, was die Tschechen veranlaßt, sich eine 17tägige Prüfung des Antrags vorzubehalten, worauf man allein Mitteleuropa durchrumpeln muß, auf sozialistisch verwahrlostem Geleise.

DDR-Zöllner lieben es, im Gepäck von Reisenden Ordner mit Manuskripten aufzustöbern. Da wird ein Lesepäuschen eingelegt. »Hamse det allet selber jeschriem?« und »Wird detn Roman oder wat?« Man ist kulturinteressiert. Die Tschechen erweisen sich eher als Kulturbeutelfreunde und schrauben skeptisch Tuben auf: »Was für Creme? Was für Krankheit?« Den Paß kann man nach dieser Reise wegschmeißen: Sie stempeln alles voll. Nach dreizehn Stunden sehe ich endlich im Dunkel der Bahnhofshalle die kleinen Zähne des großen Zeichners Tex Rubinowitz blitzen, in dessen fideler Künstlerwohngemeinschaft ich eine Woche mitfiedeln darf.

Nach langem Umweg durchs kapitalistische Deutschland kommt am nächsten Morgen Wiglaf angestampft, stämmiger und lockiger denn je. Wir bummeln durch die Mariahilfer Straße, eine halbseidene Ramschmeile, in der gerade ein Magyarengewimmel herrscht. Demnächst sollen neue Zollbestimmungen in Kraft treten, und so kommt die halbe Volksrepublik in kleinen, grauen Autos angefahren und kauft sich Finger und Füße wund. Allein gestern haben Ungarn in Wien für zwei Milliarden Schilling Videorecorder gekauft, wie die ›Neue Kronen-Zeitung‹ ihren vor Entsetzen bleichen Lesern in großer Aufmachung mitteilt. In Berlin gibt es Fernseher mit Ostfarbe, hier welche mit Ungarnton. Betritt man als Deutscher in der Mariahilfer Straße ein Rundfunkgeschäft, wird man von ungarischen Halbwüchsigen auf englisch bedient. Wenn aber abends die Rolläden fallen, leisten zunehmend Wüstensöhne ihren Beitrag zur schillernden Multikultur. Sie verkaufen Pornohefte. Selbst in der eher gediegenen Kärntner Straße breiten sie ab 18.00 großflächig Ramsch der härtesten Gangart auf dem Pflaster aus. Wien ist völlig verpornt – allein im U-Bahnhof Karlsplatz kann man an drei verschiedenen Stellen das Periodikum ›Anal Sex‹ erstehen, aber nicht diskret hinter Sichtblenden, sondern im Blickfeld von jedermann, auch der lieben Heranwachsenden. In Berlin würden in so einem Fall gleich Brigaden finsterer Damen mit Pflasterstein und Sprengstoff obwalten. Die österreichische Feministin jedoch sitzt phlegmatisch im Kaffeehaus, denkt nicht an gestern, denkt nicht an morgen, sondern freut sich stille am Dämmerschoppen, am Krügel, am Seidel, am Achtel Rot – die dauerschwüle Wiener Luft ist voll der niedlichsten Vokabeln. Einen, der in der Mülltonne nach Brauchbarem stöbert, nennt man einen Colaniakübelstierer, und wenn man Sperrmüll loswerden will, ruft man beim Mist-Telephon an. Der offene Tag bei der Stadtreinigung wird gar das Mist-Fest genannt. Die Buletten heißen Faschierte Laiberl – oh, ich weiß noch, wie ich mich vor Jahren mal geschämt habe, als ich mit Piers, einem Berliner Engländer, in einem Wiener Gasthaus war, und er der Serviertochter zurief, sie möge ihm doch noch so eine Faschismus-Bulette bringen.

Am Abend eröffnen Wiglaf und ich mit einer gemeinsamen Lesung ein Festivälchen namens »Der einzige Spaß in der Stadt«. Nachher spricht uns eine vornehm wirkende Studentin an, mit schwarzem, bürgerlich frisiertem Haar mit kleinen Perlen darin, und einer Alabasterhaut wie aus einem Roman von der Marlitt. Später, im Schwulen- und Lesbenhaus, einem erfreulich durchmischten Lokal, erzählt sie, daß sie gerade die Beisetzung von Kaiserin Zita mitorganisiert habe, da sie eine rumänische Prinzessin sei und als solche auch Mitglied in einer monarchistischen Studentenvereinigung. Solche wilden Leute trifft man nur in Wien! Mit der Schicksalsergebenheit, die exiliertem Adel wohl eigen sein muß, erträgt sie, daß sie den weiteren Abend, der ganz im Zeichen von Krügel, Seidel, Achtel

Rot steht, mit einem der zahlreichen Zita-Titel, nämlich »Herzogin von Auschwitz« angeredet wird. Wie man mir erst am folgenden Tag genau ausmalen wird, habe ich mich noch sehr schlecht benommen. Ich soll der Edelfrau an den von hartem BH umkleideten Busen gegriffen und dabei gesagt haben: »Schade, daß Beton nicht brennt«, worauf ich mich dann vor Behagen über diesen herrlichen Scherz am Boden gewälzt haben soll. Außerdem soll ich einer etwas unförmigen Dame zugerufen haben: »Haha, sie haben ja eine richtige Lesbentaille!«

Wie schäme ich mich nun meines Taumels! Beim späten Frühstück starr ich glasig auf die WIMO-Milchpackung und lese darauf folgendes: Milch – Kernstück des Frühstücks. Sie enthält viele lebenswichtige Nährstoffe und ist aufgrund ihrer Eigenschaften ein ideales Frühstücksgetränk. In vielen Ländern ist deshalb ein Frühstückstisch ohne Milch nicht denkbar; Milch und Milchprodukte werden – nicht nur für Kinder – als Kernstück des Frühstücks gesehen.

Der Gedanke, daß jemand Öschis dafür kriegt, sich Texte über undenkbare Frühstückstische auszudenken, muntert mich auf, und dann ruft auch noch die Prinzessin an und erzählt, wie lustig das gewesen sei, als ich ihr an den Busen griff, und wo wir denn heute zechen gingen? Erstmal gehts am Abend ins Theater. Der starke Trinker Harry Rowohlt liest aus den Schriften des starken Trinkers Flann O'Brien. Obwohl schon 44 und berühmter Übersetzer, ist Harry zum ersten Mal in Wien. Der Nichtreisebusdeutsche fährt nicht hierher. Man denkt sich: Ach sicher ists schön dort, aber dieses gräßliche Getue, daß Wien eine alte Frau sei und daß der Zentralfriedhof halb so groß sei wie Zürich, aber doppelt so lustig – pfui nein, wo so ein kalter Kaffee fließt, packt man keinen Koffer aus. Man fliegt statt dessen einmal jährlich nach New York. Dort ist zwar noch weniger los als in Wien, aber die Leute verstehen es, Aktivität vorzutäuschen. Ich bin da eine kuriose Ausnahme: zum zehnten Mal in Wien. Harry Rowohlt liest rauchend und zweieinhalb Stunden lang. O herrlich brummige Bärbeißigkeit! Das Wort »bramarbasieren« fällt mir aus lautmalerischen Gründen ein, doch es bedeutet etwas anderes. »Katergeilheit« fällt mir auch ein, und das paßt schon besser. Den Frauenzimmern gefällt es deutlich mehr als sehr. Nach der Veranstaltung begleitet das Publikum den Künstler geschlossen in den Gmoa-Keller, was Gemeinde-Keller bedeutet, wo eine zwergenhafte, autoritäre Greisin, wenn es ihr zuviel wird, einfach einen Gast ihrer Wahl vom Sessel zerrt und ihm befiehlt, ihr beim Servieren zu helfen. Wer sich wehrt, kriegt Hausverbot! Einmal soll sie auch dem Bundeskanzler Vranitzky den Zutritt zur Feier von Erika Pluhars 50. Geburtstag verwehrt haben, worauf der Nicht-Erkannte sich mit Hilfe seiner Leibwächter den Weg zur Jubilarin freischaufelte. Für Erika Pluhar hat die Wirtin auch ein Extra-Prommi-Weinglas. Einmal saß ich dort, die Pluhar schwebte rein, und die Wirtin kam gleich mit einem Glas angerannt, das einen 20 cm längeren Stiel hatte als die andern. O weh, wenn man zu lange in Wien ist, wird man zum Anekdotenonkel. Ich muß abreisen. Stundenlang könnte ich weitererzählen: Als die Pepi Gallmeyer beim Aufsetzen eines Theatervertrages vom Sekretär gefragt wurde, »wie alt?«, schlug sie verschämt die Augen nieder und erwiderte im Gretchenton: »In Brünn«.

Wir bestellen Leber. Nur im Ostblock esse ich Fleisch, weil es dort nichts anderes gibt. Und Wien ist hinreißend verostblockt! Es gibt eine tschechische Exil-Disko, das »Nachtasyl«, wo nur Tschechen-Freaks sind, die im Sitzen tanzen. Der Disc-Jockey ist die Tochter von Peter Handke.

Schwester Waltraud

Am nächsten Tag ist auf dem Titelblatt der ›Krone‹ das Bild einer grausamen Frau: Schwester Waltraud, die Chefböse der Lainzer Todesschwestern. Daß ich mit dem Begriff »Massenmörderin«, noch dazu im Plural, erstmals in Wien konfrontiert werde, wundert mich nicht. Der Wiener ist im Grunde seines Wesens nicht lieb, sondern lediglich zu lethargisch zur kriminellen Aktivität. Nur wenn das Böse nicht mehr Mühe macht als das Gute, dann überwindet er sich: Eine Ganovin verkauft mir auf dem Naschmarkt zwei gelbe Paprika für 37 Schilling. Da ich keine Lust habe, ständig das Einmalsieben zu bemühen, achte ich in Österreich eigentlich nicht auf die Preise, doch nun ist genug! Ich reise ab! Ich hab genug von Krügel, Seidel, Achtel Rot, ich hab genug Smart und Flirt und Arktis geraucht, Servus, Pfürti, Ciao, Baba, Adé, Tschüss! (In Wien liebt man es in der Tat, zum Abschied all diese Wörter hintereinander herunterzusingen.)

Wieder keine Harpunen, aber Gurke gegen Putenbuch

(Juni 1989)

Zuerst will ich etwas gestehen: Ich habe heute nachmittag gelacht, als ich von einem Selbstmord erfuhr, und ich schäme mich deswegen. Ich fühle mich schlecht und schäbig, aber ich will es erklären: Ein Freund eines mir bekannten Ehepaares hat sich entleibt, indem er in *Bad Neuenahr-Ahrweiler* von einer Brücke in das Pfandflaschenlager von *Apollinaris* sprang. Vielleicht war sein Leben so langweilig, daß er wenigstens originell sterben wollte. An sich bin ich ja der applauswürdigen Auffassung, daß man derlei nicht öffentlich breittreten oder gar in Zeitschriften hineinschreiben sollte, und daher will ich flugs das Thema wechseln und in dem heiteren Plauderton, der uns musischen Menschen oft eigen ist, ein wenig über die von mir regelmäßig besuchte DDR berichten. Hier ist nämlich Aufklärung dringend notwendig. Was die Westjugendlichen heute über das sich östlicherseits an die BRD heranschmiegende Staatsphänomen wissen, beschränkt sich meist darauf, daß die Brathähnchen Broiler heißen und daß man vor den Geschäften immer Schlange stehen muß. Letzteres ist übertrieben. Schlange gestanden wird nur, wenn es mal plötzlich irgendwo Pfirsiche oder Brokkoli gibt. Da es aber fast nie Brokkoli oder Pfirsiche gibt, sieht man auch fast nie eine Schlange. Außer vor der Buchhandlung am Alexanderplatz. Doch diese Schlange entpuppt sich bei näherer Inspektion schnell als eine aus motzenden West-Touristen bestehende. Sobald ein Westdeutscher nämlich drüben einer sich auch nur ansatzweise abzeichnenden Schlange ansichtig wird, stellt er sich sofort hinten an, um »DDR-Alltag« nachzuvollziehen und um dann daheim damit prahlen zu können, daß er »stundenlang Schlange gestanden« hätte, nur um ein läppisches Buch zu kaufen. Wir Reise-Fachleute nennen so etwas Nörgel-Tourismus und finden, daß der Mindestumtausch für saturierte, herumnölende Schulklassen mit ihren jämmerlichen Lehrern auf mindestens 1000 Mark pro hochnäsiger Nase heraufgesetzt werden sollte. Was die Schlangen anbetrifft, wage ich sogar zu behaupten, daß man im Westen im Durchschnitt länger ansteht als in der DDR. Gestern bei Aldi habe ich zehn Minuten auf einen freien Einkaufswagen gewartet und dann zwanzig Minuten angestanden, um meine Monatsration Möhrensaft zu bezahlen. Da ich gerade bei Getränken bin, muß ich natürlich auch *Rhabarbersaft* erwähnen, der oft das einzige erhältliche DDR-Fruchtsaftgetränk ist. Wir Besucher, gepeinigt von widerlichen Multivitamintrünken und zähflüssigen Granini-Zuckerpampen, sehen darin natürlich eine willkommene exotische Alternative; die Einheimischen dagegen hassen ihn und flüchten sich in den Konsum von Bier, selbstaufgesetzten Schnäpsen und Tonic-Wasser, welches im Gegensatz zu dem unsrigen als Bitterstoff kein Chinin, sondern – hier scherze ich nicht, obwohl musische Herren wie ich das gerne tun, sondern artikuliere die bittere Wahrheit – *Strychnin* enthält. Jawohl, ich muß mich wiederholen: ich uze, ich verulke oder verhohnepipele hier niemanden, es ist wahr und klar wie der Sternenhimmel: Strychnin. Chinin ist zu teuer. Man muß allerdings, so versicherte mir ein junger Ernährungsexperte, binnen zwei Minuten 48 Flaschen Tonic trinken, damit es tödlich wirkt. Doch da würde ich schon eher in das Pfandflaschenlager von Apollinaris springen, oder nein, noch besser: Ich spring zurück zu dem Rhabarber-Thema. Wenn man mal keine Lust auf Rhabarbergeschmack hat, kann man natürlich auch den ›Obstlimonadensirup‹ *Banana* trinken, der, wie der Name nahelegt, kräftigst nach Bananen schmeckt. Da es aber in der DDR fast nie Bananen gibt, darf man sich nicht wundern, wenn auf dem Etikett »hergestellt auf Rhabarberbasis« zu lesen ist. Leider gibt es *Banana,* wie so vieles andere, nur selten. Für den Fall, daß es eines der Produkte, die es eigentlich nicht gibt, plötzlich doch mal gibt, scheint jeder volljährige Bürger der DDR gesetzlich verpflichtet zu sein, einen sogenannten *Nylonbeutel* mit sich zu führen. Diese geradezu verbrecherisch farbenfrohen Tragetaschen, bei uns seit Jahren ausgestorben (das letzte Exemplar wurde wahrscheinlich 1977 bei Woolworth von einer wütenden Ex-DDR-Bürgerin zerfetzt), gehören zweifelsohne zu den prominentesten Gegenständen der DDR-Ikonographie, dicht gefolgt von Rhabarbersaft und diesen sonderbaren Miniaturbüchelchen, die es in jeder Dorfbuchhandlung in speziellen Vitrinen gibt. Die Nylonbeutel, für die es Gott sei Dank überhaupt keine urigen Berliner Spitznamen gibt – Sachsen-Samsonite böte sich aber an –, sind auch die einzigen Produkte, die es ›im anderen Deutschland‹ in einer schier unendlichen Formen- und Farbenfülle gibt. Ich saß neulich in der Kleinstadt *Königswusterhausen* auf einer Bank, ca. 500 Beutel zogen an mir vorbei, und ich sah keine zwei gleichen. Den grellsten Beuteln begegnet man in Dresden. Sich an der Farbenpracht des Nylons zu erfreuen, dient hier als Ersatz fürs Westfernsehen.

Ich rate jedem zum persönlichen Augenschein. Sich auf einen Marktplatz setzen und ›Beutel gucken‹ – eine herrliche Nachmittagsbeschäftigung. Wir West-Berliner können das ja jederzeit tun. Man muß allerdings vorher eine Zollerklärung ausfüllen, in der man z. B. allen Ernstes angeben muß, ob man »Schußwaffen, z. B. Harpunen« dabeihabe. Es ist schon eine abwegige Vorstellung, daß, wenn Tante Elfi aus West-Berlin ihren alten Bruder im anderen

Teil der Stadt besuchen will, sie jedesmal schriftlich beteuern muß, daß sie keine Harpunen mit sich führt. Wie gerne würde ich mal »ja« ankreuzen und den Zöllnern stolz erklären, daß ich selbstverständlich Harpunen dabei hätte, da ich ja schließlich Harpunenhändler sei. Aber nein, weit Profaneres trage ich in die Erklärung ein, beim letzten Mal »1 Gurke«. (Bei der Ausreise schrieb ich »1 Putenbuch«, doch dazu später.) Gurken, so hörte ich nämlich, gebe es in der DDR *urst* selten, und sie seien auch *urst* teuer. »Urst« ist sicher eine der spezifischsten und merkwürdigsten DDR-Vokabeln. Sie bedeutet einfach »sehr« und wird vom Jungvolk gern verwendet. Wenn hier etwas »wahnsinnig toll« ist, dann ist es dort »urst schau«. Keiner konnte mich je über die Herkunft dieses Bekräftigungsterminus aufklären, der, je nach Landstrich, *uhst, urst* oder *uast* ausgesprochen wird.

Mit meiner Gurke hatte ich übrigens etwas Pech. Kaum war ich durch die Kontrolle durch, sah ich aus den Nylonbeuteln der Passanten grüne, längliche Gemüseobjekte ragen, die ich unschwer als Gurken identifizieren konnte. Die gäbe es gerade in jeder Kaufhalle, teilte mir mein musischer junger Gastgeber mit, ich hätte lieber Linsen mitbringen sollen. Seit drei Jahren gäbe es in der Republik keine Linsen. Darauf soll man nun kommen. Als hämischen Dank für meine überflüssige West-Gurke bekam ich ein Putenbuch geschenkt. Es heißt »Puten« und ist laut dem Buchrückentext »ein unentbehrlicher Ratgeber für jeden Putenfreund«, und man erfährt aus ihm alles über z. B. die Sehleistung der Pute: »Die Sehleistung der Pute liegt unter der von Huhn, Ente und Gans. . . Auch im Nahbereich ist die Pute den anderen Hausgeflügelarten unterlegen, das liegt vor allem an ihrer Unaufmerksamkeit.« Schöne Tabellen sind auch drin: »Spermaparameter für ausgewachsene Puter«. Darüber hinaus sind Puter nicht nur fast blind, sondern haben, im Gegensatz zu Gantern und Enterichen, noch nicht mal einen *Penis*. Mit dieser erschütternden Erkenntnis will ich schließen und all jene putzigen kleinen Wesen grüßen, die hoffentlich einen haben: Rolf, Sebastian, Thomas, Dieter und Dirk und wie ihr alle heißen mögt, und von mir aus auch die, die ja wohl eher den Putern gleichen, nämlich Elke, Birgit, Daniela und Ute, ja, ich will sie alle grüßen, all die drolligen Geschöpfe, deren niedliche Knopfäuglein soeben über meine hastig dahingerotzte kleine Betrachtung geglitten sind.

Frau Genschers Nerven und mein Angsthaushalt

(Juli 1989)

Manchmal zucke ich zusammen, weil mir ohne erkennbaren Grund eine möglicherweise viele Jahre zurückliegende Situation in den Sinn kommt, in welcher ich fehltrat, andere Leute demütigte, mich ungeschickt zu profilieren versuchte oder sonstwie das Gesicht verlor. Ich denke, manch einer ist Inhaber einer Sammlung von Erinnerungen an kleine, selbstverschuldete Peinlichkeitsmomente, von denen der eine oder andere urplötzlich vor dem geistigen Auge aufragt und das Wohl- oder Normalbefinden kurz, aber schmerzhaft verzerren kann. Angst habe ich vor dem Tag, an welchem mich diese sporadisch geisternden Gedächtniskletten im Verbunde aufsuchen und sich für das Bleiben entscheiden. Dann muß ich vor Schande sterben.

Ein Ereignis, das gut geeignet ist, sich für immer in meinen Schädel einzubrennen, um dann und wann grimmig wieder aufzulodern, ist meine erste und hoffentlich letzte Teilnahme an einer Fernsehtalkshow. Ich hatte gedacht: Ach, einmal kann man ruhig bei so was mitmachen, dann kann man hinterher erzählen, wie es war. Außerdem dachte ich, die Beteiligung an einer Produktion eines Senders, den ich überhaupt nicht »reinkriege«, RTL plus nämlich, werde von der Öffentlichkeit nicht weiter registriert werden. Also bestieg ich ein Flugzeug nach »Köln-Bonn«. Dann brauste ein Taxi durchs Rheinland, das mich ausspie vor die Füße eines geschmeidebehangenen Fräuleins namens »VIP- und Gästebetreuung«, dem ein Tonband aus dem Mund hing mit den Worten »Lieber Herr Goldt, wir freuen uns, Sie im Hotel Maritim begrüßen zu dürfen«. Auf die Frage, ob ich VIP oder Gast sei oder einfach nur ein unrasiertes dickes Kerlchen, verzichtete ich, denn dafür schien das Fräulein nicht gewappnet. Die weiteren zehn Minuten sahen mich noch weiteren Herrschaften begegnen, die beteuerten, meine Ankunft als etwas Erfreuliches zu empfinden. Anschließend wurde mein Scharfsinn geprüft, indem ich einen Zusammenhang zwischen einer Magnetstreifenkarte und einem Schlitz in meiner Hotelzimmertür herzustellen aufgefordert wurde.

Bald war es Zeit, in die Maske zu gehen, wo man mein Antlitz, welches begonnen hat, allerlei Grillen des Schicksals und des Wetters abzubilden, mit braunen Pasten und Pulvern überzog wie eine Nachspeise. Nun zeigte sich Talkmaster Gerd Müller-Geerbes, ehemals Pressesprecher des Bundespräsidenten Heinemann, und fuchtelte mir mit meinem letzten Büchlein vor der Nase herum, während er mich fragte, wie einem derlei nur einfallen könne. Eine Antwort wartete er nicht ab, denn es erschien Frau Barbara Genscher, die einen recht unglücklichen Eindruck machte. Sie war furchtbar nervös, hatte aber die Einladung zu ihrer ebenfalls ersten Talkshow nicht ausschlagen können, da sie sich als Schirmherrin einer krankheitsbekämpfenden Liga verpflichtet fühlte, das Publikum auf die Anti-Herzkrankheiten-Schallplatte »Ein Herz für Mozart« aufmerksam zu machen. Um das Ganze nervlich durchzustehen, hatte sie ihren Mann mitgebracht. Als bald auch Harald Juhnke in einem ausgesprochen eng sitzenden Anzug und ein mir nicht bekannter NRW-Staatssekretär namens Clement erschienen waren, geleitete die Betreuerin ihre Gäste oder VIPs in die Konferenzhalle, wo ca. 90 Frauen, die wegen Harald Juhnke alle extra beim Friseur waren, um fünf klobige Clubsessel herumsaßen. Ich empfinde keine Ressentiments gegen Hausfrauen, und gegen Harald Juhnke läßt sich beim schlimmsten Willen nicht viel sagen, aber unmittelbarer Zeuge einer so penetranten Fan-Idol-Beziehung zu sein, ist nicht angenehm. Die Damen schnurrten, gurrten und glühten vor lauter Schmelzdahin. Gegenüber von mir saß Frau Genscher. Sie schien mir anzusehen, daß ich mich so ähnlich fühlte wie sie sich und warf mir ein unsicheres, aber solidarisches Lächeln zu, welches sagte: Da müssen wir jetzt durch. Ein bißchen löste sich unsere Anspannung, als ihr Mann, zwei Minuten bevor »wir« »auf Sendung gingen«, durch eine ungelenke Bewegung seinen Tisch mit all seinen Getränken umschmiß. Ihre Züge bekamen daraufhin einen Moment etwas liebreizend Mädchenhaftes. Bei aller Sympathie für Frau Genscher sehe ich keinen Anlaß zu verschweigen, daß mich ihre Schuhe irritierten. Es waren schwarze, extrem hochhackige der Sorte, welche früher im Slang schwarzer Amerikaner als »Fuck-me-Shoes« bezeichnet wurden.

Die Erkennungsmelodie erklang. Nun war es zu spät, mit Frau Genscher nach Gretna Green zu fliehen und ein neues Leben zu beginnen. Was statt dessen kam, entzieht sich irgendwie meiner Erinnerung. Ich bringe es nicht über mich, mir die mir von RTL plus freundlicherweise zur Verfügung gestellte Aufzeichnung anzusehen. Juhnke charmierte, teils kokett, doch teils wirklich charmant, Frau Genscher behauptete sich tapfer, und der Staatssekretär beantwortete staatssekretärenartig so herrliche Fragen wie die, was denn ein Staatssekretär eigentlich mache. Ich saß die ganze Zeit nur da und sagte überhaupt nichts. Einmal mußte ich einen kurzen Text vorlesen, wobei ich den Atem und das heisere Lachen des Gatten von Frau Genscher im Nacken spürte, der (als Zuschauer) direkt hinter mir saß. Vage entsinne ich mich noch einiger Äußerungen über meinen »Angsthaushalt«, in dem für die Furcht vor einem atomaren Holocaust kein Platz mehr sei, da er bereits mit Ängsten vor leichter vorstellbaren Unbilden gefüllt sei. Ein Raunen erfüllte den Raum, als ich sagte, daß ich nicht unbedingt gegen Gewalt gegen Sachen sei, daß ich also Verständnis für Radfahrer hätte, die in die Fenster von auf Radwegen parkenden Autos Steine werfen. Strenge wies mich der Staatssekretär zurecht. Ich, doof und lustlos: »Da haben Sie vielleicht recht.« Recht hat auch jeder, der sagt, daß ich dafür ungeeignet bin, mit wildfremden Menschen vor laufenden Kameras spektakuläre Themen durchzuhecheln. Ich gestehe hiermit, uncool zu sein.

Auch gebe ich zu, daß ich, der ich sonst ausschließlich Bier, Kaffee, Gemüsesaft, Milch und, bei drohender Erkältung, Sauerkrautsaft trinke, »harte« Sachen aber verabscheue, nach der Sendung auf mein Zimmer lief und den Inhalt eines Flachmanns aus der Minibar in meine Kehle rinnen ließ, bevor ich der geselligen Runde in der Hotelbar beitrat, wo mir alle erzählten, wie »gut« und »souverän« ich gewesen sei. Dort trank ich ganz viel Bier, allerdings nicht so viel wie der Staatssekretär. Harald Juhnke: Ein 0,2 l-Glas Alt. Zum Abschied sagte mir Frau Genscher, wie sehr ihren Mann mein Eintrag ins Gästebuch gefreut habe, welcher lautete: »Es ist schon merkwürdig, eine dramatische Miniatur vorzutragen, während der Außenminister einem an die Schulter schnauft.«

Mir geht es fein und die Mädchen in Deutschland sind alle sehr schön

(August 1989)

Als ich das letzte Mal meine Freundin Susan besuchte, wohnte sie in der kleinen Stadt *Northampton/Massachusetts.* Dort war es schön: Es gab gigantische vegetarische Supermärkte, wo man 30 verschiedene Sorten von Keimlingen kriegen konnte; am Tage meiner Ankunft spielten *The Cure* in einem Kino, in dem Zuhörer des Saales verwiesen wurden, weil sie sich zum wiederholten Male von ihren Sitzen erhoben hatten, am zweiten Tag war Homo- und Lesbendisco, wo junge Menschen zu *Einstürzende Neubauten* engtanzten, und die Landstraßen waren gesäumt von herrlichen Feldern voll verfaulender Kürbisse. Nie werde ich das Geräusch vergessen, das erklingt, wenn man in einen faulen Kürbis hineinspringt! Seitdem waren vier Jahre vergangen, und mich dürstete nach neuen Amerika-Abenteuern. Leider ist Susan inzwischen nach *Des Moines,* der Hauptstadt des Staates *Iowa* (Beiname: The porc state = der Schweinestaat) verzogen. Susan hatte mich gewarnt: Leute *wie ich* hätten in dieser Stadt einen schweren Stand, und das einzige, was es zu besichtigen gäbe, sei die größte *Rinderbesamungsanlage* Amerikas. Ich kam ins Grübeln: Sollte ich nicht lieber nach Wien fahren, um der Veranstaltung *Teenager lesen aus Franz Kafkas Roman »Amerika«* im Konzerthaus beizuwohnen? Ich liebe ja Teenager. Die sagen immer so niedliche Sachen, wie z. B.: *Haben wir etwas in Franz auf?* Oder: *Gehst du heute zu Erde?* Ich persönlich bin fast nie zu *Erde* gegangen, damals, als ich ein Mofa hatte und einen Willy-wählen-Button und fünf Suzi-Quatro-Singles und sich die Besitzer der Cafés in der Nähe der Schule an jeder Stunde *Erde* oder *Bio* dumm und dämlich verdienten.

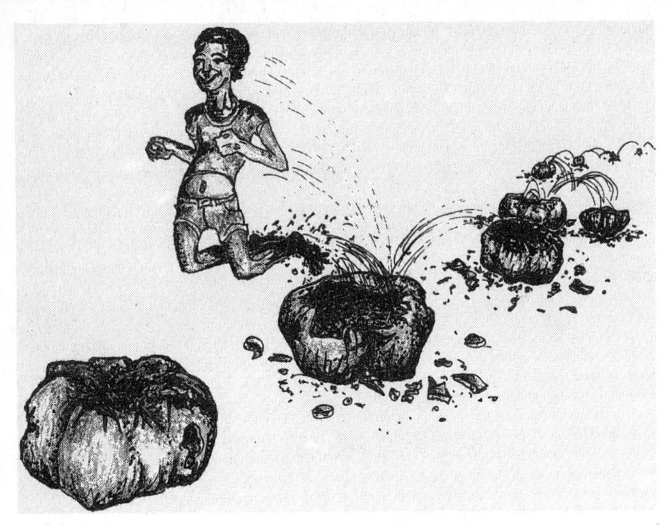

Diese Illu sandte mir Leserin Monika aus Fremersdorf

Ich entschied mich für die Reise in den Mittleren Westen. Es fing schon sehr merkwürdig an: Eine der Stewardessen im Pan Am Clipper entpuppte sich als das Ex-Gogo-Girl der Berliner Hippie-Gruppe *Rubbermind Revenge*. Ich kann wirklich nicht verstehen, warum sie ihre zukunftsträchtige Gogo-Karriere zugunsten der ungemütlichen Fliegerei aufgegeben hat. Flugbegleiterinnen müssen *so* blöde Sachen machen: Eine mußte einen in meiner Nähe sitzenden blinden griechischen Bouzoukispieler füttern, und eine andere mußte meiner direkten Sitznachbarin lang und breit erläutern, daß Füße sich während des Fluges nicht ausdehnen. Das kam so: Ich zog meine Schuhe aus, worauf die Frau rief, das dürfe ich auf keinen Fall tun, die Füße würden sich in großen Höhen ganz erheblich ausdehnen, und ich würde dann meine Schuhe nicht wieder anbekommen und in Chicago Höllenqualen erleiden, und dann würde ich schon noch an sie zurückdenken ... Sie hörte überhaupt nicht auf damit, bis ich mir den Beistand der Stewardess suchte.

Im Chicagoer Flughafen stieg ich in die S-Bahn. Der Service dort ist enorm. Alle drei Stationen wird nicht etwa vom Band, sondern *live* durchgesagt, daß es verboten ist, Radio zu hören oder Müll herumzuwerfen. Überhaupt ist ganz viel verboten: Im Greyhound-Bus darf man nichts trinken, und im Stadtbus in Des Moines ist anstößiges Reden und Benehmen untersagt (»No abusive language and conduct«). In der Rezeption meines Hotels in Chicago hing ein Schild mit dem Hinweis: *Absolut keine Zimmerbesuche. Keine Ausnahmen!* Der Portier sah mich streng an: »Haben Sie sich das genau durchgelesen?« und obwohl ich bejahte, schrieb er die Warnung noch einmal quer über meine Rechnung, wobei er das »Keine Ausnahmen« zweimal so energisch unterstrich, daß das Papier einriß. Dann beugte er sich zu mir hinüber und raunte dämonisch, daß ich hier abends bloß achtgeben solle, in der Gegend wimmele es vor Schwarzen und Verrückten und ... er zögerte etwas und fügte verschwörerisch hinzu: ... und Schwulen. Dergestalt eingeführt, habe ich natürlich darauf verzichtet, den Mann zu informieren, daß ich die Adresse seiner Herberge dem *Spartacus Gay Guide 1989* entnommen hatte, einer Publikation, die demnach nur bedingt für Reisevorbereitungen einzusetzen ist.

Die weltberühmten Chicagoer *Morde* werden einfach pro Jahr durchnumeriert. Als ich ankam, beklagten die Zeitungen Nr. 272, bei meiner Weiterfahrt nach Iowa zwei Tage später war man bei Nr. 276 angelangt.

Die Stadt Des Moines muß man sich wie eine sagenhaft trostlose Mischung aus Neumünster, Tschernobyl, Athen und Entenhausen vorstellen. Der Stolz ihrer Bewohner ist ein Kunstzentrum, dessen wichtigster Schatz ein klitzekleiner *Picasso* ist, der aussieht wie eine Picasso-Witzzeichnung aus den fünfziger Jahren. Selbstverständlich hängen dort auch je ein *Monet* und ein *Manet*. Man kann in die abwegigsten Städte der Welt fahren, auf Monet und Manet braucht man nie zu verzichten. Mußten die denn nie aufs Klo? Immer nur malen, malen, malen? Alle Museen der Welt vollmalen? Vergleichbar ist dieser psychopathische Tatendrang vielleicht mit dem der verblichenen Gruppe *The Smiths*, die in den wenigen Jahren ihres Bestehens so viele Maxi-Singles herausbrachten, daß *The Smiths komplett* im Regal breiter ist als mein Goethe-Schuber.

Ein weiteres Juwel von Des Moines ist das *State Capitol*. Darin gibt es eine Tür, auf der steht: *Governor*. Da die Tür einen Spalt offenstand, lugte ich vorsichtig hinein, ob da vielleicht der Gouverneur sitzt, und o Schreck, der Gouverneur bemerkte den Neugierigen, stürzte auf mich zu, fragte mich, wie es mir ginge und woher ich käme, worauf ich errötend zu erwidern hatte, daß es mir *fein* ginge und aus Berlin sei und hier jemanden besuche, was den Gouverneur veranlaßte zu sagen, das sei ja fantastisch, er hätte hier nur selten Besucher aus der *Alten Welt*, und ob mir Des Moines gefalle, wollte er wissen, und ich log, daß die Stadt sehr interessant sei, nur die Hitze . . . Jaja, die Hitze, im Sommer kann es hier hübsch heiß werden, und beteuernd, daß es ihm wirklich eine Freude gewesen sei, mich kennenzulernen, geleitete mich der Mann hinaus, und ich nahm mir vor, künftig nie wieder durch eine Tür zu spähen, auf der Governor steht. Doch auch die anderen Menschen sind gesprächig. Jeder Supermarktkassiererin muß man erzählen, daß man aus Berlin kommt und daß die Mauer ja eigentlich schon schrecklich sei, aber soo deprimierend ja nun auch wieder nicht, und daß man seinen Aufenthalt in Iowa wirklich genieße. Männer fragen einen leider auch immer noch, wie denn *die Mädchen in Deutsch-*

land seien, und man muß mir glauben, wenn ich sage, daß es atmosphärisch sehr töricht wäre, etwas anderes zu antworten, als daß die Mädchen in Deutschland wirklich sehr sehr schön seien. Blond? Ja, natürlich blond, ein paar dunkelhaarige gibt es zwar durchaus, aber die fallen nicht ins Gewicht, und alle, ob blond oder dunkel, sind sehr nett und tragen hübsche Kleider und (falls der Fragesteller männerbündisch zwinkert) machen nicht viel Fisimatenten. Verständlich dürfte sein, daß der hier referierende Mädchenspezialist wider Willen im Lauf der Zeit immer mehr die Gesellschaft des Fernsehapparates als das Zwiegespräch mit dem Bürger suchte. Im *Iowa Public Television* kam immer Soziales, z. B. eine Dokumentation über Amerikaner, die kein Auto haben. Die Gespräche mit diesen leidgeprüften Wesen wurden mit einer Behutsamkeit und Anteilnahme geführt, wie man sie sonst in Talkshows Aids-Kranken oder Vergewaltigungsopfern zuteil werden läßt. Es ist aber auch so: Wenn man in Des Moines zu Fuß geht, rufen einem die Autofahrer Grobes oder Spaßiges zu. Einmal wartete ich an einer Straßenecke auf einen Bus, und das schien so exotisch zu wirken, daß zweimal Leute anhielten, um mich zu fragen, ob mir schlecht sei, ob ich Hilfe brauche. Bald mußte ich einsehen, daß es wohl Sinn und Zweck dieser Reise gewesen sein dürfte, mit Susan vorm TV dahinzuwelken und tonnenweise *Weight Watchers Mikrowellen-Popcorn* und viele, viele Unzen *Old Milwaukee Light* (Bier) zu verspachteln. Ein einziges Mal waren wir in der Homo-Disco. Die liegt sehr diskret in einer unbewohnten Industrie-Gegend. Anwesend waren vor allem heterosexuelle Frauen, die in dieser Stadt vermutlich keinen anderen Ort haben, wo sie unbelästigt etwas trinken können, drei betrunkene Punks und eine Handvoll junger Rabauken, die, wie Susan meinte, mit Sicherheit noch nie aus Iowa rausgekommen sind, mit Ausnahme vielleicht von einem Besuch der Landwirtschaftsausstellung in Chicago. Nicht müde wurden sie, ihre vom vielen Schweinefleisch- und Colakonsum preisverdächtig üppigen Schinken zu Medleys aus Stock, Aitken, Waterman-Schlagern durch das Laser-Feuerwerk zu wirbeln.

Einmal mußte Susan einige Tage fort. Während dieser Zeit machte ich eine Reise nach Kansas City. Weil es so heiß war, stieg ich in einen Stadtbus. Das mache ich in fremden Städten oft. Wenn die Gegend »interessant« wird, steige ich wieder aus. Allerdings handelte es sich bei diesem Bus um einen Expreß-Bus, der ohne Zwischenstopp vom Downtown in ein weit außerhalb liegendes Schwarzen-Ghetto fuhr. Dort ausgestiegen, überlegte ich mir, ob ich mich fürchten oder unsicher grinsend ein wenig herumstromern soll. Zahlreiche Einwohner nahmen davon Kenntnis, daß ich mich für die zweite Möglichkeit entschied.

»Max, du bist besser als Frauen!« – Bemerkungen über einen kleinen, unterhaltsamen Defekt

(September 1989)

In der Turmstraße, der Aorta Moabits, praktiziert seit Jahren ein angesehener Ohrenarzt; Dr. Wollmann heißt er. Dieser sagte mir im März 1988: *Ihr Gehör ist phänomenal.* Und in der Tat: Das ist es. Vor kurzem saß ich in einer Gaststätte und konnte nicht umhin mitanzuhören, wie zwei bekannte Journalisten am Nebentisch das Thema »Berufsethos« anschnitten und durchkauten. Der eine: Ist es eigentlich statthaft, der Öffentlichkeit mit einem durch und durch homosexuellenfeindlichen Artikel zu kommen? Der andere: Nie und nimmer ist es das. Doch eine Ausnahme gibt es. Onkel Max darf. Wieder der erste: Ja, recht hast du, Onkel Max, der darf. Dieser Mann ist das soziale Gewissen der Nation. Ich errötete, zahlte und stahl mich scheu aus dem Lokal. Zu Hause angelangt, beschloß ich, aus dieser hübschen, wenn auch völlig erstunkenen und erlogenen Begebenheit die Konsequenz zu ziehen und einen Beitrag aufs Papier zu zaubern, der mit der Bruderschaft der am 17. 5. geborenen alles andere als zimperlich umherspringt.

Beginnen will ich mit einer nur wenig bekannten Spielart homoerotischen Lebens, der sogenannten *Sieben-Bier-Bisexualität,* die verbreiteter ist als man vermutet. Verheiratete und mit Nachwuchs gesegnete Herren sind davon befallen, die, wenn sie an Theken stehen, nach tüchtigem Zechen völlig unerwartet mit Beine-Aneinanderreiben, In-den-Haaren-Wuscheln und Ärschchengrapschen beginnen. Ein besonders drastischer Fall begegnete mir neulich in Person des Journalisten *Wiglaf Droste,* den ich reichlich angetütert in einer Kneipe vorfand. Ihm war grad wieder mal eine Partnerin ausgebüxt oder so was. Irgendeine Tante aus der linken Szene, d. h. eine jener bürgerlichen Heulsusen, die es auch mit 35 noch therapeutisch nötig haben, die Widersprüche ihrer Jugendjahre durch Mitarbeit bei ›taz‹ und Radio 100 aufzuarbeiten, dabei aber mangels Talent keine Lorbeeren ernten, frustriert sind und deshalb abends ihre Lebensgefährten foltern bzw. einmal wöchentlich verlassen. Wiglaf war in dieser Situation denkbar dankbar, einen so verständnisvollen Freund wie mich anzutreffen, umschlang mich und rief: »Ach Max, du bist besser als Frauen.« Solche kategorischen Liebeserklärungen schmeicheln freilich. Doch bald rückte der Kritiker noch näher. Mit einer seiner Hände, die aufgrund ihrer starken Behaarung mutierten Hummeln aus japanischen Insektenthrillern ähneln, begann er mich zu kneten, und zwar dort, wo Frauen das, was ich da Schönes habe, nicht besitzen. An sich habe ich nichts gegen so was. Hetero-Männer sind oft angenehmer im Umgang, weil weniger gefallsüchtig. Doch kann ich nicht vermeiden, hier anzugeben, daß der erwähnte Zunftgenosse aussieht wie eine westfälische Bäuerin mit immensen Hormonstörungen. So was mag die Forschung interessieren, ich aber gebe anderen Stimulanzien den Vorzug. Nur mühsam konnte ich mich aus der Umarmung des schnaufenden und nach Zuwendung flehenden Mannes herauswinden.

Nun zu den normalen Homos. Die sind nur doof. Sie heißen Michael, Thomas, Andreas und Detlef – es ist erstaunlich, wie viele wirklich Detlef heißen – terrorisieren tagsüber Leute, die einen Haarschnitt brauchen, mit Geplauder über Opern und Ibiza, und abends gehen sie in Lokale, die für gewöhnlich »Why not?« heißen. Auch die Kennworte der Kleinanzeigen, mit denen sie in Stadtmagazinen nach immer neuen Schleimhautkontakten suchen, lauten meist »Why not?«. Why not heißt Warum nicht, und ich will sagen *warum nicht:* Weil es absolut Kokolores ist, aus einem kleinen, unterhaltsamen Defekt wie der Homosexualität einen ganzen Lebensstil zu destillieren, der sich schließlich doch nur in uniformer Kleidung (geknöpfte Jeans!), patzigem und vorlautem Reden und einer maßlosen Überschätzung von Sexualität äußert. Die kultische Überhöhung einer unbedeutenden Norm-Abweichung führt natürlich zwangsläufig dazu, daß alle individuellen Eigenschaften gegenüber dem Schwulsein verblassen; es laufen Leute herum, die nicht mehr links, nicht mehr rechts, nicht mehr musisch, nicht mehr Mensch sind, sondern nur noch schwul und nichts anderes. Schwulsein bedeutet u. a.: Verherrlichung irgendwelcher dummer, alter Weiber. Mit Grausen denke ich an eine Aids-Benefizveranstaltung zurück, bei der sich tausend Monster auf die Schenkel klopften, nur weil auf der Bühne eine eitle Greisin, *Lotti Huber,* ein Lied vortrug, in dem es hieß, daß die Welt ein Arsch sei und die Menschen die daraus entweichenden Pfürze. Schwuler Humor ist, wenn eine Oma »Arsch« sagt – Berliner Schnauze im Quadrat, altbacken, flapsig und dumm. Wie humorlos und langweilig Schwule sind, mag noch folgende Geschichte illustrieren: Mir hat mal jemand eine seltene Live-Aufnahme der *Callas* vorgespielt. Während die Sängerin den handelsüblichen Pathos erzeugte, rang im Hintergrund eine Angehörige des Publikums minutenlang mit einem Hustenanfall, worüber ich herzlich lachen mußte. Mir wurde dann nicht nur barsch untersagt, dies komisch zu finden, sondern auch gleich die Freundschaft gekündigt.

Zum Thema Sex will ich mich persönlich nicht äußern, sondern einen Dichter zu Wort kommen lassen, der es aufgrund der zahlreichen formalen und logistischen Mängel seines Werkes vorzieht, anonym zu bleiben.

Sie lecken sich und streicheln
den After und die Eicheln.
Mußt du mal urinieren
folgen sie und stieren.
Dann balzen sie und heucheln Charme
doch wolln sie nur in deinen Darm.
Dann wird geschlabbert und gerieben
(Man nennt das gleichgeschlechtlich lieben)
Und ist dein Schorschi dann versteift
wird er mit Flutschkram eingeseift.
Dann sind sie froh und recken geil
ihr weitgereistes Hinterteil.

Ich persönlich habe übrigens nichts gegen Homosexualität. Ein Schwuler allein kann ganz reizend sein, zwei auf einmal sind es oft auch noch. Doch Versammlungen von mehr als dreien gehören untersagt. Ich erinnere mich an eine *Christopher Street Day Demo* vor einigen Jahren, während der eine aufgedonnerte Meute sich nicht unterstand, folgende derbe Parole zu skandieren:

Buback, Ponto, Loriot
der nächste ist ein Hetero.

Möglicherweise hat mir mein Gedächtnis bei der Wiedergabe dieses Slogans einen kleinen Streich gespielt. Da Loriot ja auch noch lebt, ergibt der Spruch auch gar keinen Sinn. Doch was ergibt schon Sinn? Diese Frage stellen sich viele. Hier ist endlich die Antwort: Sinn ergibt es, schöne Musik zu hören, kein Fleisch zu essen, sich bei Greenpeace oder ähnlichem zu engagieren und Lindenstraße zu gucken.

Nachbemerkung Herbst 1992:

Hallo Nachbarn! Ich weiß, daß Österreicher und Schweizer keine unmündigen Kindchen sind, denen man die Welt erklären muß. Ich bekenne das, weil ich in Wien einmal einen Text vorlas, in welchem sich Hannelore Kohl tummelte. Ich sagte: Dies ist die Gattin des deutschen Bundeskanzlers. Da rief das Publikum: »Wir sind keine unmündigen Purzel und Kätzchen, die auf huldvolle Fußnoten angewiesen sind.« Ich entgegnete: »Da ist euch etwas in eine nicht zuständige Röhre gerutscht. Ich habe das nur gesagt, weil ich ja schließlich auch nicht weiß, wie die Gattin eures Kanzlers mit Vornamen heißt.« Da ich auch nicht weiß, welche Nummern der Homosexuellenbenachteiligungsparagraph in Österreich und der Schweiz hat, informiere ich die Leser dort, daß dieser Paragraph in Deutschland die Nr. 175 hat. Nur so können die Menschen zwischen Basel und Eisenstadt erfassen, was die früher einmal recht verbreitet gewesene Formulierung »am 17.5. geboren« bedeutet. Ich fürchte aber, daß der Text durch meinen Spezialservice für achselzuckende EFTA-Staatler nicht besser wird. Ich mag es heute überhaupt nicht mehr, wenn Satireheftchenschreiber den Lesern mit anekdotischem Indiskretions-Klein-Klein über Kollegen kommen. Das Aufschreiben von Erlebtem schreit nach heftigerer Abstraktion. Die Passage mit ›taz‹ und Radio 100 ist auch doof, so wie eigentlich der ganze Artikel. Einen besseren Artikel über Homosexualität schrieb ich Anfang 1992. Zwar steht fast das gleiche drin wie in diesem, und eigentlich gehört er auch nicht in dieses Buch, aber hier ist er trotzdem. (In Kolumne Nr. 23 steht auch noch mal fast das gleiche. In allen anderen Texten, das garantiere ich, stehen aber ganz andere Sachen.)

Scheiß-Artikel über *Outing,* zu dem mich die Redaktion gezwungen hat, weil ich angeblich für so was zuständig bin

In einem DFF-Bericht über das typisch amerikanische Gesellschaftsspiel Outing wurde ein Mann gezeigt, der sagte, daß *they,* die Prominenten, *should admit that they had contacts with men.* Über den O-Ton sprach eine Dame eine Übersetzung, die an Besserwissertum und Sexismus nichts zu wünschen übrigließ: *Sie sollen zugeben, daß sie Analverkehr hatten.* Es ist schwer vorstellbar, daß ein deutscher Fernsehsender ungestraft einen Beitrag ausstrahlen könnte, in dem *contacts with women* mit Vaginalverkehr, Cunnilingus, oder eben auch: Analverkehr übersetzt würde, ist letztgenanntes Verfahren doch auch in heterosexuellen Haushalten ein nicht unbekanntes. Zumindest in den Wunschvorstellungen vieler heterosexueller Männer scheint die rektale Penetration eine wuchtige Rolle zu spielen. Anders wären die in Sexkaufhäusern ausliegenden, gigantischen Stapel von Magazinen und Videos nicht zu erklären, die nichts anderes als heterosexuellen Analverkehr zeigen. Auch kenne ich ein, zwei Damen, die mir in gehobener Stimmung erzählt haben, daß sie *das* ab und an mal ganz gerne haben, andererseits weiß ich von einigen homosexuellen Herren, die Analverkehr ganz scheußlich finden und sich nur wundern können über die Phantasielosigkeit mancher Leute, die sich einen penetrationsfreien Sex nicht vorstellen können.

Homo- wie Heterosexuelle betreiben, wenn die Hormone Betriebsfest haben, ganz gerne mal Geschlechtsverkehr. Betrüblicherweise wird die Minderheit gesellschaftlich über eine irrtümlich nur ihr zugeordnete Sexualpraktik definiert. Das liegt an einer nicht unbedingt böswilligen

Neigung der Menschen, Gruppen zu prototypisieren – Omas haben einen Dutt, Akademiker eine Brille etc. – sowie an jenen Schwulen, die so ein Gedöns um ihr bißchen Anderssein machen, daß sie sich gar von einem *schwulen Lebensgefühl* geleitet wähnen – einer Chimäre, die nicht nur durch die Homopresse geistert. Weiß der Kuckuck, was das sein soll. Offenbar handelt es sich dabei um eine dunkle Macht, die Leute zwingt, nur weil sie Männer attraktiver finden als Frauen, zeit ihres Lebens »schwule Bücher«, »schwule Filme« etc. herzustellen bzw. diese zu konsumieren, um sich eine billige Identität zu erschwindeln. Die Restgesellschaft hat diese Selbstreduzierung schon so verinnerlicht, daß einem homosexuellen Autor gar kein anderes als ein schwules Buch zugetraut wird. Ein Beispiel: In der Buchhandlung des Berliner Warenhauses Wertheim guckte ich mir die »Männerbuchecke« an. Zwischen dem *Spartacus Gay Guide* und einem Coming-Out-Ratgeber namens *Schwul, na und?* entdeckte ich ein Buch, das mir bekannt vorkam: *Die Radiotrinkerin* von Max Goldt. Das gleiche wäre es, wenn man die Bücher des bekannterweise heterosexuellen Schriftstellers Robert Gernhardt zwischen einem Bordellführer und einem Erika Berger-Buch plazieren würde. Meinem Verlag schickte ich daraufhin eine Postkarte, auf der ich mich zum bedauerlichen Opfer eines unvorstellbaren Sexismus hochstilisierte. Ich hätte es eigentlich auch schmunzelnd hinnehmen können, aber ich hatte wohl gerade Ego-Migräne. Der Verlag aber hat prompt beim Buchhändler angeklopft, daß das ja wohl nicht sein müsse. Der soll darauf entgegnet haben: *Wieso? Ist der etwa nicht schwul?* Doch doch, er ist, aber er hat ca. 197 Eigenschaften, u. a. ist er, zumindest politisch und tendenziell, Vegetarier und blond. (Dieser blöde Satz sagt zwar aus, daß ich politisch blond bin, aber ich lasse ihn trotzdem so stehen.) Genauso triftig wäre es also gewesen, wenn man mein Werklein zwischen *99 Ideen mit Hirse* und *Blond, na und?* gestellt hätte.

Doch auch die hohen Herren in Frankfurt sind Sexisten. Ich kann mir lebhaft vorstellen, wie sie in ihrer uneleganten Redaktion gesessen und gemaunzt haben: Herrjemineh, Outing, der blödeste US-Import seit Aerobic, leider müssen wir ja jeden Medienquatsch durch die Satiremühle drehen. Was muß Satire? Satire muß alles, gähn, Lust haben wir nicht, aber (Glühbirne in Denkblase), wie heißt es noch, unser kesses Früchtchen aus Berlin, der ist doch von der anderen Gardefeldpostregimentsnummer oder wie das heißt, hähä, schenkelklopf, sabbertrief, der ist ja wohl dafür zuständig. Doch nein, hohe Herren, rufe ich da, man muß nicht homosexuell sein, um zu verkünden, daß es eine Schande ist, durch die Gegend zu trompeten, mit was für einer Sorte Mensch andere Leute angeblich bevorzugt die Nacht verbringen. Wenn einer lieber im Dunkeln munkelt, sollte er das tun. Heimlich genaschter Honig ist süßer als der, der in Talkshows gelöffelt wird. Und kein Mensch braucht zur Interessenvertretung einen schwulen Politiker. Heterosexuelle Politiker sind genauso geeignet, diskriminierende Gesetze abzuschaffen, wenn sie recht bei Groschen sind. Aus der Tatsache, daß manche nicht bei Groschen sind, zu schließen, daß in homosexuellen Köpfen feinere Gehirne wohnen, zeugt von unsolider Beobachtung. Im Gegenteil: In manchen spukt der Wunsch, ein ganzes Volk zu zwingen, sich Johannes Rau bei der Ausübung von Analverkehr vorzustellen – ein Auswuchs dieser sexbesessenen Epoche, über die kommende Generationen einst ebenso mit dem Kopf schütteln werden, wie die unsrige es über Krinolinenröcke oder Kommunismus tut. Was benötigt wird, sind tapfere Homosexuelle, die gelassen reagieren, wenn mal jemand ein derbes Witzchen macht, und nette Heteros, die auch freundlich bleiben, wenn man ihnen evtl. versehentlich allzu herzensgut in die Augen schaut. Ein Schildchen um den Hals soll nämlich niemand tragen. Und wenn sogar die Lesben eines Tages aufhören, so ruppig und verbiestert zu sein, dann werden wir uns alle an den Händen fassen und munter um den Planeten tanzen und es insgesamt recht wohlig haben, es sei denn, es kommt in den nächsten Jahren wahrscheinlich zu ziemlich vielen Katastrophen nicht-erotischer Struktur.

»Ich brauche Bohnen, und zwar jetzt« – Logierbesuch aus USA

(Oktober 1989)

Praktisch ist es, wenn man auf Reisen durch die Fremde Einheimische kennenlernt, die einen in ihr Haus locken, in ihr Gästebett stecken, einem die Gegend zeigen und landestypische Spezialitäten auftischen. Zum Abschied hinterläßt man dankbar seine Anschrift und sagt: Falls es euch je nach Berlin verschlagen sollte, könnt ihr selbstverständlich jederzeit bei mir . . ., denn man denkt ja: Die verschlägt es sowieso nie. Um so schrecklicher ist es dann, wenn nur zwei Monate später Bob und Gretchen (sprich: Grättchn) aus Madison/Wisconsin vor der Tür stehen und die Absicht verkünden, mindestens fünf Tage lang überhaupt keine Umstände machen zu wollen.

Nie hat mich das Leben härter geprüft. Zündete ich mir eine Zigarette an, begann Gretchen vorwurfsvoll zu keuchen. Wollte ich mich rasieren, fand ich mein Waschbecken mit blutverschmierten Damenschlüpfern gefüllt vor. Holte ich aus dem Kühlschrank ein Bier, fragte Bob, ob er sich irre, wenn er glaube, beobachtet zu haben, daß dies schon mein drittes sei, und ob ich denn gar keine Figurprobleme davon bekomme. Die Pein begann im Morgengrauen. Ich fragte Gretchen, ob sie Kaffee wolle. Sie bejahte. Als sie dann aber eine Stunde später mit einem Handtuchturban aus dem Badezimmer kam, bemerkte sie, daß der Kaffee ja jetzt sicher nicht mehr frisch sei, und ich hätte doch gewiß auch Tee. Ich setzte Wasser auf. Als sie mich dann einen Teebeutel in eine Tasse hängen sah, sagte sie, wenn sie gewußt hätte, daß es Teebeuteltee sei, dann hätte sie mich bestimmt nicht um Tee gebeten. Ich solle mir aber keine Sorgen um sie machen, in den Staaten würde sie morgens oft auch nichts Heißes trinken, sie sei völlig *fein* und *wirklich okay*. Worauf ich neuen Kaffee kochte. Das sei aber sehr sehr süß von mir, rief Gretchen. Sie nahm einen Schluck, stellte die Tasse wieder hin und sagte zu Bob, daß der Kaffee *wirklich stark* sei, er schmecke ungefähr so wie der Kaffee in dem italienischen *Platz* in Madison, wie heiße das Lokal denn noch, das gegenüber von dem Haus liege, wo Pete sie mal zu dieser einen widerlichen Party mitgeschleppt habe. Die Erinnerung an diese Party schmerzte Gretchen so sehr, daß sie es bei einem Schluck von meinem Kaffee beließ.

Wenn drei Leute in einer Einzimmerwohnung hausen, treten Platzmängel auf, die sonnenklar sind, und auf welche man mit geballter Unzickigkeit reagieren muß. Aber ich kann es auf den Tod nicht leiden, wenn mir jemand Spinat *und* benutzte Socken auf den Schreibtisch legt. Bloß raus aus dem Haus! Am ersten Abend nahm ich die beiden mit zu einem Konzert der finnischen Hauruck-Rockgruppe *Melrose*. Gretchen (mürrisch): Das ist aber nicht sehr innovativ. Außerdem fand sie es unästhetisch, daß der Schlagzeuger so schwitzte: *Du als Mann* kannst das vielleicht nicht verstehen, aber *ich als Frau* habe mich selten von einem Mann so abgestoßen gefühlt. Anschließend zeigte ich den beiden den *Pinguin-Club*. Gretchen (mürrisch): Bars in dem Stil haben wir Dutzende zu Hause. Dann ins *Kumpelnest 3000*. Gretchen (mürrisch): Ich finde es ein wenig schmuddelig hier. Und die Leute sehen so ungesund aus. Machen die denn gar keine *Übungen?*

Als Revanche für einen Ausflug in die Stadt Oshkosh, wo ich des Namens wegen hinwollte, und um mal zu gucken, wie die Oshkosherinnen und Oshkosher so 'drauf sind, organisierte ich am nächsten Vormittag eine Schiffsexpedition zur Pfaueninsel. Dort gibt es mehrere Dutzend frei herumlaufende Pfauen und dementsprechend viele Familienväter mit Videokameras, die den Pfauen auflauern. Die Vögel sind aber dermaßen geltungsbedürftig, daß sie selbst vor Leuten ohne Videokamera unentwegt ihre Räder schlagen. Redewendungsschmiede erkannten das schon in historischer Zeit. Allein Gretchen war nicht amüsiert, guckte wie sieben Tage Erdbeben und sprach mit bebender Stimme: Ich brauche Bohnen, und zwar jetzt. Bob vertraute mir an, daß seine Lebensgefährtin als Radikalvegetarierin öfters unter Anfällen von Proteinmangel leide, und besonders während der Menstruation sei es schlimm, und wir müßten umgehend runter von der Insel. Also erstanden wir in einem Tante Emma-Laden in Wannsee eine Dose Chili-Bohnen, baten die verdutzte Emma, diese gleich zu öffnen (»Mein amerikanischer Besuch leidet unter Proteinmangel«), wonach Gretchen sich in ein Gebüsch hockte und zitternd den kalten Büchseninhalt in sich rein löffelte. Wie gerne hätte ich ihr zugerufen: Wenn du alte Zimpersuse keine fleischlose Kost verträgst, dann laß es doch. Auf so eine Trine wie dich kann die vegetarische Welt wohl verzichten.

Aber es kam ja noch viel schlimmer: Am nächsten Morgen hatte Gretchen einen abstoßenden Ausschlag am ganzen Körper. Als Schuldige wurden flugs die Haselnüsse in meinem Müsli ermittelt. In Amerika würde kein Mensch Haselnüsse essen. Dazu muß man wissen, daß in den USA jeder gegen irgendwas allergisch ist. Es gibt auch sogenannte Hyperallergiker, die auf alles picklig und asthmatisch reagieren, daher ganz alleine in Plastikcontainern in der Wüste wohnen und von Hubschraubern mit speziellen Diäten beworfen werden müssen, um zu überleben. Von nun an mußte Bob das verunstaltete Frauenzimmer alle paar Stunden mit wahllos aus meinem Hängeschränkchen herausgeklaubten Salben einreiben. Zwischen den einzelnen Salbungen wurden sämtliche Museen der Stadt abgeklappert, wo Gretchen regelmäßig von Tränenkrisen heimgesucht wurde. Im Jagdschloß Grunewald ließ sie sich auf einem (historischen) Stühlchen nieder, um zu greinen, daß sie sich so elend fühle und ausgerechnet jetzt, wo sie einmal in ihrem Leben in Europa sei, wie ein häßliches Entlein herumlaufen müsse. Tapfer log ich, ach was, das stimme doch gar nicht, ein so hübsches Girl wie sie könne doch nichts entstellen. Zu allem Überfluß mußte ich nun auch noch dem mit einem Glas Wasser herbeigeeilt kommenden Wärter die Situation erklären (»Mein amerikanischer Besuch leidet unter einer Haselnußallergie«), und daß wir nicht gewußt hätten, daß der Stuhl aus dem 18. Jahrhundert stamme. (»Den hamse ja ooch frisch bezohng. Sieht jut aus, wa?«)

Doch nun Schluß mit Nerv-Gretchen und ihrem Lakaien Bob. Einzelheiten darüber, wie ich sie morgens um vier Würfel hustend in meinem Badezimmer vorfand, will ich den Satireheftchenkonsumenten ersparen. Es gibt ja auch noch andere Abgründe, die einen Bericht lohnen, z. B. die *Internationale Funkausstellung*. Dorthin lud mich der Deutschlandfunk, um zwischen zwei Kurzauftritten von *Peter Horton* und seiner Frau *Sklava Klampfchef* (oder so ähnlich) einen Text vorzulesen. Das Publikum wurde von fünfzig erloschen dreinblickenden Herrschaften verkörpert, die, erschöpft vom Prospekte-Einsacken, ihre Plastiktüten im ARD-Pressecafé abgestellt hatten und sich in ihren Gesprächen durch evtl. stattfindende Bühnendarbietungen keinesfalls stören ließen. Zu Peter Hortons Musik könnte man folgendes sagen: Wäre sie sichtbar, ähnelte sie einem Tischdeckchen aus Brüsseler Spitze, welches man auf einer Musiktruhe im Chippendale-Stil plaziert, worauf man dann eine kleine blaue Vase mit frischgepflückten

Gänseblümchen stellt. Sobald die Maßliebchen welken und die ersten Zungenblüten fallen, hat man ein gutes optisches Äquivalent zu Peter Hortons Musik. Ansonsten gab es auf der IFA zähfließenden Menschenverkehr. Die Berliner Abendschau kommentierte dies mit einem Satz von klassischem Scharfsinn: *Trotz Gedränge* tummelten sich 38000 in den Hallen. Ein weiterer Prachtsatz aus der gleichen Sendung lautete: Das Radiohören im Auto erlebt eine Renaissance.

Eine Renaissance erleben offenbar auch klobige Fernsehgeräte. Die neuen »hochauflösenden« HDTV-Fernseher – klingt irgendwie unappetitlich nach Aids, oder? – sind etwa so groß wie mittlere Gefriertruhen. Doch wegen technischer Neuerungen kommen die wenigsten Besucher. Vielmehr will man »Prominente« sehen, worunter in der deutschen Umgangssprache keine wichtigen oder herausragenden Persönlichkeiten verstanden werden, sondern Leute, denen aufgrund schwerwiegender Erziehungsmängel jedes Schamgefühl abhanden gekommen ist, und die daher regelmäßig in Fernsehsendungen auftreten. Taucht dann, was sehr oft passiert, ein »Prominenter« auf, greift eine kollektive Verzückung um sich, und es kommt zu grotesken Verbrüderungsszenen. So pochte mir ein wildfremder Mensch auf den Leib, nur weil irgendwo der Korrespondent Gerd Ruge rumlief: Mensch, haste gesehen. Das war doch der Gerd Ruge! Vorhin hab ich schon Peter Petrel gesehen und, wie heißtse, die Jungsche, die nachmittags die Videos zeigt, in Formel Eins, obwohl, da hamse ja jetzn andern.

Mir selbst ist es eher unangenehm, einen Prominenten auf der Straße zu sehen. Jemand, der nicht wie ein unmündiger Konsument erscheinen will, der die Objekte seiner Bewunderung aus der Fernsehunterhaltung bezieht, wird sich verbieten, stehenzubleiben und zu gaffen. Man reißt sich am Riemen und ignoriert, was aber anstrengend ist. Pro Begegnung mit einem Fernsehprominenten verliert man auf dem Umwege der Scham und des Ringens mit seiner Selbstbeherrschung ca. 1 Liter Körperflüssigkeit. Zum Ausgleich bieten die Kioske außer übelschmeckenden Limonaden amerikanischer Machart oft nur Alkohol feil. Trunksucht droht. Ich finde daher, TV-Prominente sollten sich im Walde verstecken, bzw. die öffentliche Stadtlandschaft nur visuell stark verfremdet betreten.

Es gibt auch Sonderfälle der Begegnung. Vor einiger Zeit sah ich in einer Einkaufspassage eine junge Dame, welche ich versehentlich für eine mir flüchtig bekannte Künstlerin hielt, die ich lange nicht gesehen hatte. Ich wunderte mich zwar über ihre unvorteilhafte Kleidung, stieß aber dennoch einen freundlichen Gruß aus. Die Angesprochene sah mich verdattert, fast verängstigt an und ging ohne Erwiderung weiter. Da fiel es mir wie Schuppen von den Augen: Ich kannte die Frau zwar, aber nicht persönlich, sondern aus den Medien. Es handelte sich um *Alexandra Kliche,* die aus der Partei ausgetretene ehemalige Vize-Vorsitzende der Republikaner! Wie vom Blitz getroffen stand ich da und blickte der davoneilenden Vaterlandsverehrerin nach. Ob mir meine linksradikalen Freunde dieses Gruß-Versehen verzeihen?

Bossa Nova im Schatten des Tele-Spargels

(November 1989)

Ich habe mich soeben entschlossen, die lieben Leser auch dieses Mal mit einem beträchtlichen Durcheinander anzustrengen. Erst mal will ich eins betonen: Ich bin kein griesgrämiger Schrat, sondern ein aufgeweckter Herr, manchmal etwas kapriziös zwar, bisweilen auch recht barsch im Urteil, aber keineswegs schlunzig und jenseitig. Warum ich meine, darauf bestehen zu müssen? Weil in dem Berliner Trendhinterherhechel-Magazin ›tip‹, eine Art Ikea-Katalog mit redaktionellen Zugaben, folgendes steht: »Nur ein griesgrämiger Schrat wird bestreiten, daß *Indiana Jones und der letzte Kreuzzug* fesselnde Unterhaltung ist, die einfach Spaß macht.« Dralle Unwahrheit! Es gibt in diesem Film keine einzige Minute, die nicht dumm und langweilig ist. 110 Minuten fast nichts als tausendmal gesehene Verfolgungsjagden, ›gefährliche Situationen‹, Schießereien usw. Zwischendurch stolpert man ab und an über Handlung. Da sieht man dann eine angebliche Archäologin in Stöckelschuhen durch irgendeine Gruft kriechen, die, eines alten Schreines ansichtig geworden, ihrem Kollegen zujubiliert: Oh, schauen Sie mal, diese herrlichen Schnitzereien. Mein Begleiter, den ich dafür, daß er mich in diesen Film schleppte, mit stundenlanger Übellaunigkeit strafte, meinte, das sei eine selbstironische Genreparodie. Unfug! Da werden einfach knallhart die kulturellen Bedürfnisse der ganz und gar Armseligen analysiert, die Top Ten dieser Bedürfnis-Hitparade (1. Krach 2. Tempo 3. Schußverletzungen 4. Autos 5. nuttig aussehende Frauen 6. Prellungen, Blutergüsse 7. Zombies 8. bizarre Landschaften 9. unrasierte Kerle 10. mysteriöse Mythen) werden dann von einem Heftchenroman-Braintrust zu einem Drehbuch verkocht, und fertig ist die fesselnde Unterhaltung. Da macht es auch nichts aus, daß die malerische Bücherverbrennung der Nazis, die man ja immer wieder gerne sieht, plötzlich im Jahre 1938 stattfindet. Man ist ja auch viel zu sehr damit beschäftigt, den Unterhaltungen der anderen Zuschauer zu lauschen, als daß einen so etwas noch stören könnte. Kino-Besucher haben die eigenartige Angewohnheit, jeden Satz, den sie irgendwie komisch finden, laut zu wiederholen, über die eigene Wiederholung lauter zu lachen als über den ursprünglichen Scherz, dadurch aber den folgenden Dialogteil zu verpassen und dann den Nachbarn anzurumpeln und zu fragen: Was hat er eben gesagt? Dieser repetiert dann die verpaßte Stelle, wodurch er aber selber die nächste nicht mitbekommt. Durch diese sozusagen zeitverschobene Rezeption aus zweiter Hand entsteht ein fortwährendes Gebrabbel, welches Menschen, die fähig sind, zwei Stunden schweigend und konzentriert einer Handlung zu folgen, zunehmend aus dem Kinosaal in die Arme der Videothekare treibt. Und noch mehr Tadel für die Kino-Rüpel: Es ist eine schiere Ungezogenheit, schon während des Nachspannes aufzustehen und lärmend dem Ausgang entgegenzustreben. Der Nachspann gehört zum Film, und es gibt Leute, die ihn sehen wollen, z. B. der liebenswürdige Herr, der hier sitzt und schreibt und den das Gepiepse seiner elektrischen Schreibmaschine nervt und daß kein Bier im Hause ist und der letzte Woche geheiratet hat.

Jawohl, geheiratet, und zwar eine echte Frau mit allen Körperteilen, die zu einer solchen ja nun mal gehören und die folgerichtig auch völlig bar jener Organe ist, die der Welt zwar schon viel Freude gemacht haben, die aber am Leib einer Dame von den meisten Menschen als ein wenig unpassend empfunden werden würden. Künstleröse Freunde hatten mich 1988 in eine Prenzelbergschmuddelbude geschleppt, worin eine Wuchtbrumme saß und manche Bierflasche rausrückte. In Else, so hieß sie, quoll Liebe auf. Liebe zu West-Berlin. »Heirate mich aus der Unfreiheit raus!« rief sie, während sie ihre unter Gleichgewichtsstörungen leidende Ratte Elke massierte. Ich gab zu bedenken, daß ich sie doch kaum kenne, worauf sie süßlich drohend versetzte, während einer gemeinsamen Reise werde ich sie schon kennenlernen.

Wir reisten nach Radebeul, um uns im Karl May-Museum Old Shatterhand-Verlobungsbuttons zu kaufen, dann nach Hiddensee, wo der Wind unsere Leiber aneinanderpreßte. Dann begann die Ämterrennerei. Ich mußte beim Standesamt ein »Ehefähigkeitszeugnis« einholen, welches aber nicht die Resultate einer peinlichen anatomischen Untersuchung festschrieb, sondern nur ein Behördentrick war, um 35 DM einzusacken. Else mußte u. a. beim Rat des Bezirks Prenzlauer Berg, Bereich Inneres, *Abt. Genehmigungswesen,* eine schriftliche Liebesbegründung einreichen, in der sie formulierte, daß wir auf einer Hiddensee-Reise erkannt hätten, daß wir wegen gemeinsamer künstlerischer Veranlagungen ohne einander nicht mehr ein und aus wüßten. Das östliche Genehmigungswesen zog sich sehr in die Länge. Dutzende Ämter wälzten sich im Genehmigungsfieber, sie genehmigten und genehmigten. Nach anderthalb Jahren war alles fertiggenehmigt.

Heiraten ist anstrengend, besonders wenn man dies im Schatten des Tele-Spargels* tut. Schon im Morgengrauen empfing meine Gattin ihre Friseurin, um sich in einer stundenlangen Prozedur eine Original-Turmfrisur stecken zu lassen. Derweil mußte ich durch den Westteil der Stadt tigern, um gelbe Lilien aufzutreiben, weil nur diese zu meiner Gemahlin Hochzeitsgewand passen, einem fla-

* Tele-Spargel: angeblicher Berliner Volksmund für den Ost-Berliner Fernsehturm. Der Dresdner Turm wird gar als Elb-Nadel bezeichnet.

schengrünen Lederkleid, das aus einem Dresdner Theaterfundus stammt und zuletzt in den sechziger Jahren von

einer Käthchen von Heilbronn-Darstellerin getragen wurde. Um 11 Uhr nahmen wir im Trauungssaal Platz, und eine elegante junge Standesbeamtin erschien. Sie trug eine merkwürdige Bürgermeisterkette und betätigte sich erstaunlicherweise erst einmal als Disc-Jockey. Da mußte die Hochzeitsgesellschaft schon arg die Zähne zusammenbeißen, als die Dame mit majestätischem Ernst völlig zerkratzte Platten auflegte, erst den *Gefangenenchor aus Nabucco* und dann *Bolero.* Die darauf folgende Ansprache wirkte richtig erlösend, und das Ringetauschen klappte wie geschmiert. Die Ringe hatte ich in *Helmstedt* besorgt. »An der Grenze das Verbindende kaufen«, hatte ich gesagt und dies sehr symbolisch gefunden. Meine Frau war dann allerdings sehr genervt, weil ich diese Geschichte auf der Hochzeitsfeier andauernd irgendwelchen Leuten erzählte. »Erzählst du schon wieder, daß du an der Grenze das Verbindende gekauft hast?« raunzte sie mich schon während der Dampferfahrt an, die wir mit unseren Gästen am Nachmittag durchführten. Die Schiffsfahrt hatte eigentlich den Zweck, die Gäste miteinander bekannt zu machen und so den Weg zu einem feucht-fröhlichen Abend zu ebnen. Das ging aber voll in die Hose. Wir hätten lieber direkt vom Standesamt in die Kneipe gehen sollen. Das Schiff tuckerte drei Stunden lang ausschließlich durch Industriegebiete. Außerdem hatte meine Frau eine *Bossa Nova-Band* engagiert, die unentwegt in ohrenbetäubender Lautstärke »The Girl from Ipanema« intonierte, aber nicht swingend und elektrisierend, sondern als schwerfälligen Marsch. Unterhaltungen zwischen den Gästen unterblieben daher weitgehend. Statt dessen wurde geschwiegen und mißmutig auf die qualmenden Kombinate am Spree-Ufer gestarrt. Hinzu kam in gewohnter Ekeligkeit eine riesige Portion Falscher Hase, begleitet von dem versalzenen, erdfarbenen Matsch, den nur sozialistische Küchenmeister aus Erbsen und Möhren herzustellen in der Lage sind und der in DDR-Speisekarten meist unter der Rubrik »Sättigungsbeilagen« aufgelistet wird. Ich meine Reisefreiheit hin, Reisefreiheit her. Schon allein die bestialische Qualität von Lebensmitteln und gastronomischen Leistungen läßt mich den Umstand, daß noch immer 16 Millionen Menschen mehr oder minder freiwillig drüben verharren, ausgesprochen bizarr finden. Schlechtes Essen als schwerwiegende Beleidigung aufzufassen, hat nichts mit Verwöhnung oder Verweichlichung zu tun. Die Natur schenkt uns köstliche Früchte etc. Diese zum falschen Zeitpunkt zu ernten, sie falsch zu lagern oder schlecht zuzubereiten, ist ein Vergehen an der Schöpfung, glatte Blasphemie. Jeder, der einigermaßen herumgekommen ist, weiß, daß in atheistischen Staaten ausgesprochen schlecht gekocht wird, weil der Respekt vor den Gaben Gottes fehlt. Anders ausgedrückt: Gut zu kochen ist praktiziertes Christentum.

Schmerzforscherin jagt Kranken in schlechtes Konzert

(Dezember 1989)

In dem schönen Schlager »Yü-Gung« stellte *Blixa Bargeld* einst eine Frage, die im Laufe der Jahre nichts von ihrer beklemmenden Aktualität verloren hat: »Wo sollen wir hingehen die ganze Zeit?« Allabendlich gilt es, darauf neue Antworten zu finden, indem man, vorausgesetzt, man bewohnt eine Stadt, zu einer Stadtzeitung greift. Am wenigsten inspirierend ist meist die Rubrik *Diverses.* Ein Diavortrag über die Belastbarkeit künstlicher Hüftgelenke wird von der *Urania* angeboten, aber von mir ebenso verschmäht wie das allerdings sowieso nicht mich betreffende Angebot, am Selbsthilfetag einer »Offenen Feministischen Autowerkstatt« teilzunehmen. Lohnender ist da schon die Spalte *Jazz/Rock.* Auf derlei Veranstaltungen kann man prima dumm herumstehen, und das Hirn wird allenfalls von der Frage: Wie applaudiert man mit einem Bierglas in der Hand? belastet. So hatte ich beschlossen, am 17.10. das Konzert der amerikanischen Inkognito-Gruppe *The Residents* aufzusuchen. Doch dann wurde ich plötzlich krank, lag mit Schmerzen auf dem Sofa und wollte mich lieber vom Fernsehapparat unterhalten lassen. Da sah ich in der *Berliner Abendschau* eine Ärztin, die sich als Schmerzforscherin bezeichnete und einen Satz von sich gab, über den ich dermaßen lachen mußte, daß die mich schmerzende Stelle noch viel mehr schmerzte, und ich mich daraufhin doch lieber zu den Residents aufmachte, in der Hoffnung, daß es bei denen recht wenig zu lachen geben möge. Die Wissenschaftlerin hatte gesagt: »Ja, ich als Schmerzforscherin bin natürlich auf ständigen Kontakt zur Schmerz-Szene angewiesen.«

Chef-Schmerzforscherin (mitte) mit zwei befreundeten Laien-Schmerzkennern in einem In-Treffpunkt der Berliner Schmerz-Szene

In der Tat, zu lachen gab es nichts im Konzert. Die Darbietung der geheimnisumflorten Top-Kult-Combo erinnerte mich einzig an jene Software-Vorführungen, während deren in Fachgeschäften für elektronische Musikinstrumente von technisch kundigen, aber musikalisch nicht schöpferischen Verkäufern Klangbeispiele der neuesten Synthesizer und Sampler vorgeführt werden, mit dem Unterschied, daß die Händler dabei keine Stetson-Hüte auf dem Kopf und keine Glühbirnen vor den Augen tragen. Schon seit 15 Jahren treiben die Damen und Herren Residents ihr Unwesen, veröffentlichen Platte auf Platte mit substanzlosem Gefriemel; gerne machen sie auch »Coverversionen« irgendwelcher Rock-Klassiker, wobei sie so vorgehen, die Stücke drei Viertel ihrer kompositorischen Eigenschaften zu berauben und das verbleibende Viertel zu »verfremden«, indem sie es z. B. durch ein Gerät namens *Harmonizer* schicken. Darüber, daß die dadurch entstehenden Micky Maus-Effekte weltweit als Avantgarde bejubelt werden, habe ich nie aufhören können zu staunen.

An sich habe ich ja gar nichts gegen die Musik: Allein im Einzugsbereich meiner U-Bahnlinie kenne ich vier junge Menschen, die allerlei Tasteninstrumente und ein Mehrspurgerät besitzen, nette Kassetten vollmusizieren und diese an ihre Bekannten verschenken, welche sich das dann, wenns hochkommt, einmal beim Abwaschen anhören. Aber muß ich deswegen diese vier Menschen nach Übersee schicken, ihnen Kartoffelsäcke überwerfen und dafür 29 DM Eintritt verlangen?

Wenige Tage später besuchte ich ein Konzert von *Eugene Chadbourne*. Das ist jemand, der dick ist, eine Brille trägt und nur mit einer Gitarre auf die Bühne kommt und deshalb als wichtiges Original und skurriler Kauz gilt. Oh, sensible Menschen kennen sicher das Gefühl, daß man einer Veranstaltung beiwohnt und schrecklich ins Schwitzen gerät, weil man sich so schämt für das, was auf der Bühne vorgeht – Eugene Chadbourne unterstand sich nicht, Reime zur aktuellen deutschen Politik zu improvisieren:

Come on Mister Krenz
Put down that fence
Honecker was old
but you should be bold

Dabei zwinkerte er konspirativ ins Publikum, sicher vermeinend, mit seinen Versen als international anerkanntes Sprachrohr deutscher Interessen zu wirken. Das Publikum aber hat natürlich gar nichts gemerkt. Die Menschen sind nämlich meist nicht in der Lage, gleichzeitig einem Text und einer Musik zu folgen. Sobald Englisches ertönt, beginnen sie gleich, rhythmisch zu zappeln, und sie lassen sich widerspruchslos den abwegigsten Plunder vorsingen.

Kommt ausnahmsweise mal was Deutsches, wird der Musik überhaupt keine Aufmerksamkeit mehr geschenkt. Sofort werden Tonnen von Skepsis aufgeboten – schließlich gilt es hier als provinziell, sich seiner Muttersprache zu bedienen – jede Wendung wird mit Argus-Ohren verfolgt, und nur weltanschaulich völlig Koscheres, d. h. Sozialdemokratisches oder aber ganz und gar Dämliches (Funpunk) darf ungescholten passieren. Als ich neulich mit dem Bassisten der deutschen, aber englisch singenden Gruppe *Element of Crime* über dieses Thema sprach, meinte dieser, er sei nun mal mit englischsprachiger Musik großgeworden, das seien nun mal seine *Roots,* und ihm persönlich würde es unnatürlich vorkommen, deutsch zu singen. Das sehe ich ein. Aber sollte man nicht zugeben, daß es auch viel einfacher ist, englisch zu singen, da das Abstraktionsmittel Fremdsprache dem Selbstentblößungscharakter persönlicher Gefühlsäußerungen das Schmerzhafte nimmt? Man singt wie durch Milchglas. Das Gefühlsbekenntnis wird nur als anonymes Schema wahrgenommen, für das Autor und Interpret nicht haftbar gemacht werden können. Wenn einer singt, er sei »lonely«, kann er auf die inhaltlichen Traditionen des Blues verweisen. Wer jedoch den Satz »Ich bin einsam« singt, muß mit Reaktionen rechnen wie jemand, der vergessen hat, die Toilettentür zu verriegeln. Das deutsche Publikum gestattet das Bekenntnis, einsam zu sein, nur im ironischen Tonfall oder metaphorisch verbrämt. Daher die vielen kalten Neonröhren, die sich im heutigen deutschen Liedgut in zerbrochenen Spiegeln auf nassem Asphalt spiegeln. Daß dem Texter der Satzbau und die Kurzsilbigkeit des Englischen und dem Sänger dessen Vokalreichtum entgegenkommen, soll meine Reaktion auf das »Roots«-Argument abrunden. Mag von mir aus jeder in der Sprache singen, in der er *kann,* aber man sollte nun nicht auch noch stolz darauf sein, Opfer des anglo-amerikanischen Kulturimperialismus (falls es den tatsächlich gibt) zu sein, und auch nicht die Auffassung pflegen, die anglophone Überfrachtung des deutschen Äthers sei eine der Spätfolgen des Hitlerfaschismus, mit denen man gefälligst zu leben habe. Es ist ja mehr eine Frage der Gefühlsbequemlichkeit.

Eckard, der Bassist, gab noch an, daß er trotz seiner Sprachpräferenz ein großer Verehrer *Franz Josef Degenhardts* sei. Ich bin ihm dankbar, daß er diesen Mann in mein Gedächtnis zurückgerufen hat. Gleich kaufte ich mir dessen Werkschau-Doppelalbum »Stationen«, das ich jedem ans Herz legen möchte, der mit mir übereinstimmt, daß es ein besonders rigoroser Ausdruck hiesigen Kultureskapismus ist, wenn heute gar die Kunst des sozialistischen Liederschmiedens in Gestalt von *Tracy Chapman* aus den USA importiert wird. Ob die Sängerin weiß, daß ihre Lieder hier die Funktion von »Kuschel-Rock« übernehmen? Und wie würden wohl Amerikaner reagieren, wenn ihre Radiostationen Tag und Nacht Franz Josef Degenhardt spielen würden? Deutschland schmust zu Tracy Chapman herrlich, und wenn die Platte und das Geschmuse vorbei sind, kann man seinem Partner erzählen, daß man gerade anspruchsvoll geschmust habe, denn: »Die hat übrigens auch ganz tolle Texte!«

Tolle Texte hatte ja auch immer Karl-Eduard von Schnitzler, und deswegen will ich die Absetzung der Keif-Sendung »Der schwarze Kanal« heftig geißeln. Der Ehrlichkeit halber will ich aber zugeben, daß ich während der Formulierung dieses Protestes eine alberne, knallrote Funpunker-Frisur trage und wie ein Affe über die Möbel jage. Zumindest für West-Berliner war von Schnitzlers Gepoltere immer ein Vergnügen, besonders dann, wenn man der

Boulevardpresse gerade entnommen hatte, daß seine Frau in einem hiesigen Warenhaus gerade beim Textil-Klau erwischt worden war. Außerdem hatte der Mann manchmal recht. Ich will nicht hoffen, daß die neue Medienpolitik der DDR auch noch dahin führt, daß wir bald auf »Willi Schwabes Rumpelkammer« und »Medizin nach Noten« verzichten müssen. Ein Lob auch der »Aktuellen Kamera«. Die ist zur Zeit interessanter als die ARD- und ZDF-Nachrichten. Die Sprecher sehen auch besser aus und grinsen neuerdings machmal neckisch. Das Tagesschau-Schema indes ist seit Jahren dasselbe:

1. Katastrophe, Staatsbesuch etc.
2. Welche langweilige Forderung erhob welche langweilige Gewerkschaft in welcher langweiligen Halle?
3. Der Außenminister weilt nicht in Bonn, sondern anderswo.
4. Der Leimener und die Brühlerin oder anderer Staatssportklatsch
5. Bundesverdienstkreuzträger o. ä. gestorben
6. Versteinerte Frau (Dagmar Berghoff) oder staubiges Steiff-Tier (Jan Hofer) verweisen auf Tagesthemen.

Wird diese Stadt im Strudel bewegender Stunden zerrieben?

(Januar 1990)

Auch Anfang Dezember ist das Leben noch immer recht merkwürdig hier in Berlin. Man kann in einem Bus der Münchner Stadtwerke, Zielangabe »Münchner Freiheit«, vom Bahnhof Zoo nach Wilmersdorf fahren oder in einem überfüllten Sexshop überwiegend Frauen antreffen, die mit großen Augen in »erotischen Bildbänden« blättern. Ein geducktes, graues Ehepaar irrte jüngst durch meine stille Straße, es hatte sich dorthin verlaufen und fragte: »Wo gehts denn hier nach Dresden?« Im Supermarkt gefiel ich mir als ehrenamtlicher Kiwi-Erklärer: »Die können Sie entweder halbieren und auslöffeln oder schälen und in Scheiben schneiden. Ihrer Phantasie sind keine Grenzen gesetzt.« Ja, keine Grenzen – Ich schrieb wie im Fieber feierliche Briefe ins Ausland. Ein kleines Stückchen Mauer, es kam mir selten und seltsam wie Mondgestein vor, verpackte ich in Watte und schickte es nach England. Jaja, ich gebs zu: Beißende Satire, Zynismus, harte Kommentare hab ich zu diesem Thema mitnichten zu bieten. Nein, auch ich bin am 9. und 10. November, in den Nächten, wo Sekt statt Blut floß an der Mauer, mit Else, meiner Gattin, auf dieses schnöde Bauwerk geklettert und fühlte mich wohl zwischen frohem und wildfremdem Volk. Von der Mauer wieder runterzukommen, war da schon eine unangenehmere Sache: Da hing ich kläglich an meinen dünnen Armen und tastete mit den Füßen nach der obersten Sprosse einer wackeligen Leiter, auf der sich bereits Gegenverkehr bewegte. Meine Furcht galt in diesem Moment weniger einem möglichen Sturz als den zahlreichen Kamerateams, die schon begonnen hatten, den Platz vor dem Brandenburger Tor zu belagern und die meine deutsch-deutschen Leibesübungen ja durchaus hätten filmen und anderntags einem schenkelklopfenden Fernsehvolk präsentieren können.

Überhaupt. Fernsehen: Hätte ich je gedacht, daß ich einmal vor dem Fernseher Tränen vergießen würde, noch dazu solche der Freude über ein politisches Ereignis? Oh, geweint wurde tüchtig in diesen Tagen. Leser in Köln oder Stuttgart können darüber natürlich nur mit dem Kopf schütteln. Doch diese veradenauerten Westintegrierten mit ihrem blöden Frankreich wissen rein gar nichts vom Wesen Berlins, und auch hierselbst herrscht nicht nur Gejubel. Die vielen aber, die vergnatzt vor dem Fernseher sitzen und übelnehmen, sind in den Medien nicht präsent. Ich rief einen Satireheftchen-Kollegen an, um ihn zu fragen, was er denn in diesen freudigen Tagen empfinde und mache. »Du Revanchist«, tobte er, ein »Linker«, der seit Jahren in Berlin lebt, bislang aber kein einziges Mal den Osten der Stadt aufgesucht hat. Um ein evtl. Mißverständnis zu beseitigen, trafen wir uns dann aber beim Bier und stimmten darin überein, daß z. Zt. ja nicht die vielen DDR-Besucher nerven, – die, das möge man mir einräumen, zu bemerken, ihr Begrüßungsgeld lieber für die Beseitigung von Dauerwellen ausgeben sollten als für Elektroplunder –, sondern hymnengrölende und zum Hymnenmitgrölen auffordernde Politiker. Auf Dauer kann auch die »Wiedervereinigung« keinen ideologischen Keil in eine gedeihliche Männerfreundschaft treiben.

Aber ein bißchen herumnölen darf man natürlich auch als Vertreter des »glücklichsten Volks der Welt«: Zehn Jahre bin ich schwarz mit der U-Bahn gefahren. Kaum jedoch, daß ich mir für teures Geld eine jener grandiosen *Umweltkarten* der Berliner Verkehrs-Betriebe zugelegt habe, kann ich nicht mehr mitfahren, weil die Züge voll sind mit Menschen, die aufgrund ihrer Herkunft schwarzfahren *dürfen*. Leider kann sich die BVG auch kein Personal leisten, das, ähnlich wie in Tokio, die Aufgabe hat, die Fahrgäste in die Bahnen hineinzustopfen. Aber die BVG kann sich mancherlei nicht leisten, z. B. eine anständige Werbeabteilung. Die für die Öffentlichkeitsarbeit zuständigen Herren leiden unter scheußlichstem Wortspiel- und Reimzwang (»Wurst und Senf in Bahn und Bus bringen oftmals viel Verdruß«), und auch der Gestaltung der Umweltkarten mangelt es stark an Weltstadtgepräge. Um

zu erkennen, daß das Kinderzeichnungs-Motiv ganz bestimmt nicht aus Kinderhand stammt, bedarf es auch keines pädagogisch geschulten Blickes. Meine Nachforschungen haben ergeben, daß die Zeichnung das Werk eines in Berlin lebenden *Isländers* ist, der auch die Plattenhüllen der *Sugarcubes* entworfen hat, bevor sie Sugarcubes hießen. Erregende Enthüllung, nicht wahr? Noch erregender dürfte folgende Information sein: Die Stimme, die in der Berliner U-Bahn die Stationen ansagt, gehört einer 45jährigen

Schauspielerin namens *Micaela Dietmute Pfeiffer,* die lange Zeit wegen Depressionen in der Spandauer Nervenklinik lag, d. h., ob sie wirklich die ganze Zeit lag, weiß ich nicht genau; vielleicht saß oder stand sie ja auch mal zwischendurch oder schlurfte trüb durch die Gänge in einem zerknitterten Nachthemd. Jetzt wohnt die Arme bestimmt in München, darf ab und zu Funkwerbung sprechen und blickt verloren auf nassen Asphalt. »Glück? Liebe?« hört man sie manchmal murmeln, »nein, davon hat mir der Kellner, den wir Schicksal nennen, niemals in das Bierglas, das wir Leben nennen, eingegossen, immer nur Bier und abermals Bier.« Und auch die Münchner Umweltkarten sind total häßlich. Da ist ein stilisierter Baum drauf, der aussieht wie ein Atompilz.

Das Wort »Umwelt« ist sicher die am meisten mißbrauchte Vokabel des gerade verwichenen Jahrzehnts. Spätestens seit der Einführung der *Umweltkugel* ist es klinisch tot. Und solange es dem Coca-Cola-Konzern erlaubt ist, zu behaupten, es sei ein Beitrag zum Umweltschutz, daß der Verschlußring seiner Dosen jetzt an ihnen haftenbleibt und nicht mehr abfällt, ist mit einer Wiederbelebung des Wortes nicht zu rechnen. Man muß statt dessen *Schöpfung* sagen, auch wenn das manchem die Kehle zuschnürt. Als weitere Mordopfer sind zu beklagen: die Wörter »Poesie« und »Phantasie«. Ihr Mörder heißt *André Heller.* Noch sezieren Schlagertexter und »Rockpoeten« gemein an den Leichen herum.

Nerv-Vokabel Nr. 1 mag in den Achtziger Jahren das »gemeinsame europäische Haus« gewesen sein, von dem zu befürchten ist, daß es sich länger hält als sein Erfinder. Wie lange wird man noch Sätze hören wie »Im gemeinsamen europäischen Haus mit menschlichem Antlitz muß jeder sein Zimmer selber tapezieren«?

Ein eher heimlicher Spitzenreiter auf der Liste sprachlicher Schande ist das unscheinbare Füllsel »im Endeffekt«. Zumindest im norddeutschen Raum wuchert es wie Neoplasma, wobei ich mir nicht sicher bin, ob Neoplasma die Fähigkeit zu wuchern besitzt, aber sicher bin ich, daß es einem Besitzer des Duden-Bandes 8, »Die sinn- und sachverwandten Wörter«, gestattet sein sollte, da mal reinzugucken, wenn er erst »Geschwulst« schreiben will, dann aber doch keinen Bock hat auf »Geschwulst«. Als Synonyme für »im Endeffekt« bietet das Nachschlagewerk wenig, aber immerhin »schlußendlich *(schweiz.)*«. Das sei denen mitgeteilt, die keinen Satz mehr ohne »im Endeffekt« hinkriegen, obwohl das so häßlich klingt. Dreimal »E« und dazwischen der häßlichste Konsonant überhaupt. »F« ist eklig – viele Begriffe, die Unzartes bezeichnen, beginnen mit »F«. Hier müßte kaltblütig vorgegangen werden: In meiner Kindheit hatte ich mal die Angewohnheit, »jetze« zu sagen statt »jetzt«. Klassenkamerad Klaus Ahrbecker mißfiel das, und er ohrfeigte mich jedesmal. Das half. Ich schlage vor, daß dafür eingetreten wird, jeden, der »im Endeffekt« sagt, zu treten oder zu schlagen, denn schlußendlich *(schweiz.)* ist ja die Sprache das höchste Kulturgut, das der Mensch schlußendlich *(schweiz.)* hat.

Ceauşescu bat mich um Seife

(Februar 1990)

Draußen zischt und knallt es, d. h. das Jahresende naht. Zwar waren die Einladungen dieses Jahr schmeichelhaft zahlreich, doch ich will mit meiner alten Tradition nicht brechen, den Sylvesterabend allein daheim zu verbringen und dabei einige besinnliche Zeilen zu verfassen. Hätte ich in diesem Lande das Sagen, was sonderbarerweise nicht der Fall ist, würde ich sofort die Sylvesterknallerei verbieten; alle Leute müßten sittsam zu Hause sitzen und sich grün und blau besinnen. Ich hasse diese abscheuliche Zeit, die man »zwischen den Festen« nennt, »zwischen den Tagen« oder, ganz kurios, »zwischen den Jahren«, in der das Land in ein bizarres Beirut des Vergnügens verwandelt wird, in welchem schreckhafte Menschen und Tiere wie Gejagte durch die Straßenschluchten hasten – an jeder Ecke steht kokelnd mißratene Brut, und von den Balkonen werfen die Schultheiss-Bestien Böller gezielt auf Passanten.

Meine Gattin ist beleidigt, weil ich keine Lust habe, »an unserem ersten gemeinsamen Sylvester« mit ihr zum Brandenburger Tor zu »ziehen«. Ja, in diesen Tagen *geht* man nicht zum Brandenburger Tor, man *zieht,* und man geht nicht hindurch, man *schreitet* hindurch, das klingt ereignishafter. Ich will dieses Ereignis aber bitte auf jeden Fall versäumen, und wenn ich morgen im Radio von den vielen Augenverletzungen, abgeböllerten Händen etc. höre, werde ich mir genüßlich ein kleines *Selber schuld!* gönnen. Wenn es allerdings Tote geben sollte, dann nicht, dann würde ich die Hände über dem Kopf zusammenschlagen, »Herrjemineh« oder ähnliches rufen und beginnen, telephonisch auszukundschaften, ob meine liebe Frau noch am Leben ist. Zwar haben wir keine gemeinsame Wohnung, aber doch eine gemeinsame Waschmaschine, und außerdem ist sie ziemlich nett. Andererseits ist es natürlich eine ganz hübsche Vorstellung, in Formularen in die Spalte Familienstand *verwitwet* reinzuschreiben. Das würde mich noch interessanter machen, und auch jünger. Als Junggeselle wäre ich schon uralt, als Verheirateter bin ich so mittel, aber als Witwer wäre ich nachgerade eine Knospe. »Da kommt der junge Witwer«, würden die Leute sagen, »er hat viel Schweres durchgemacht, seine Frau ist von einem Sylvesterheuler in tausend Teile zerfetzt worden, er hat Monate gebraucht, um alle einzusammeln, die Beerdigung konnte erst im Sommer stattfinden.« Und in der U-Bahn würden kleine, sich nach Bindung sehnende Wesen mir ihren Sitzplatz anbieten und leise hinzufügen:

Junge Witwer werden von vielen begehrt

»Wollen Sie nicht mal bei mir hereinschneien? Von meinen Schweinerollbraten werden auch Sie schwärmen.« Das Schicksal aber würde mich hart und verbittert gemacht haben, und ich würde rufen: »Hereinschneien? Schweinerollbraten? Ich bin Vegetarier und Homo!«, worauf die kleinen, einsamen Frauen zurückschrecken und irgendwann, an einem grauen Tag, müde einen böllernden Bolle-Berliner heiraten würden.

Insofern wäre es mir lieber, meine Frau würde nicht zum Brandenburger Tor ziehen und ganz bleiben. Schließlich hatten wir schon so schöne Stunden. Am 2. Weihnachtsfeiertag, dem lethargischsten aller Tage, saßen wir zehn Stunden *nonstop* vor dem Fernseher. Fünfmal sahen wir, wie der erschöpfte Ceauşescu aus seinem Panzerwagen gezogen wurde, wie er und seine Frau wie zwei bockige Kinder hinter diesen merkwürdigen auf Eck gestellten Schultischchen saßen und wie er dann schließlicht tot am Boden lag und dabei so eigenartig *schön* aussah, so sonderbar *jugendlich und zart;* einer, der endlich Frieden gibt und Frieden fand. Die tote Elena wurde an diesem Abend nicht gezeigt. Einen toten Mann kann man am Weihnachtsfest dem Volk wohl präsentieren, aber eine tote Frau, das wäre pfui, unsere Fernsehobersten sind doch Kavaliere.

Der neue Ministerpräsident, Petre Roman, laut ›Spiegel‹ Professor für Wasserwirtschaft, laut ›Tagesspiegel‹ Archäologe, wurde auch ausgiebig gezeigt. Uns gefiel vor allem sein *Pulli.* So ein verwaschener Wollpulli, aus dem oben ein karierter Hemdkragen herausguckt. Das wäre schön, wenn alle Politiker so einen Pulli tragen würden, dachten wir und malten uns schon die Bilder vom Brüsseler Pulli-Gipfel aus mit lauter friedlichen Pulli-Papis, nur die Thatcher würde da etwas stören.

Als Pulli-Papi kann man den neuen rumänischen Ministerpräsidenten aber eigentlich nicht bezeichnen. Uns erinnerte er eher an einen mediterranen Rummelplatz-Stecher, so einer, der die Schiffschaukeln anschubst oder katzenhaft geschmeidig von einem Autoscooter-Trittbrett zum nächsten springt, und dessen engbehoste Lenden die Zuckerwatte-Backfische ganz kirre machen. Und im Gebüsch hinter der Geisterbahn wird ihm dann einer geblasen, während im Hintergrund dumpf ein *Rick Astley*-Schlager im allgemeinen Gesumse verschwindet. Jedenfalls herrschte zwischen mir und meiner Gattin darin Übereinkunft, daß der Mann ja wohl der einzige Ministerpräsident weit und breit ist, bei dem es nicht 100% eklig wäre, wenn einen dunkle Mächte zwängen, ihm einen zu blasen. Dann fiel uns allerdings noch *Björn Engholm* ein, aber man muß ja nun nicht alles, was man so in Sektlaune und ehelicher Vertrautheit vor sich hin phantasiert, öffentlich herumtuten. Zu Ceauşescu möchte ich noch eines sagen: Ein paar Tage bevor es in Timisoara/Temesvar/Temeschburg losging, erschien er mir im Traum. Ich habe schon öfters von Rumänien geträumt, aber der Despot selber ist mir erstmals im folgenden Traum erschienen:

Ich kam aus einem rumänischen Bahnhof und lief durch einen gepflegten kleinen Ort mit einstöckigen Häusern. Oberhalb der Fenster waren in gesamter Länge der Häuserfront *Zinkrinnen* angebracht, in denen vereinzelt Kernseifenstücke lagen. Dann sah ich Ceauşescu, der in einer kleinen Grünanlage vor einem jener Riesen-Schachspiele, wie man sie in Kurparks findet, auf einem Stein saß. Er sagte zu mir: Bitte geben Sie mir ein Stück Seife. Ich komme an die Rinne nicht ran. Ich gab ihm die Seife, worauf ich erwachte, und, siehe da, keine zehn Tage später war er tot.

Jetzt ist es eine Viertelstunde nach Mitternacht, und ich habe eben mit meiner Gattin telephoniert, ihr ein gutes neues Jahr gewünscht und ihr diesen Artikel vorgelesen, über den sie herzlich gelacht hat, besonders bei der Stelle, wo sie in tausend Teile zerfetzt wird. Allerdings hat sie mich doch noch bequatscht, mit ihr auszugehen. Sie wird mich gleich mit einem Taxi abholen, damit ich ja nicht mehr als ein paar Schritte durch die Böllerhölle gehen muß. Daher will ich wieselflink eine unrumänische, sylvesterbezuglose Schlußepisode in die Tasten hämmern. Also: Neulich saß ich im Speisewagen eines Transitzuges nach Berlin und trank still ein *Radeberger*. Schräg gegenüber von mir räkelten sich drei junge Niederländer und lärmten ein wenig. Ihnen gegenüber saßen zwei Frauen, die unschwer als Lesben zu erkennen waren und die alle zehn Minuten den Kellner aufforderten, »diese Typen« doch endlich hinauszuschmeißen und, da der Kellner dieser Aufforderung nicht nachkam, immer lauter wurden, bis die eine, mit Original-Damenbart, sich in den Gang stellte und grölte: »Ihr Pisser verzieht euch jetzt! Mir dröhnt schon der Kopf von euch! Es ist international üblich, daß solche Pisser wie ihr hinausgeschmissen werden, und deswegen verpißt ihr euch jetzt!« Da mußte ich einschreiten. »International üblich ist es«, rief ich, »daß sich Leute im Speisewagen miteinander unterhalten dürfen, und Sie sind hier ja nicht die Frau Oberin oder so was!« Darauf kreischte die Getadelte und offenbar Angetrunkene: »Ich bin zwar nicht die Oberin, aber ich bin die *Chefin!* Und deswegen verpißt ihr euch jetzt alle vier, *duuu* auch!« Die drei Holländer, denen das Ganze sichtlich peinlich war, setzten sich an meinen Tisch und dankten mir für meinen Beistand, wonach die Monsterlesbe plärrte: »Jaja, Pisser aller Länder vereinigt euch!« und mir dann in meiner Wut noch manche sicher ungerechte und verallgemeinernde Äußerung über Lesben und Emanzen über die Lippen kam, von Stalin war wohl die Rede und von Fascho-Feminismus, ja, wenn man wütend ist, ist man meist phantasielos. Ich habe mich mit den Herren dann aber noch nett unterhalten, nur vom Nebentisch hörte man es bisweilen noch »Pisser! Pisser!« zischeln.

PS: Nach erneuter Durchsicht dieses Aufsatzes habe ich das Bedürfnis zu erklären, daß es keineswegs mein inniger Wunsch ist, dem schleswig-holsteinischen Ministerpräsidenten »einen zu blasen«.

Wo Rauch ist, ist auch Onkel Max

(März 1990)

In meinem Aschenbecher herrschen Verhältnisse wie in einem Schwarzenviertel einer amerikanischen Stadt. Mit den dort wohnenden Menschen teile ich nämlich eine Vorliebe: das Rauchen von Mentholzigaretten. Ganz anders als in den USA beträgt aber deren Marktanteil hierzulande gerade mal 2%, so daß deutsche Mentholraucher als subjektivistische Käuze gelten und einer Flut ewig gleicher humoriger Bemerkungen ausgeliefert sind. »Oh, Pfefferminzzigaretten!«, »Da kann man doch auch gleich ein Vivil lutschen«, »Ach, das sind wohl besonders gesunde Zigaretten«. Immerhin spart man Geld, wenn man von Fremden wegen einer Zigarette angehauen wird. Man sagt »Gerne, ist aber mit Menthol«, erntet dann ein Minenspiel, als habe man eine Tüte Mehlwürmer angeboten, und es trollt sich duster flüsternd einer. Was haben sich die Leute nur so? Wenn man anderes afro-amerikanisches Kulturgut adaptiert, dann mault doch auch keiner. Man darf auf Blues und HipHop schwören, darf bunte Perlen ins Haar sich flechten und Kassettenrecorder erheblichen Umfangs durch die Stadt tragen. Warum darf man nicht Dunhill Grün oder Reyno rauchen? Als Raucher wird man vielerorts eh schon behandelt wie ein LKW-Auspuff. Im Tanzlokal darf man nicht bei der Kapelle sitzen, sondern bekommt einen Platz neben dem Sauerkrautfaß zugewiesen. In Beichtstühlen, Philharmonien und Schwimmbecken wird man bisweilen gar angeschnauzt!

Treu und aufrecht für das Rauchen geworben wird heut fast nur noch in den Filmen des Finnen Aki Kaurismäki, dem Begründer des neuen Genres »Rauch-Film«. In all seinen mir bekannten Werken zünden sich die Schauspieler unentwegt Zigaretten an, hocken mißmutig vor überfüllten Aschenbechern, nesteln nervös an Zigarettenschachteln und pusten einander Qualm in die grauen Visagen. Die beredte Sprache des Rauchens ersetzt die Dialoge weitgehend. Gelüftet wird in den Filmen nie, denn draußen scheint es noch schlimmer zu stinken: Kaurismäki schildert Helsinki als eine Art Vorhölle, feucht, finster und angefüllt mit abgearbeiteten, schlecht gekleideten Menschen, die sich selten die Haare waschen. Der Regisseur ruft damit aus: »Touristen, kommt nicht hierher! Finnland ist total verqualmt!« Nach dreien seiner Filme hat man alle billigen Klischees vom »Land der zehntausend Seen« über Bord geworfen und würde eher auf dem Werksparkplatz der Leuna-Werke kuren, als einen Finnland-Urlaub auch nur zu erwägen. Bei anhaltendem Erfolg des Künstlers dürfte sein Land bald touristenfrei sein, worauf er die Hände in den Schoß legen und ausrufen wird: »Das wäre geschafft!« Patriotische List will ich das nennen.

Aber selten nur wird so beherzt geraucht wie im finnischen Film. Da lobe ich mir die Windsor-Prinzessin *Margaret,* die sogar während eines Besuches in einer Klinik für asthmakranke Kinder qualmte, was die *Regenbogenpresse* zu der herrlichen Überschrift: ›Wo Rauch ist, ist auch Margaret‹ veranlaßte, wenngleich dies natürlich nicht ganz richtig ist, denn wo Rauch ist, könnten auch ich oder der Papst sein. Ich stecke nämlich gern mal eine *Dunhill Menthol* in Brand, und der Papst gönnt sich laut BZ täglich mehrere Filterzigaretten, ›aber eine *Marlboro* muß es sein‹.

Natürlich könnte, wo Rauch ist, auch die bekannte zeitgenössische Autorin *Luise Rinser* sein. Von dieser habe ich nämlich in der ›Revue‹ vom 26. 3. 1955 einen sehr überzeugenden Artikel über die vielen Vorteile des Rauchens gefunden. Die Dichterin schrieb:

»Ein Teetisch und ein Gespräch zu zweien ohne den blauen, zarten Rauch und den leisen Tabakduft ist wie ein Raum ohne Vorhänge und Blumen: nackt und hart. Carmen ohne Zigarette – undenkbar!«

Also: Sollte man zu Hause einen nackten und harten Raum haben, muß man nur tüchtig drauflosschmauchen und schon hat man das Geld für Vorhänge und Blumen gespart. Nützlich ist das Rauchen auch, wenn man eine harte Frau nackt haben will:

»Kein anderes Requisit gibt dem Mann so hübsche Gelegenheit, der Frau ebenso harmlos wie beziehungsreich und huldigend sich zu nähern, wenn er ihr Feuer reicht.«

Und wenn sie dann endlich nackt und »er« hart ist, hört man am besten nie mehr mit dem Qualmen auf, denn:

»Nicht nur die allererste Zigarette, die ein Liebespaar gemeinsam raucht, hat süße und tiefe Bedeutung. Was für ein ausgezeichnetes Mittel das Rauchen in der Ehe ist – wer hat es ausprobiert?«

Genußkundige Literaturfreunde werden da freilich erbost einwerfen: »Ach, wer ist schon Luise Rinser! Wir halten es da lieber mit dem viel prominenteren Dichter *Goethe,* welcher sagte oder schrieb: ›Die Raucher verpesten die Luft weit und breit und ersticken jeden honetten Menschen, der nicht zu seiner Verteidigung zu rauchen vermag.‹« Doch auch dazu hat Luise Rinser eine einleuchtende Entgegnung parat:

»Hätten seine (Goethes, Anm. O. M.) Freundinnen nicht, wie damals üblich, Pfeifen geraucht, sondern, mit der Anmut der Geishas, Zigaretten, vielleicht sogar mit dem Nikotin auffangenden Filter, so hätte er sein Urteil sicher revidiert.«

Doch die lieben Raucher, die nun aus Solidarität und Dankbarkeit zum Buchhändler eilen und Rinser-Bücher sich besorgen wollen, muß ich enttäuschen. Die Frau ist ein Wendehals, ein Stehaufweibchen. Kaum 33 Jahre nach ihrem schönen Revue-Beitrag gab sie in einer Rauch-Umfrage der Zeitschrift ›natur‹ folgende Erklärung ab:

»Da meine beste Freundin an Lungenemphysem starb, weil sie Kettenraucherin war, hab' ich Horror vor dem Rauchen, doch rieche ich guten Pfeifentabak ganz gern.«

Die Dichterin belügt sich selbst: Während sie auf dem Photo über ihrem Pro-Rauch-Artikel frisch und zart, geradezu jung in die Kamera blickt, ist ihr Antlitz in ›natur‹ verbraucht und uneben, geradezu alt, nackt und hart.

Da wir auf Luise Rinser nicht mehr bauen können, benötigen wir Raucher neue, zeitgemäßere Argumentationshilfen. Ich kenne eine umwerfende. Immer wenn ein Nichtraucherchen piepst, daß Rauchen Umweltverschmutzung sei, baue ich mich statuenhaft auf und donnere: »Weißt du eigentlich, daß ein Raucher während seines ganzen Lebens so viele Schadstoffe ausstößt wie ein Autofahrer auf einer einzigen Fahrt von Hamburg nach München?« Ob an dieser Aussage ein Körnchen Wahrheit ist, weiß ich nicht, denn es handelt sich um selbstausgedachten Kokolores, welcher aber Wunder wirkt. Die Nörgler sind ganz platt vor baffer Verdutztheit. Rauchen ist prima und schadet keinem. Manch ein Leser mag ob meiner beispiellosen Unverfrorenheit, mit der ich hier auf einem Pferd namens »Unsinn« reite, entnervt zur Schnapsflasche greifen. Bitte bitte: Reichlicher Schnapskonsum ist sehr gesund. Ich merke allmählich, daß das Pferd namens »Unsinn« müde ist, aber da steht schon ein anderes Pferd, und das ist genauso gut. Es heißt »Vernünftiges Abwägen«. Man reitet darauf langsamer, aber auch sicherer.

Ich weiß durchaus, daß es Menschen gibt, für die das Einatmen anderer Leute Zigarettenrauch eine Qual ist, und daß manche sogar allergisch reagieren. Ich habe nichts gegen Orte, an denen das Rauchen nicht geduldet wird. Entweder rauche ich dort einfach nicht, oder ich gehe, in seltenen Fällen, gar nicht erst hin. Ich habe jedoch den Eindruck, daß vereinzelt Menschen im Anfeinden von Rauchern lediglich eine mühelos als Resultat vernünftigen Denkens kaschierbare Gelegenheit sehen, ihrer Lust am in der liberalen Gesellschaft an sich verpönten Verbieten und Drangsalieren zu frönen. Jemandem, der seinen Gästen das Rauchen in seiner Wohnung verbietet, werden heute keine Allüren mehr unterstellt. Schließlich könnte er ja tatsächlich Allergiker sein. Dazu dies: Als ich das letztemal meine Freundin Susan in den USA besuchte, hatte sie plötzlich allergisches Asthma und bat mich, in ihrer Wohnung den Zigaretten zu entraten. Kein Problem! Wo ein Balkon ist, ist auch guter Wille. Gewundert hat mich aber doch, daß Susan, sobald sie zwei, drei Biere intus hatte, mit mir in den verqualmtesten Kneipen sitzen konnte und von Asthma keine Rede war, selbst wenn ich sie direkt anblies. Die Psychologen unseres Globus möchten nun bitte alle mit Zetteln rascheln, um Ruhe bitten lassen und ein Referat namens »Das militante Nichtrauchen als Identitätsfindungselement in der postideologischen Gesellschaft unter besonderer Berücksichtigung des allergischen Asthmas als sowieso kritikerstickende Ausrede« halten. Anschließend sollten die Psychologen zum am lautesten klatschenden Publikumsbestandteil, nämlich zu mir, hinabsteigen und mich hyptnotisieren oder autogen bearbeiten, damit ich endlich mit diesem verdammten Gerauche aufhöre. Ich bin weiß Gott nicht stolz darauf, Raucher zu sein, wohl aber auf die Formulierung »autogen bearbeiten«.

Rauchen ist schlecht. Doch gibt es vieles, was bekämpfenswerter ist. Am Waldsterben sind nicht Raucher schuld, sondern Autofahrer. Massentierhaltung ist nicht nur ethisch untragbar, sondern verseucht die Böden, bedroht das Grundwasser und ist mitschuld am Waldsterben. Von einem fleischverzehrenden Autofahrer lasse ich mir also ungern das Rauchen verbieten. Jemand, der zum Widerstand gegen die, abgesehen von der atomaren Hochrüstung, schlimmste Fehlentwicklung dieses Jahrhunderts, nämlich die private Motorisierung, aufruft, läuft Gefahr, zum realitätsfernen Hirni abgestempelt zu werden. Das Leid der Mitkreatur ist sowieso fast allen egal. Wer jedoch zum Kampf gegen das Rauchen mobilisiert, der hat die Mehrheit auf seiner Seite, kann im Fernsehen kläffen und sich als Widerständler großtun, ohne irgendwas zu riskieren. Man kann sagen: Widerstand light bzw. hübsche Engagementnische für nicht so Mutige auf Applaussuche.

Nachbemerkung Herbst 1992:

In Berlin wohnt eine Dame namens Irm Seufert. Ich habe sie diverse Male, hexenhaft zurechtgeschminkt, durch die U-Bahn geistern sehen. Immer trägt sie T-Shirts, auf denen informiert wird, wie viele Menschen pro Jahr durch die Folgen des Tabakgenusses sterben. Dem steinernen Gesicht von Frau Seufert ist leicht zu entnehmen, daß sie in ihrem Leben schreckliche Sachen durchgemacht hat. Sie rächt sich auf ihre Art, und man muß ihr verzeihen. Auch, daß sie sich in Talkshows von ihren Claqueuren feiern läßt, wenn sie behauptet, Raucher seien die Nazis von heute. Wahrscheinlich hat sie sonst gar nichts im Leben.

Strammer Artikel, der in einem orangen (!) Umschlag den langen Weg von Wien nach Frankfurt fand

(April 1990)

Neulich brach meine Gattin am Telefon in dicke, nasse Tränen aus. »Hat dir dein Arzt gesagt, du hast Brustkrebs?« fragte ich. »Nein!« schluchzte sie. »Hat dir mein Arzt gesagt, ich habe Hodenkrebs?« fragte ich weiter. »Nein, auch das nicht. Meine Ratte ist tot.« Anschließend fachsimpelten wir über Nagetier-Bestattungen. Darin haben wir beide zusammen vierzig Jahre Erfahrung. Wir wissen: Eine hamsterlose Kindheit ist keine gute Kindheit. Ein mauseloses Kind wächst zum seelischen Krüppel heran. Der spielerische Umgang mit toten Nagern führt einen jungen Menschen behutsam dem Tabuthema Tod zu. Eine tote Oma ist viel leichter zu verkraften, wenn man vorher eigenhändig ein Meerschweinchen begraben hat. Ich habe meine vierbeinigen Freunde immer in die »Monats-Watte« meiner Mutter gewickelt und zusammen mit einem handgeschriebenen Lebenslauf in eine leere Weinbrandbohnen- oder *Mon chéri*-Schachtel gepackt und unweit unseres Wohnblockes an einem Zaun begraben. Else, meine Gattin und Eigentümerin einer bizarren Vorliebe für Bizarres, hatte sich allerdings schon einen besonderen Platz als letzte Ruhestätte von Elke, ihrer Ratte, ausgedacht. Sie werde das Tier, ein amseliges Wesen mit schiefem Kopf, das zeit seines kümmerlichen Lebens unter Gleichgewichtsstörungen litt und daher ständig versehentlich von Möbeln fiel, sie werde also dieses Tier in Ost-Berlin neben *Bertolt Brecht* beisetzen, sagte sie. Ich müsse mitkommen und die Aktion mit der Kamera festhalten. Allein, dies zu tun, weigerte ich mich. Ich sollte nämlich am nächsten Tag nach Wien fahren, um dort mein erstes Engagement als Theater-Schauspieler wahrzunehmen, und ich hatte keine Lust, von der Donau Zeitungsausschnitte zugeschickt zu bekommen, in denen zu lesen ist: Die Rolle mußte leider umbesetzt werden, weil der Schauspieler wegen Grabschändung in Bautzen sitzt. Else mußte ihr schiefes Tier also alleine begraben. Dadurch steht zwar unser Ehebarometer auf Sturm, doch das Barometer hängt in Elses kalter Küche, und ich sitze hier in der Walzerstadt behaglich im Sessel und werde mit *Mozartbomben* und *Marillenaugen* gemästet.

Hierher geladen hat mich *Kurt Palm,* das ist so eine graue Eminenz der Theater-Subkultur oder so was. Er ist, wie ich höre, eine lokale Kultfigur, wenngleich seine Aufführungen dergestalt sind, daß in Rezensionen über sie Begriffe wie Inszenierung, Bühnenbild oder Schauspieler stets in Gänsefüßchen stehen. Das Stück ist eine Posse des englischen Spaßmachers *Alan Bennett.* Ich spiele *Max Brod,* den Kafka-Freund, und muß auf eine Schildkröte urinieren, welche sich beim Abspülen in *Franz Kafka* verwandelt, woraus sich, wie der Leser sich lebhaft vorstellen wird, allerlei Verwicklungen ergeben. Anglophile Vokabel-Gourmands unter den Kritikern werden gewiß von einer *Trash Screwball Comedy* sprechen. Aber noch ist der Weg zur Premiere lang (26.4.), und bis dahin muß noch mit manch sperrigem Dialog gerungen werden im Kreise lieber Kollegen, denen schauspielerische Erfahrung oder gar Bravour nachzusagen eine gewisse Übertreibung darstellen würde, und die sich nach aufreibender Probenarbeit in grelle »Szenen-Lokale« setzen und dort diskutieren, was man denn bloß die ganze Zeit mit den Armen machen soll, ob die Band *Fugazi* geil ist oder nicht, und wie man es vermeidet, daß man auf der Bühne gegeneinanderrennt oder stolpert. Am besten, man bleibt die ganze Zeit auf einem Fleck stehen und läßt die Arme einfach frei herunterschlackern.

Aber nun will ich die Zeit um eine Woche zurückdrehen. Werden mir der junge Leser, stramm verpackt in körperbetonendes Jeans-Gewand, und die junge Leserin, möglicherweise auch ganz adrett, werden die beiden mir folgen? Ich denke, sie werden mir folgen; ich weiß, meine Leser sind willig, mir bis an das Ende der Seite zu folgen, wo entweder ein niedliches Witzchen kichernd wartet oder aber der Fluß meiner Rede einfach grob und ohne Pointe abreißt. Ehrlich gesagt, ich weiß selbst noch nicht, was am Schluß meiner Betrachtung stehen wird. In einigen Stunden werde ich klüger sein, und ihr, meine lieben Leser, schon in wenigen Minuten. Ich bin also noch nicht in Wien, sondern noch in Berlin und packe. Ich bemerke, daß mein Gepäck allmählich Seereisendimensionen annimmt. Da stehen ein riesiger Rucksack, Relikt aus alten Interrail-Zeiten, fünf Reisetaschen, eine Schreibmaschine und ein Elendsviertel-Brüller, d. h. ein *Ghetto Blaster*. In mir reift die Erkenntnis, daß derlei Gepäck nicht eisenbahntauglich sei und ich wohl oder übel eine jener abscheulichen *Mitfahrzentralen* werde anrufen müssen, was ich seit Jahren schon nicht getan hatte, aufgrund unangenehmer Erfahrungen. Einmal bin ich mit einem Automechaniker nach Düsseldorf gefahren, dessen Auto irgendeinen besonderen Motor hatte und der mir während der ganzen Fahrt alle Details seines Motors erklärte. Immerhin mußte ich dabei selber außer »Hm, hm« und »Ach so« nicht viel sagen. Sonst wird man ja immer auch noch inquisitorisch ausgefragt. Schon allein die Frage: »Was machst du denn so?« Ich habe darauf nie eine Antwort gewußt; ich weiß ja selber nicht, was ich so mache. Ich kann doch nicht sagen: »Ach, ich bin so ein Hansguckindieluft, der ab und an mal eine Schallplatte macht oder ein Büchlein und Artikel über weiß Gott was schreibt, in denen wiederholt Strammheit der männlichen Leser antizipiert wird!« Nein, das kann man einem Lieschen aus Köln, das ein Michael Ende-Buch und eine Handarbeitszeitschrift auf dem Rücksitz liegen hat, nicht erzählen. Wie gesagt, ich verabscheue das »Mitfahren«. Doch ich und all mein Gewuchte wollten nach Wien, und so trug es sich zu, daß ich mich um ein Uhr morgens am U-Bhf. Kaiserdamm einzufinden hatte, wo ein aufkleberübersäter *VW-Jetta* stand, dem ein Prolo mit Trainingshose entstieg, der auf ein auf dem Beifahrersitz dösendes Teenager-Pummel mit dem Hinweis deutete, dies sei *nur* seine Tochter und der sich beherzt mein Gepäck griff und auf allerlei Ritzen und Lücken in seinem bereits ziemlich vollgemüllten Fahrzeug verteilte. Relativ begeistert darüber, daß der Mann überhaupt kein Interesse zeigte zu erfahren, was ich so mache, ich daher nicht sagen mußte: Ich bin ein Hansguckindieluft und fahre nach Wien, um auf eine Schildkröte zu urinieren, relativ begeistert also dachte ich: Ei, nun geht es los, doch da kam ein Taxi, dem ein baumlanger Kanadier entwich mit einem gigantischen Rucksack und einem ca. 2 mal 3 Meter messenden *abstrakten Ölgemälde*. Das mußte nun auch noch alles verstaut werden. Das Gemälde kam zwischen mich und den Kanadier, so daß ich ihn, obwohl neben ihm sitzend, zwischen Berlin und Wien überhaupt nicht gesehen habe, denn der Fahrer »fuhr durch«, d. h., er hielt nur zum Tanken, d. h., ich saß nonstop zehn Stunden, die Füße auf meinem Elendsviertel-Brüller und zwei Reisetaschen auf dem Schoß. Ab und zu fiel mir eine auf der Heckablage befindliche Kaffeemaschine in den Nacken, ansonsten sorgte *Peter Maffay* für Unterhaltung, dessen sämtliche LPs auf Kassette vorhanden waren. Gesprochen wurde nicht, doch das Pummel schnarchte, was mir die Erkenntnis brachte, Teenager schnarchen Sopran.

Jetzt werde ich die Zeit wieder um eine Woche vorschrauben. Ich nehme an, daß die Leser das aushalten. Haltet ihr das aus oder seid ihr evtl. schon rammdösig vom Zeitenverschrauben? Oder kommt ihr gerade vom Sport? Den Körper stählen und ab in die Dusche, hoho, das ist recht. Ich gebe euch stramme Sprache, ihr gebt mir stramme Körper, zum Angucken jedenfalls. Das ist gerechter Austausch. Im Tierreich nennt man so was Symbiose, und von den Tieren sollten wir lernen. Nun packt mit an, ihr kräftigen Herren, laßt uns die große Zeitenschraube gemeinsam auf »Gegenwart« stellen, sehr schön – ich bin also wieder in Wien. In Wien habe ich Probleme. Ich kriege den Mund nicht auf. Wenn ich z. B. im Supermarkt feststelle, daß ich keine Tasche dabeihabe, kann ich an der Kasse nicht sagen: eine Plastiktüte, bitte. Das würde man nicht verstehen. Es heißt: ein *Plastiksackerl*. Ich kann aber nicht Sackerl sagen, weil ich fürchte, die Angeredeten werden denken, ich mache mich über ihren Dialekt lustig. Es gibt in der Konditorei auch sehr leckere, mit Johannisbeeren gefüllte Mürbeteigstücke, aber die heißen *Ribiseltascherl*. Das kann ich einfach nicht sagen. Ich muß statt dessen Mozartbomben und Marillenaugen essen, obwohl die gar nicht schmecken. Im Lokal muß ich doofes Flaschenbier trinken, weil ich es nicht über mich bringe »ein Krügerl« zu bestellen. Ansonsten gefallen mir die österreichischen Eigenarten, z. B. daß man in Papierläden einzelne DIN-A4-Briefumschäge kaufen kann für 1 Schilling 20 Groschen, und – jetzt kommt die Schlußpointe dieses Artikels – diese Umschläge sind grundsätzlich orange. Österreich ist das einzige Land der Welt, in dem es orange DIN-A4–Briefumschläge gibt, und ich bin der einzige Kolumnenschreiber der Welt, der seinen hoffentlich wirklich recht strammen und festen Lesern derlei anvertrauen zu müssen glaubt.

Alles über die EFTA und über Sitzsäcke

(Mai 1990)

Beim Euro-Markt in Berlin erstand ich vor Jahren das Spiel »Wissensspektrum«, eine Billig-Variante von »Trivial Pursuit«. Neben ganz und gar unerträglichen Fragen z. B. zum Thema »Jugend« (»Wie heißt der Gitarrist der Gruppe Aerosmith?«) gibt es auch ganz wunderbare: »Was ist Nonnensausen?« Antwort: Anämie. Sollte nach regem Spiel der Zeitpunkt gekommen sein, daß man auf alle 6000 Fragen Antwort weiß, kann man beim Verlag neue Fragen anfordern. Eines der Nachbestell-Wissensgebiete heißt: »Bibel – Märchen – Österreich«.

Wenn ich dies hier in Wien erzähle, ernte ich nichts als ernstes Kopfschütteln. Nicht biblisch und märchenhaft fühlt man sich hier, vielmehr hört man Hip Hop und spaltet Atome, ist durch und durch Teil der modernen Welt, und wie ich der hiesigen Presse entnehme, ist man gar Mitglied der EFTA. Allerdings wird über die Existenz der EFTA außerhalb ihrer selbst nur wenig Wind gemacht; ich habe von ihr bislang nur selten vernommen, und ich wüßte auch nicht, wer außer Österreich da noch Mitglied sein soll – neutrale Mauerblümchen-Staaten vermutlich, Länder, die keiner kennt oder haben will, solche, die abseits im Schatten stehen, Kinder von schlagenden Eltern, schorfige Lippen, Tristesse. Daß dieser Verein von Sonderlingsstaaten bislang nie Gegenstand von Witzzeichnungen war, ist mir unverständlich, verleiht mir aber das Recht, mich als Vater des EFTA-Witzes zu bezeichnen. Neulich zeichnete ich nämlich die Buchstaben E, F, T und A als steinerne Statuen in einer idealen Landschaft. Dem E, dem T und dem A gab ich Schnapsgläser in die Hand, nur dem F nicht. Dieses ließ ich statt dessen sagen: Ich bin zwar nur das F in der EFTA, aber ich kann auch ohne Alkohol fröhlich sein. Leider ist meine Zeichentechnik der Grandiosität dieses Einfalls nicht ebenbürtig, und deswegen schenkte ich die Idee Tex Rubinowitz, dem Star-Cartoonisten der Stadtzeitung ›Falter‹, welche den Witz auch postwendend druckte. Doch Tex hat den Scherz völlig vergurkt, vergeigt und verkorkst: In seiner Version sagt das F zwar völlig korrekt, daß es nur das F in der EFTA sei, doch dann meint es fälschlicherweise: aber ich kann auch ohne Alkohol *glücklich* sein. Es heißt aber: Ich kann auch ohne Alkohol *fröhlich* sein. Tex kannte die Redewendung nicht. Seltsam, daß er nie mit diesen knochigen, verbiesterten Squash-Spieler-Typen mit ihrem Ringelpiez-Humor und ihren Kater Garfield-Duschvorhängen konfrontiert wurde, die, wenn es um die heilige Aufgabe geht, den Wert eines von Alkoholkonsum geprägten Lebensstils zu preisen, ihre solariumsverkokelten Hände falten und altjüngferlich flöten: Also, ich kann auch ohne Alkohol fröhlich sein, nur um damit zu demonstrieren, daß sie rein gar nichts kapieren – nie im Leben geht es bei ehrlichem maßlosem Alkoholkonsum um Frohsinn: Dieser tritt allenfalls als vorübergehende Begleiterscheinung auf. Zweck des Trinkens ist *Betrunkenwerden,* Ziel ist das *Betrunkensein!* Logisches Denken ad acta legen, Hemmung und Zweifel zum Altpapier geben! Mittags zur Bank gehen, um Geld zum abends Vertrinken zu holen, dann dumpf in dunklen Höhlen lallen und nachts durch dunkle Gassen schwanken! Das ist doch prima, Savoir vivre, geiler Lifestyle, Ars vivendi! Wer weiß, vielleicht wacht man mit völlig unerklärlichen, aber hochinteressanten Schürfwunden am rechten Arm auf, vielleicht nickt man aber auch morgens in der U-Bahn ein und wird von einer jugoslawischen Schichtarbeiterin sanft geweckt. Manch einer hat auf diese Weise schon seinen Ehepartner kennengelernt.

Abgesehen von der EFTA und den Trinkstätten der EFTA-Bürger hat mich in letzter Zeit nur noch ein weiteres Thema philosophisch stark beschäftigt, nämlich ein Möbelstück, das vor knapp 20 Jahren in aller Munde war, dann verschwand, und dem ein Comeback prächtig stehen würde: der *Sitzsack*. Es ist so, daß der Liebhaber meiner Ehefrau während meines Wien-Aufenthaltes meine Wohnung renoviert und ich nach meiner Rückkehr neu zu möblieren gedenke. Ein zartes Intarsientischchen aus China muß her, so winzig, daß nur eine Karaffe und zwei Schnapsgläser darauf Platz haben, und darum herum will ich vier Stühle scharen: 1 hellblau bezogenes Louis Seize-Sesselchen, 1 original norwegischen Balans-Stuhl, 1 von einem häßlichen Design-Studenten mit einer noch häßlicheren Mode-Brille entworfenen, ganz und gar häßlichen *Beton-Stuhl* und 1 Sitzsack. Doch woher den Sitzsack nehmen? Immerhin habe ich hier in Wien das Vergnügen, mit *Amina Handke* zusammenzuarbeiten, einer schönen Frau und Tochter eines preisgekrönten Schriftstellers namens *Peter*. Amina sagte mir, ihr Vater habe mal einen Sitzsack besessen und sie sei als junges Mädel gern und oft darauf gesessen. Doch leider habe sich ihr Vater seines Sitzsacks entledigt. Tja, so angenehm es ist, als Möchtegernsitzsackbesitzer eine Exsitzsackbesitzertochter kennengelernt zu haben, meinem Anliegen nähergekommen wäre es, wenn ich die Bekanntschaft einer Nochsitzsackbesitzertochter und Möchtegernexsitzsackbesitzertochter gemacht hätte. Wie schön wäre es, behaglich in Peter Handkes Sitzsack zu sitzen und in einem Buch seines Ex-Besitzers zu blättern! Nur aus Sentimentalität freilich. Sollte *Elfriede Jelinek* ein strammes Söhnchen besitzen, welches sich als Möchtegernexsitzsackbesitzerinnensöhnchen entlarvt und zum Besitzerwechsel vermittelnd beiträgt, würde ich aus lauter Dankbarkeit im Sitzsack sitzend den stärksten feministischen Tobak schmauchen. Aber solange das noch nicht soweit ist, vertrete ich natürlich weiterhin meine alten Patriarchen- und Macker-Thesen und tröste mich mit Sitzsackwitzzeichnungen. Leider sind Sitzsäcke dermaßen schwierig zu zeichnen, daß es durchaus ein realistischer Gedanke wäre, die Aufnahmeprüfungen der Kunsthochschulen so zu vereinfachen, daß die Professoren zu den Studierwilligen nur noch sagen: Zeichnen Sie doch mal einen Sitzsack. Wer keinen Sitzsack zeichnen kann, darf nicht studieren. Wer es aber kann, der kriegt gleich sein Künstlerdiplom an die Brust geheftet und kann sich das blöde Studium dann gleichermaßen sparen. Die Kunstakademien könnten dann abgerissen werden, und es wäre massig Platz vorhanden für Porno-Bordell-Discount-Center, wo geile Miezen die Beine breit machen für dich, lieber Leser, um deinen Lustprügel winseln und betteln, knieend natürlich, worauf sie dir dann Maulvotze geben und oh, und ah, deine *Ficksahne* spritzt ihnen in die Frisur. Wie gesagt: Ich kann keine Sitzsäcke zeichnen und beauftragte daher zwei ausgezeichnete Zeichner, mir ein Blatt namens »Eine Sitzecke voller Sitzsäcke« anzufertigen. Doch welche Enttäuschung: Bei Tex Rubinowitz sahen die Sitzsäcke aus wie Semmeln, bei der Top-Karikaturistin der Zeitung ›Standard‹ indes glichen sie verängstigten Gespenstern.

Mehr über Sitzsäcke weiß ich zur Zeit nicht zu schreiben, ich weiß aber noch etwas über Obst und Gemüse in Österreich. Für Bezeichnungen wie *Ribiseln, Agraseln, Ringlotten* und *Paradeiser* wäre ich zwar glatt bereit, meinen bundesdeutschen Paß auf dem Stephansplatz coram publico zu verbrennen, aber nun folgt ein großes Aber: Früher dachte ich immer, daß, wenn in einem deutschen Supermarkt etwas verdirbt, kommt es auf den Müll oder zur Schweinemast. Doch jetzt weiß ich es besser: Das Zeug kommt nach Österreich und wird in den Filialen der Lebensmitteldiscountketten *Billa, Zielpunkt* und *Ledi* verkauft, oder zumindest angeboten. Daß das jemand kauft, kann ich mir nicht vorstellen. Wien-Touristen, vergeßt den Stephans-Dom und das Riesenrad: Kommt in den Sechsten Bezirk zu Billa in der Stumpergasse. So was hat die Welt noch nicht gesehen: Ganze Paletten mit Avocados, die so unfrisch sind, daß man bei leisester Berührung mit dem Finger sofort beim Kern angelangt ist, Tomaten, zerplatzt und verschimmelt, schlaffe Salate, müde Radieschen, Wirsing so welk wie ein Christbaum zu Pfingsten. Frucht-Modetorheiten und Tropen-Schrullen jedoch wird man bei Billa vergebens suchen. Steht einem der Sinn nach verschimmelten *Litschis* und faulen *Kumquats,* ist der Weg aber nicht weit: Das gibt es bei *Löwa* in der Ziegelergasse.

Viel wird ja in Deutschland gegen das fade EG-Treibhaus-Obst und -Gemüse gesagt. Aber bei aller berechtigten Kritik ist mir eine EG-Tomate, die nach nichts schmeckt, lieber als ein EFTA-Paradeiser, der nach Schimmel schmeckt. Wie man hört, ist man in Österreich auch nicht mehr ganz glücklich bei der EFTA und klopft immer lauter bei der EG an. Aber wartet, liebe Österreicher: Für die EG langt es noch nicht ganz. Ewig in Kaffeehäusern faulenzen, die Geschäfte über Mittag stundenlang zusperren, die Parkanlagen voller Kondome? Das ist eher EFTA-Stil – faule Menschen, die faules Gemüse essen. Aber was macht das? Wir Deutschen sind viel fleißiger als ihr, und wir essen andauernd taufrisches Gemüse, aber komischerweise sind wir noch unsympathischer als ihr. Deshalb reime ich euch zum Schluß entgegen: Trinkt euren Wein / trinkt euer Bier / bleibt wie ihr seid / werdet nicht so wie wir / trinkt euren Schnaps / trinkt eure Säfter / verändert euch nicht / bleibt in der EFTA.

Nachbemerkung Herbst 92:

Die obszöne Stelle hat lediglich den Zweck, daß sich die Leser fragen, was das denn nun solle. »Huch« sollen sie sagen, denn ich mag es, wenn Leute »Huch« sagen. Wenn ich diesen Text öffentlich vortrug, habe ich diese Stelle immer weggelassen. Ich fürchtete durchaus keine Reaktion erboster Feministinnen. Im Gegenteil: Von Lesungen weiß ich, daß gerade Frauen an der Ambivalenz und Albernheit pornographischer Sprachklischees Vergnügen haben. Eigentlich findet man es ja furchtbar, aber: hihi, na ja, räusper, kommt drauf an. Das humoristische Potential von z. B. alten Olympia-Press-Wortpornos ist m. E. erst auf subkultureller Schiene richtig gewürdigt worden. Wenn da die Genußwurzeln mit vor Geilheit vibrierenden Händen aus ihren Jeans-Gefängnissen befreit werden, dann ist das doch super. So lustig ich gedruckte Porno-Sprache oft finde, so abstoßend finde ich die Tonspur auf Sexfilmen. Was sich gut liest, muß sich gesprochen noch lange nicht gut anhören. Außerdem hätte das Publikum dem Rest des Textes gar nicht mehr folgen können, weil es die ganze Zeit »Huch« gedacht hätte. Beim Lesen kann man innehalten und sich wundern, so lange man will. Beim Zuhören ist das nicht möglich. Weshalb ich das alles sage? Während einer Lesung in Nürnberg erhob sich ein Zuhörer erbost von seinem Platz. »Du hast bei dem Text was weggelassen«, schrie er, bevor er türenknallend den Raum verließ. Der war nur gekommen, um den einen Satz zu hören. Groß ist die Vielfalt menschlicher Besessenheiten.

Warum ich so dick bin und warum mein hübscher Dinosaurier-Notizblock alle ist (mit Preisausschreiben*)

(Juni 1990)

Die Jahre haben mich feist gemacht. Die Monate hier in Wien tun wenig, diesen Umstand abzuschwächen. Öffne ich die Tür eines Lokals, drehen sich die Menschen um und rufen im Chor: Schon wieder der Schwamm aus Berlin! Im Kollegenkreise heiße ich: der Uffjedunsene. Strammen schaue ich neidisch nach. In Bahnhofshallen stehen Waagen, die mir hämisch Billetts zuspucken, auf denen es schwarz auf weiß heißt: Sie wiegen *78 kg mit Kleidung*. Es gelingt mir nur selten, mich zu trösten, indem ich mir vorstelle, mit einem Transparent durch die Stadt zu ziehen, auf dem gesagt wird: Meine Kleidung wiegt 20 kg.

Erklärungen für meine Fettleibigkeit habe ich zwei: Ich werde nur wenig geliebt. Das dadurch entstandene emotionale Vakuum braucht mit den Jahren immer mehr Platz und bläht so meinen Leib auf. Zweitens: Ich trinke jeden Tag einen Liter Vollmilch. Schlauberger und Narren höre ich schon rufen: Vollmilch? Daß wir nicht lachen! Wenn man dich irgendwo sieht, dann selten ohne ein Bier in der Hand! Das rufen die Narren und Schlauberger. Ich aber rufe: Bier spült nur die Eingeweide, macht die Nieren lächeln, nicht aber den Körper wampert. Eine Drittelliterflasche Bier enthält 150 Kalorien, die entsprechende Menge Milch aber 220, ein Zott-Sahnejoghurt bringt es gar auf 225! Trotzdem kann ich auf Milch wegen ihres *Calciumgehaltes* nicht verzichten. Obwohl ich ca. einmal im Jahr eine Treppe herunterfalle oder aufgrund Berliner Fahrweise in Doppeldeckerbussen vom Sitz geschleudert werde, habe ich mir noch nie einen Knochen gebrochen, und das liegt an meinem hohen Calciumkonsum. Ohne den würden meine Knochen zerbröseln. Und da werde ich doch lieber *Schwamm von Berlin* als der *Mann, dessen Knochen zerbröseln* genannt. Calciummangel ist zugegebenermaßen kein besonders modischer Mangel. Jeder, der mit offenen Augen durchs Leben geht, weiß, daß es Mängel gibt, die out sind und solche, die in sind. Vitaminmangel gilt heute als absolut *prolo* und *seventies;* Leute von Rang haben Mineralstoffmangel. Noch-Spitzenreiter ist hier der *Magnesiummangel,* eine seit ca. 1985 unverzichtbare Komponente weltzugewandter Lebensweise. Eine seiner Protagonistinnen ist die Berliner Ex-Konzertveranstalterin *Monika Döring,* die bei Rockereignissen regelmäßig Wadenkrämpfe bekam, bis zu dem Zeitpunkt, als sie Magnesiumtabletten zu lutschen begann. Weil auch ich bisweilen Krämpfe hatte, tat ich es ihr nach. Und wie hat unser Beispiel Schule gemacht! Eine Millionschar ist es mittlerweile, die sich als erste Tat des Tages eine *Magnesiumbrausetablette* auflöst, inzwischen auch mit Kiwi-Aroma. Begeistert über den durchschlagenden Erfolg des Magnesiummangels, versuchte die Pharma-Industrie einen neuen Hit zu landen. Um 88/89 tat sie daher bundesweit in Anzeigen kund, daß man sich deswegen so müde, zittrig und *unausgeglichen* fühle, weil es einem an *Zink* gebreche. Die Zinkmangelkampagne entpuppte sich aber als Voll-Flop. Bei Zink dachten die Verbraucher nicht an ihr Wohlbefinden, sondern an unansehnliche Zuber, die gänsehautverursachende Geräusche erzeugen, wenn man mit ihnen hantiert. An Zink mochte es also keinem gern mangeln. Doch die Pharma-Bosse rasteten nicht, tüftelten weiter und kreierten den absoluten Hip-Mangel von 1990: *Selenmangel* haben wir jetzt alle plötzlich. Ich garantiere, das wird der Renner der Saison. Anders als Zink klingt Selen hübsch magisch und geheimnisvoll; da denkt man an mondsüchtige Prinzessinnen, die sich fahl durch Pavillone tasten, und man stellt gern die Frage: Warum so bleich und ruhelos, Sie Traum von Mademoisellchen? Und die Antwort lautet prompt: Durchlauchter Herr, mir ist so matt zumute, weil ich unter Selenmangel leide. Und welcher Herr würde da nicht gerne folgendes entgegnen: Wie praktisch, bei mir zu Hause habe ich noch eine ganze Familienpackung *Selen-Stutenmilch-Kapseln,* wollen Sie mich wohl begleiten? Und so entschwindet ein junges Paar in das Dunkel einer Nacht, in der alles erlaubt ist.

Obwohl ich kein Verfechter der Rimbaudschen Forderung bin, daß man *absolut modern sein* müsse, gefalle ich mir

doch in der Rolle des Mangel-Propheten und sage voraus: Spätestens 1992 wird uns von interessierter Seite eingeredet werden, daß wir unter *Molybdänmangel* litten, und ich werde mir ein Plaisir daraus machen, schon heute davon befallen zu sein; ich werde es jedem erzählen, solange, bis alle greinen: Mann, du nervst, aber ich weiß ja, in zwei Jahren werden sie angekrochen kommen und ihre wegen Molybdänmangels zitternden Hände falten und um Verzeihung bitten, so wie es neulich eine gesellige Runde von geograpischen Unbelecktheiten tun mußte. Aus einem mir nicht mehr präsenten Grunde führten wir ein Streitgespräch über die Kartographie des südpazifischen Raumes. Alle außer mir stellten die Behauptung auf, Neuseeland läge links von Australien. Da kein Atlas zur Hand war, skizzierte ich auf meinem hübschen *Dinosaurier-Notizblock* die korrekten Verhältnisse, worauf sich alle empörten, sich über meinen hübschen Dinosaurier-Notizblock hermachten und ihn mit den schauerlichsten Landkarten vollkritzelten. Eine besonders bizarre Version, in der Australien ein briefmarkenartig gezacktes Quadrat ist, möchte ich der Leserschaft, die in mein bis heute nicht abgeklungenes Kopfschütteln einfallen möge, nicht ersparen.

* In diesem Artikel kommt ein dreisilbiges Wort vor, das vor Jahren in einem häufig gesendeten Milky Way-Werbespot wahre Triumphe feierte, seither aber wenig gehört wurde. Meine Frage lautet: Wie heißt das Wort? Es winken fünf reelle Preise:

1. Preis: 1 Halbjahresabo von Titanic. (Das brumme ich den Typen einfach auf. Wenn die sich blöde anstellen und nichts schnallen, heißt es: Adieu Titanic, und die werden sich wundern, die Brüder!)

2. Preis: 1 Tüte mit abrasierten Kotelettenhaaren von Onkel Max. (Hier in Wien lehnen die Kotelettenbur-

schen an den Theken und denken: Wie schön, daß Koteletten gerade eben wieder absolut modern geworden sind und ich das rechtzeitig mitgekriegt habe. Dabei sind Koteletten schon seit 83 wieder in.)

3. Preis: 1 Buch

4. Preis. 1 Photo von dem Arsch des Lesers *Jens A. M. Reimer* aus München. Dieser beklagte sich schriftlich, daß ich es in meinem strammen Artikel von 4/90 unterlassen habe zu erwähnen, daß es auch in der Schweiz orange Briefumschläge gäbe. Diese Klage würzte er mit einem Photo von seinem Arsch.

5. Preis: irgendwas.

Einsendeschluß: 1. Juli 1990

Ich aber gähne und sage: Ach was!

(Juli 1990)

Wohl weiß ich, meine Lesenichten und -neffen erwarten mal wieder ein augenzwinkerndes Protokoll eines prall durchlebten Monats, doch mir will heut kein Zwinkern gelingen: Nichts ist passiert. Graue Brühe rauschte an mir vorbei. Ereignisse klopften bei mir keine an. Wenn ich die letzten vier Wochen Revue passieren lasse, fällt mir nur ein Ding ein: Ich habe mir einen Stadtplan von Salzburg gekauft und zu Hause festgestellt, daß ich bereits einen habe. Das ist nicht gerade das Holz, aus dem Glossen geschnitzt werden. Sonst war aber nichts. Ich glaube, ich bin zur Zeit vom Globus gerutscht. Ich stehe auf einem kleinen Planeten und winke freundlich der Erde zu, aber niemand winkt zurück. Manchmal aber schwebt ein anderer Planet vorbei, von dem jemand zurückwinkt; ab und zu kommt einer so nah heran, daß einander Hände gereicht werden können. Dann ist es warm im Universum. Doch kosmische Sommer sind kurz.

Ganz leer ist so ein Leben auf einem Winke-Planeten aber auch nicht. Während ich hier kauere, muß ich doch bisweilen lächeln, weil mich was Lustiges im Hirn besucht: So entsann ich mich gestern aus heiterem Himmel eines Satzes, den ein südamerikanischer Transvestit in einem Film über die Probleme südamerikanischer Transvestiten zu einem Freund sagt. Er sagte: Es ist schon ein Unterschied, ob du deiner Mutter sagst, daß du schwul bist, oder ob sie dich morgens als zusammengeschlagene Kabarettistin vor ihrer Wohnungstür auffindet.

Dieser Satz ist schon deshalb bemerkenswert, weil ich anläßlich seiner zum ersten Mal in einem Zusammenhang lachen mußte, der etwas mit Kabarett zu tun hat. Denn wer sind die Hauptfeinde des leidens- und dadurch humorfähigen Menschen? Skinheads, Bischöfe und Gitarristen? Nö. Clowns, Pantomimen und Kabarettisten sind die wirklichen Feinde.

Erst mal wenige Worte über Clowns: Als Kind und junger Jugendlicher saß ich abends meistens vor dem Fernsehapparat. Dieser war mein Erziehungsberechtigter. Die Mutter war dösig, der Vater im Keller. Gerne sah ich Quizsendungen, deren Schwachpunkt, heut ists nicht anders, der sogenannte Showblock war. Üblicherweise bestand dieser aus dem Golden Gate Quartett, Esther und Abi Ofarim oder Miriam Makeba, welche *immer* »Pata Pata« sang und ohne Zweifel Afrika verkörperte. Sehr oft war aber leider auch eine uralte und, glaube ich, englische Person namens Charlie Rivel zu sehen. Der kam in die Halle getapert, mit oder ohne Geige, ich weiß es nicht mehr, und tat nichts, außer fünf Minuten töricht herumzuschwanken. Niemand lachte, aber zum Schluß trampelte alles, weil Charlie Rivel eben »der große alte Mann des Zirkus« war. Und immer hieß es: Kinder mögen Clowns. Dieses Gerücht hält sich ja bis heute, dabei müßte sich doch eigentlich jeder, der selber mal Kind war, daran erinnern, daß Kinder Clowns eben nicht lieben, sondern eklig und langweilig finden. Irgendwann starb Charlie Rivel. Was geschah? Es schwankte statt seiner Heinz Rühmann durch die Siegerlandhalle oder welche Halle auch immer, um an »den großen Charlie Rivel« zu erinnern. Einmal kam Heinz Rühmann auch als Obdachloser angeschwankt, in sorgfältig beschmutzten Kleidern, und sagte: »Wir nennen sie Penner. Aber es sind Menschen wie du und ich usw.«, und es folgte der verlogenste Applaus in der deutschen Fernsehgeschichte.

Ein noch herberer Showblock-Schrecken als Charlie Rivel war zu meiner Jugend der »große Pantomime« Marcel Marceau. Stakste vor der Kamera herum wie ein Storch in Trauer, kletterte eine Leiter hoch, obwohl keine Leiter da war, aß ein Hühnchen, und jetzt kommt das Besondere: obwohl gar kein Hühnchen weit und breit. Ich habe das Ganze vielleicht ein dutzendmal gesehen, und ich will Marcel Marceau dankbar sein, daß er mir schon in jungen Jahren die Augen dafür geöffnet hat, wie lächerlich das Treiben sein kann, zu dem sich Menschen hinreißen lassen, die einem grauen Alltag entfliehen wollen.

Nun aber zu den Kabarettisten. Ihre Existenz verdanken sie der merkwürdigen Erscheinung, daß es Menschen gibt, nennen wir sie ruhig vereinfachend Lehrer und Buchhändler, die zu dumm sind, abends in ein nettes Konzert zu gehen oder sich manierlich vollaufen zu lassen, und statt dessen Eintritt dafür bezahlen, ihre »Meinungen« zu gewissen Belangen auf den aktuellen Stand im linken Spektrum schieben zu lassen. Es ist das Problem vieler, insbesondere Linker, daß sie meinen, zu jedem Thema eine Meinung haben zu müssen, obwohl damit naturgemäß jeder Mensch überfordert wäre. Ich habe mir mal in einem Gespräch den emanzipatorisch wertvollen, aber auch Kraft verzehrenden Luxus geleistet zu sagen: Ich will mich zum Thema Apartheid nicht äußern, weil ich über die komplexen südafrikanischen Verhältnisse nicht ausreichend informiert bin.

Durch diese unerhörte Äußerung entstand aber immerhin eine Diskussion über das, was ich »Zwangskoppelung« nenne: Es gibt ja viele Menschen, die gegen Atomkraftwerke sind. Das ist sicher schön und richtig. Nur folgern viele daraus, daß sie deswegen *als Linke* zwangsläufig auch für die Soundsovielstundenwoche, für Abtreibung, gegen Volkszählungen etc. sein müssen, obwohl sie sich mit diesen Fragen evtl. nie beschäftigt haben. So erzählte mir kürzlich jemand, daß er *als Linker* selbstverständlich der

Auffassung sei, es gäbe ein »Volk der DDR«. Nach einigem Nachfragen stellte sich aber heraus, daß der Mann überhaupt nicht in der Lage war, den Begriff Volk zu definieren und ihn mit Begriffen wie Nation, Kultur, Sprache, Geschichte etc. in Verbindung zu bringen. Aber *als Linker* mußte halt links geplappert werden! (Nach einigem Psychologisieren meinerseits trat an den Tag, daß er aus zweierlei Gründen ein besonderes DDR-Volk sah: Erstens gingen ihm die CDU-Autoaufkleber »Wir sind ein Volk« auf die Nerven, und zweitens sähe man denen doch auf zehn Meter Entfernung an, daß sie von drüben sind.)

Ich persönlich habe nie einen Pfifferling dafür gegeben, ob jemand links oder rechts ist. Die Menschen suchen Nestwärme, Liebe, Geborgenheit etc. Dann sehen sie Cliquen oder Vereine, die ihnen Hallo zurufen, auch ganz sympathisch sind, nette Frisuren, hübsche Blousons usw. Da laufen sie natürlich hin und wollen auch so sein, tragen auch bald die hübschen Blousons, und gewisse »Meinungen« gehören nun mal mit dazu. Ob ein Jugendlicher sich nach rechts oder links orientiert, ist purer Zufall. Die Leute wollen halt Freunde haben. Sie sehnen sich nach Ähnlichkeit. Ich fürchte wirklich, es ist nicht viel komplizierter.

Kabarettisten jedoch versuchen den Menschen weiszumachen, daß sie sich durch den Blick in den Spiegel, der wohlweislich nicht ihnen selbst, sondern Verantwortungsträgern vorgehalten wird, von ihren Trieben emanzipieren können. Dem ist aber nicht so, auch wenns Lehrer und Buchhändler gerne hätten. Man ist eigener und anderer Leute trivialer Elendigkeit ein Leben lang ausgeliefert. Überlegenheitsgefühle durch die Inbesitznahme erstrebenswert gefundener Meinungen sind nicht gut. Kabarettisten sind die Tratschmeister solcher Gesinnungskongruenz. Es gibt auch kein besseres oder schlechteres Kabarett.

Sie sind alle gleich. »Aber der Matthias Richling, der ist doch gar nicht so übel . . .« höre ich es wispern. Ich aber gähne und sage: Ach, was.

Helmut Kohl ist mir nicht sehr sympathisch. Ich weiß aber nicht, ob er wirklich der skrupellose Machtpolitiker ist, und wenn er es wäre, dann käme das ewige Parodieren und Witzeln einer gefährlichen Verniedlichung gleich. Ventilwitze haben Macht wohl selten destabilisiert. Ich denke, das einzige wirklich Schlimme, was Kohl ausgefressen hat, ist, daß er dieses Land kabarettistisch verseucht hat.

Aus Studenten und Hausfrauen hat er Hobby-Satiriker gemacht. Eisverkäufer erzählen Kohl-Witze. Dicke Menschen mit Sprachfehlern berichten einem, daß der Kohl so fett sei und nicht richtig deutsch könne. Heerscharen von mickerigen Meckerern fühlen sich berufen, »in diesem unserem Lande« zu sagen, nur weil der Kanzler das angeblich irgendwann mal gesagt hat. Und dann kommen auch noch die ganz, ganz furchtbar Doofen und japsen, das was der oder der Politiker gerade wieder gesagt habe, das könne ja von keinem Kabarett überboten werden, das sei ja – und jetzt kommt das blödeste Wort aller Zeiten –, das sei ja *Realsatire*. Und dann bäumen sie sich auf und versuchen, einen Pfälzer oder schwäbischen Dialekt nachzuäffen. Liebe Leute, merkt euch eines: Es gibt keine Realsatire. Ehrlich, hat nie existiert. Ihr könntet ebensogut Günxmurfl sagen. Das gibt es auch nicht. Aber Realsatire erst recht nicht.

Ach, es ist eine schreckliche, kabarettistische Zeit. Ich sitze auf meinem Winke-Planeten und muß hilflos ansehen, wie Kabarettisten die Welt unterjochen, vergiften und schließlich zerstören. Ich wünsche mir von ganzem Herzen, daß jeder Mensch auf der Welt eine Leiter zu seinem Winke-Planeten findet und mit mir um die Erde kreist. Natürlich gibt es keine Leitern. Aber machts wie Marcel Marceau, bildet euch eine ein! Kommt auf eure Planeten! Dann winken wir alle noch einmal, ein allerletztes Mal. Dann sagen wir alle miteinander: Psst! Und legen uns schlafen. Wir wachen nie wieder auf. Und das Universum schöpft Kraft!

Hamburg hat die Reeperbahn, Berlin den Langen Lulatsch und Lemgo meine Kotelettenhaare

(August 1990)

Mitternacht. Das Doitschland-Gesinge und Geböller, das Hupen im Tony Marshall-Rhythmus wird von einem heftigen Sommerregen angenehm gedämpft. Die Sensiblen im Lande dürfen ein letztes Mal »Ach, wenn doch Kamerun ...« wispern, und so manche Fahne wird wohl ziemlich platschnaß am Kurfürstendamm und in den Bezirken. Das ist schon ein reizender Gedanke: Tausende von Deutschlandfahnen werden heut nacht tropfend über Badewannen hängen; manch einer jedoch wird zu betrunken sein, die Flagge noch ordentlich aufzuhängen und wird sie daher achtlos in eine Ecke stellen, worauf sie schrecklich stinken wird, und dann wird sich manche Beziehungskrise entzünden an der Frage, ob man Nationalflaggen in der Maschine waschen kann, und ob man dafür Sanso braucht. Auch ich habe mir das WM-Endspiel angeschaut, in erster Linie wegen *Pierre Littbarski,* weil der in einem Fernsehspot mit einem Kollegen die Dingsda-Kinder so lieb nachgemacht hat und sich dergestalt mit seinen kleinen Mausezähnchen in die Herzen von Millionen Fernsehzuschauern und insbesondere in meines hineingenagt hat. Am interessantesten an der Veranstaltung war für mich, wie die niedergeschlagenen und enttäuschten *Argentinier* ihre Trost-Medaillen (oder was das war) umgehängt bekamen und anschließend *Weizsäcker* die Hand geben mußten, was dieser gelassen ertrug, obwohl ihm anzusehen war, daß er nicht gewohnt ist, dermaßen desinteressiert oder gar angewidert begrüßt zu werden. Ich meine in der Tat auch, daß selbst ein erschöpfter Sportler einem fremden Staatsoberhaupt nicht kaugummikauend gegenübertreten sollte. Was wiegen schon ein paar stramme Waden gegen Würde und Bürde von Alter und Amt? Aber was soll's – Hauptsache wir sind mal wieder das glücklichste Volk der Welt. Und der allerglücklichste Vertreter dieses Volkes ist zur Zeit zweifelsohne *Ralf Bolduan* aus *Lemgo,* denn er hat in dem Preisausschreiben, welches ich in meiner vorletzten Kolumne anzuzetteln die Laune hatte, den zwar nur zweiten, aber sicher schönsten Preis gewonnen: Meine im Mai abrasierten Kotelettenhaare. Sicher wird der kleine Racker sich die Haare in sein Kopfkissen einnähen, in der Hoffnung auf besonders süße Träume. Er könnte sie natürlich auch in einer Pfeife rauchen, eine Marienerscheinung ist da garantiert drin. Warum hat Ralf gewonnen? Erstens hat er geschrieben: Da ich schon ein Abo habe, würde ich am liebsten Deine Kotelettenhaare gewinnen. Zweitens hat er eine hübsche Handschrift. Flüssig, gut leserlich, männlich und dennoch grazil. So wie Robert Gernhardt ungefähr. Ich verehre Menschen mit schöner Schrift! Drittens mag ich seine Gegend. Die Ostwestfalen gehören zu dem Angenehmsten, was deutsche Scholle bisher hervorgebracht hat, diese sympathischen, kräftigen, geradlinig empfindenden Menschen wirken auf mich so, als ob sie speziell nach meinem Geschmacke gezüchtet wurden. Auf das Sympathische deuten, seht her: Das ist gut, sollte Aufgabe aller Schreiber sein. Nicht immer nur kritteln und mäkeln, in Kadavern rumfingern, folgt lieber dem Licht, dort entlang, nur noch ein paar Schritte – und schon heißt es: Herzlich willkommen im Garten der Schönheit und der Sympathie, und dann werdet ihr uns sehen: mich, Pierre Littbarski und Richard von Weizsäcker, wie wir, von beinahe ausgestorbenen Schmetterlingen umflattert, in den Büchern Knut Hamsuns und Adalbert Stifters lesen. *Prince Charles* ist leider auf Toilette, sonst wären wir komplett, die berühmten ›Sympathischen Vier‹. Sympathisch ist sicher auch *Frau Schramm* aus Berlin 61. Sie schrieb: Ich finde, daß du gar nicht zu fett bist und möchte gern das Halbjahresabo. Das soll sie haben, denn sie hat das mit Abstand schönste Postkartenmotiv eingesandt. Ein kleiner »Beluga Whale«, der einen so herzig ansieht, daß die Sonne aufgeht. Außerdem hat er eine verblüffende Ähnlichkeit mit Pierre Littbarski, und Pierre Littbarski zu ähneln, heißt Siegen lernen. Komischerweise hat Frau Schramm gar keinen Vornamen angegeben. Aber vielleicht hat sie einen dieser abscheulichen Prolo-Namen wie Daniela, Melanie, Stefanie, Nicole etc., dann wäre das verständlich.

Dem Leser mag bereits aufgegangen sein, daß die Verlosung nicht gerade unter notarieller Aufsicht vor sich ging. Und richtig: Notare haben hier keine herumgesessen. Wären Notare bei mir hineingeschneit gekommen, hätte ich sie gefragt, ob es bei ihnen im Oberstübchen piepe, und hätte ihnen gezeigt, wo der Zimmermann das Loch gelassen hat. Es war, genauer gesagt, auch keine Verlosung, sondern mehr eine Auswahl. Ich bin doch nicht blöd und verbinde mir selber die Augen, um dann eine Karte zu ziehen, auf der steht: Auf den 2. Preis (igitt) verzichte ich dankend. Nee, nee, ich bin doch nicht larry. Solche Karten sind natürlich sofort ausgesondert worden. Auch Leute, die mein Preisausschreiben dazu mißbrauchten, ihre Bestände an mund- und fußgemalten Postkarten aus dem *Dennoch-Verlag* oder *Hermann-Gmeiner-Kinderdorf-Karten* zu reduzieren, hatten keine Chance. Etliche Karten wurden von mir barsch zur Seite gelegt wegen Zugehörigkeit zur Rubrik ›Flapsig & Charmelos‹. *Simon Pörksen* hat mir zwar einen Haufen Unrat geschickt, alte Kontoauszüge, aus denen hervorgeht, daß er von seinem Alten monatlich 700 Mark in den Rachen gestopft bekommt z. B., aber der Junge wohnt *Obersthoppeler Weg* in *Klausdorf/Schwentine,* und jemand mit so einer Adresse verdient Trost in Form eines

Fotos des Arsches von Leser *Jens A. M. Reimer* aus München (4. Preis). Den 3. Preis, ein Buch, bekommt *Volker Friedrichsen* aus *Schleswig,* weil seine Karte so nett ordentlich ist, weil ich bei Schleswig immer an das legendäre *Haithabu* denken muß und weil mir der Name Volker gefällt. Selbstverständlich habe ich den guten Geschmack, ihm ein von mir selber verfaßtes Buch zukommen zu lassen. *Doris Thurner* aus Berlin 15 bekommt als 5. Preis ›irgendwas‹, d. h. die armseligen Reste meines Dinosauriernotizblocks, weil sie sich das wünschte.

In meinem vorletzten Artikel fragte ich nach einem dreisilbigen Wort, das in einem alten Milky Way-Werbespot häufig zu hören war, heute aber selten. *Christian Meyer* aus Hamburg kann als einziger Einsender nicht Silben zählen: *Vollmilch* lautet sein Lösungsvorschlag. Acht Leser meinten, das gesuchte Wort müsse *Calcium* sein. Ich glaube, man muß sich in seltsamen Kreisen bewegen, um Calcium für ein heute wenig gehörtes Wort zu halten. Drei Teilnehmer tippten auf *Milky Way,* einer auf *entschwindet* (». . . der ist so leicht, der entschwindet sogar in Milch« – wirklich grandios, beste falsche Einsendung), einer auf *Schniedelwutz* (kam zwar im Artikel nicht vor, trotzdem eine vortreffliche Sache) und drei auf »Weiß keine Antwort, will aber trotzdem gewinnen«. 63 Zuschriften waren indes voll korrekt, *Schlauberger* war das gesuchte Wort, und verschiedene Leser wußten sogar noch den ganzen Dialog. Der ging ungefähr so:

Bälger: Mutti, kriegen wir was Süßes?

Mutter: Aber doch nicht so kurz vor dem Essen!

Bälger: Auch kein Milky Way?

Mutter: Ihr Schlauberger! Milky Way ist natürlich was anderes . . .

Das war noch echte Werbung! Diese ganze »anspruchsvolle« und »witzige« Cannes-Rollen-Werbung, an der sich diese Kunststudenten in ihren albernen Off-Line-Gewändern im Kino delektieren, wird von mir natürlich heftig verabscheut. Ich will keine ästhetischen Ereignisse, an denen hundert Diedrich Diederichsens dran herumlaboriert haben, ich will den guten alten deutschen Werbespot, der vor Klischees strotzt und den Konsumenten für dumm verkauft! Klassische Szenen wie die Hausfrau, die weinend dreckige Laken aufhängt, und da kommt zufällig die beste Freundin vorbei und hat zufällig, watn Glück, das beste Waschmittel wo gibt dabei!

Oder die Jacobs Kaffee-Reklame mit *Karin Sommer:* Hochzeitstafel, prächtige Kleider, festliche Stimmung. Bis zu dem Zeitpunkt, wo der Kaffee serviert wird. Der ist natürlich völlig unaromatisch. Glücklicherweise ist aber Karin Sommer da, und die hat unter dem Tisch eine Art Kaffeedepot, denn von dort holt sie eine Packung *Krönung* und hält sie dann empor. Karin Sommer war schon eine rechte Diabolin, statt den Gastgebern den guten Kaffee gleich zu geben, versteckte sie ihn unter dem Tisch und wartete, bis die blamable Plörre aufgetischt wurde, um dann gehörig zu triumphieren. Andererseits waren die Gastgeber auch nicht ganz dicht. Es wußte doch ein jeder Mensch im Lande, daß Karin Sommer Reklame für den guten Jacobs Kaffee macht. Wie konnte man die Dame bloß einladen und ausgerechnet dann schlechten Kaffee reichen? Die Mysterien dieses mysteriösesten aller Werbespots werden nie aufgeklärt werden, schon seit Jahren müssen wir auf ihn verzichten.

Schließen möchte ich mit einer Erkenntnisperle, die ich kürzlich aus dem Munde eines ehemaligen DDR-Bürgers erntete:

Das Beste an der Währungsunion ist, daß ich mir jetzt von meiner Mutter in Rostock Geld leihen kann.

Nachbemerkung 1992:

Die Gewinnerin Frau Schramm hat mich kurze Zeit nach diesem Artikel in einem Bioladen angesprochen, in welchem ich verkatert eine Flasche nichthomogenisierte Milch kaufte. Sie sagte, daß ich aber gar nicht frisch aussähe, daß das aber nichts mache. Sie war tatsächlich sympathisch, ihren Vornamen habe ich aber vergessen. Jedenfalls hieß sie nicht wie eine tatsächliche oder ausgedachte Grimaldi-Prinzessin. Allen Leserinnen, die solche Vornamen tragen, möchte ich mein Ehrenwort geben, daß ich sie hochachte. Leider ist es aber so, daß auch der klangvollste Name an Glanz verliert, sobald an jeder Ecke welche lungern und an jedem Tresen welche lümmeln, die ihn tragen. Auch der Name Max ist so dolle nicht mehr. Als ich ihn mir 1977 aussuchte, hatte er eine angenehme, weil nicht übertriebene Angestaubtheit. Heute springen einem die Maxe aus den Frauenbäuchen im Bekanntenkreis buchstäblich, wenn nicht sogar im wahrsten Sinne des Wortes, entgegen. (Ein Leser bat mich mal um herbe Kritik an der Sitte, die Begriffe »buchstäblich« und im »wahrsten Sinne des Wortes« in Zusammenhängen zu verwenden, die ihrer Bedeutung diametral entgegenstehen. Ich habe seinem Wunsch hiermit in knapper Form entsprochen.) Soviel zu »chicen« Namen. Fein schimmern hingegen Namen von drastischer Normalität. Einer Karin Sommer traue ich süße und fürchterliche Geheimnisse zu. Unter Xenia Katzenstein stelle ich mir ein eher prosaisches Wesen vor. Doch Obacht: Es ist die gleiche. Die Dame, die bis 1985 die Jacobs-Kaffeetafelretterin spielte, heißt im normalen Leben Xenia Katzenstein und leitet eine Model-Agentur in Wien.

Schränke, Sex, Selbstmord: Ein Blick zurück

(September 1990)

Angenommen, man liegt schlaflos im Bett eines Mittelklassehotels, Lektüre weigert sich, ins Gehirn einzudringen, man wälzt sich und liegt mit sich selber im Streit, ob man sich seiner Lieblingssexphantasie oder lieber seiner Lieblingsselbstmordphantasie als Schlüssel zu einer Welt unruhiger Träume bedienen soll, man weist sich endlich selbst zurecht und befindet, daß man beide schon oft genug bemüht habe, steht auf, öffnet gänzlich motivationslos den riesigen und selbstverständlich leeren Hotelzimmerschrank und fragt sich nicht etwa: Warum stehen in den popeligsten und engsten Hotelzimmern, in denen kein Mensch je länger als ein oder zwei Nächte schläft, immer diese sperrigen Schränke? Soll man da seine Zahnbürste reintun? Nein, das fragt man sich nicht, sondern: Woher komme ich? Wohin gehe ich?

Ja, woher komme ich? Was war ich, bevor ich in das harte Sechskornbrot des Kolumnisten – das erste Korn: Charme, das zweite ist Herz, das dritte Korn: Lüge, im vierten wohnt Schmerz, das fünfte Korn: Wahrheit, das sechste: Humor – was war ich, bevor ich in dieses Brot biß? Erst mal war ich *Schlesier*. Während der Adventszeit des Jahres 1957 vollzog ein Flüchtlingsehepaar eine eheliche Beiwohnung. Zeuge war nur ein Schrank, angefüllt mit unglaublichen Mengen monogrammbestickter Bettwäsche. (Zwischen den einzelnen Stapeln: Sandelholzseife.) Heraus kam dabei ein junger Schlesier, der folgerichtig sieben Jahre später in eine *Flüchtlingsklasse* eingeteilt wurde. Die gab es wirklich; wenn meine Erinnerung korrekt ist, saßen wir in den ersten beiden Jahren sogar nach Landsmannschaften geordnet. Als ich dann aufs Gymnasium kam, war meine Sprache daher durchsetzt von den merkwürdigsten schlesischen und ostpreußischen Vokabeln, die ich mir aufgrund kindesgemäßer Unlust am Nonkonformismus schleunigst abgewöhnte. Es folgte dann die langweiligste Zeit meines Lebens, die ich in vier dicken, abschließbaren Tagebüchern akribisch protokollierte. Eine erschütternde Lektüre – da ich sieben Jahre lang nichts erlebt hatte, notierte ich eigentlich meist nur, was ich gegessen hatte. Vereinzelt finden sich immerhin Zeugnisse früh erwachten politischen Bewußtseins. So schrieb ich am 15. 6. 71 u. a.: »Ich bin immer zu den Demonstrationen gegen die Fahrpreiserhöhung gegangen. Ein Einzelfahrschein kostet jetzt schon 70 Pf. Es gibt viele Flugblätter darüber, die sammele ich in einem Schnellhefter. Andere Flugblätter aber auch.«

Um 1972 herum hatte ich mal eine schlimme, kurze Rowdyphase. Das höchste war es, zusammen mit *Klaus Ahrbecker* unerfahrene *Referendarinnen* zu quälen, indem wir während des Unterrichts Wein tranken. Ein Riesenspaß war es eine Zeitlang, im Klassenbuch herumzuschmieren. Wir hatten eine sehr robust gebaute Französischlehrerin, *Madame Baller,* deren Anatomie ein besonders geeignetes Objekt spöttischer Zeichnungen war. Die Baller-Comics waren ein so großer Hit, daß eines Tages sogar *Alexander Eychmüller,* ein an sich ordentlicher Junge, ins Klassenbuch schrieb: *Frau Baller onaniert am Klassenschrank*. Während Frau Ballers Standpauke vor versammelter Klasse wurde ich als Brunnenvergifter tituliert, und sie ließ sich dazu hinreißen auszurufen: *Am Klassenschrank onanieren? Das geht doch gar nicht!,* was dann noch jahrelang zum festen Zitatenschatz in meiner Klasse gehörte. Schließlich kann man durchaus *am* Klassenschrank onanieren, lediglich *im* Klassenschrank nicht, Frau Baller hätte da jedenfalls nicht reingepaßt.

Leider war der Höhepunkt meiner Rowdykarriere lediglich eine »Androhung zur Entlassung«. Ich mäßigte mich. Die Lehrer sagten: Der Junge scheint sich wieder gefangen zu haben. Hätte ich mich doch nicht gefangen! Vielleicht wäre ich dann endlich in das berühmte »Heim« gekommen, mit dem mir meine Mutter immer gedroht hatte. Wäre doch dufte gewesen, mit anderen Jungmissetätern zwar frühzeitig gleichgeschlechtliche Erfahrungen zu machen, aber trotzdem zu türmen, um möglicherweise vierzehnjährig im Stricher- und Drogenmilieu am römischen Hauptbahnhof zu landen. Der ›Stern‹ hätte vielleicht eine erschütternde Serie über mich gebracht. Vielleicht hätte ich ja Pasolini ermordet oder wenigstens Sedlmayr. Es wäre ja schließlich früh genug gewesen, wenn ich mich im Gefängnis gefangen hätte. Eventuell hätte ich in der Einsamkeit meiner Zelle die sensibelsten Gedichte geschrieben. Dann könnte ich jetzt als »Knastdichter« in Talkshows prima mit einem schweren Schicksal prahlen; Filmemacher würden mich verfilmen und Lea Rosh aus meinem Glas trinken. Aber nein: Ich fing mich »rechtzeitig« und beschritt die klassische Langweilerlaufbahn: Pubertät, Abitur, Berlin, Titanic.

Zwischendurch war ich auch mal Informationsfahrtenbegleiter beim Berliner Senat, was manchmal lustig war. Einmal fragte mich ein Schüler, ob wir während der Fahrt auch am *Viermächtestatus* vorbeikämen. Ich mußte das aber aufgeben, weil ich es nicht mehr ausgehalten habe, in der Gedenkstätte Plötzensee Horden von verkaterten Berufsschülern mit »Ich bin stolz, ein Deutscher zu sein«-T-Shirts von den Schrecken des Nationalsozialismus berichten zu müssen. Die am häufigsten gestellte Touristenfrage in Plötzensee war übrigens: Gibts hier auch ein Klo? Eine gute Klofragenbegebenheit spielte sich mal während des Mauer-Stopps am Potsdamer Platz ab. Eine ältere Amerikanerin fragte mich: Is there a *bathroom* here? Ich wußte aber nicht, daß bathroom der amerikanische Euphemismus für Toilette ist und fragte die verdatterte Frau, ob sie denn nicht im Hotel duschen könne.

Die Mauer-Pause war oft ein Drama. Besonders vormittags zwischen zehn und elf kam es vor, daß dreißig Busse auf einmal am Potsdamer Platz hielten, um den Insassen Gelegenheit zu bieten, auf das sogenannte Empörungspodest zu steigen und sich dort über den Grenzstreifen zu empören bzw. darüber, daß dort überhaupt nichts Gefährliches und Reißerisches zu sehen war. (»Waas? Keine Selbstschußanlagen? Schluchz!«) Mancher vorbeifahrende Berliner mag sich gewundert haben, warum die Busse denn alle an dieser Stelle hielten, obwohl es Dutzende solcher Podeste gab. Die Antwort ist einfach: Die Besitzer einer Souvenirbude offerierten einen Kaffee- und Keks-Service für Sightseeing-Personal. Gelegentlich sollen sogar Scheinchen verstohlen in Reisebegleiterhosentaschen gesteckt worden sein, was natürlich auch wieder empörend ist, aber nicht so empörend wie das Design der Zinnkrüge, die man als Weihnachtsgratifikation bekam. Während sich also draußen die Berlinbesucher darüber ärgerten, daß die Mauer nur vier Meter hoch war, und daß die Anzahl der bisherigen Maueropfer lediglich den jährlichen Drogentoten einer Großstadt entsprach – Leichenberge hätten mehr entzückt –, labten sich Rundfahrtbegleiter und Busfahrer in einem Kabäuschen an Kaffee und dänischen Dosenkeksen. (Wenn man in dem vorangegangenen Satz die Wörter »Drogen« und »Dosen« miteinander vertauscht, muß man, wenn man einen guten Tag hat, kurz auflachen.) Manchmal hätte ich auf das Gedränge und die ewigen Butterkekse auch gern verzichtet und an einem ausschanklosen Podest aussteigen lassen, doch dann hätte ich es mir mit dem Busfahrer verscherzt, der dann wütend über seinen entgangenen Kaffee mit 60 Sachen an den Sehenswürdigkeiten vorbeigebrettert wäre, und ich hätte sehen können, wo ich mit meinen geistreichen Erläuterungen geblieben wäre.

Daß mein Kommentar je geistreich war, glaube ich nicht, aber man hatte schon manchmal einen schwierigen Stand, wenn man nicht die Berliner Witzmaschine spielen wollte und die Vermittlung sachlicher Informationen bevorzugte. Gelegentlich waren Fahrgäste regelrecht wütend darüber, z. B. Klassenlehrer, die ihren Schülern bei der Fahrtvorbereitung den unausrottbaren Blödsinn erzählt hatten, daß Kreuzberg die drittgrößte türkische Stadt der Welt sei und dann peinlicherweise mit mir konfrontiert wurden, der ich ihren Schützlingen berichtete, daß Kreuzberg durchaus nicht die drittgrößte türkische Stadt sei, sondern daß in ganz Berlin 130 000 Türken leben, während es laut allgemein zugänglichen Nachschlagewerken in der Türkei allein 20 Städte mit über 600 000 Einwohnern gebe. Da hatte ich Autorität untergraben, und das war natürlich ganz furchtbar. Überhaupt, daß Berlin im Vergleich mit anderen deutschen Großstädten einen relativ geringen Ausländeranteil hat, wurde mir mehrmals persönlich übelgenommen.

Es gibt auch sogenannte *alternative Stadtrundfahrten.* Die sind ganz bescheuert. Man fährt stundenlang durch die Stadt, der Redner geht aber mit keinem Wort auf die Umgebung ein, sondern erzählt vom *Widerstand.* Nach zehn Kilometern läßt er die Fahrgäste aussteigen, deutet auf ein im dritten Stock liegendes Fenster eines x-beliebigen Wohnblockes und erklärt, daß dort mal der Widerstandskämpfer Soundso gewohnt habe. Heute wohnt dort freilich das Ehepaar Karsubke, das mißtrauisch nach unten schaut: »Komm mal, Erika, da sindse wieder, die schrägen Vögel, die in unser Fenster kieken.« Ein Diavortrag wäre hier sicher sinnvoller als eine Rundfahrt.

Dies war also ein kleiner Streifzug durch meine Erinnerungen. Einem fast 32jährigen sollte gestattet sein, sich mal zurückzulehnen und zu fragen: Woher komme ich? Aber was kommt jetzt? Erst kommt mein Geburtstag, dann kommen »die schweren Jahre von 33 bis 45«, dann Vorgreisentum und Greisentum. Und dann werde ich hoffentlich ermordet. Früher hatte ich mal eine hübsche Lieblingsselbstmordphantasie. Ich stellte mir vor, auf eine unbewohnte nordjapanische Insel zu fahren, mich dort auf eine Klippe zu hocken und zu warten, bis ich verdurstet oder verhungert bin und meine Leiche ins Meer kullert. Ich fand diesen Tod relativ vornehm. Leute, die sich hysterisch auf U-Bahnschienen werfen, worauf Tausende zu spät zur Arbeit kommen, verachte ich ein wenig. Selbstmordphantasien haben bei mir inzwischen der Vorstellung Platz gemacht, daß ich hochbetagt und aus politischen Gründen auf offener Straße von Rowdies oder bezahlten Killern umgebracht werde. Weiter stelle ich mir die Hinrichtung meiner Mörder vor. Ein riesiges Spektakel, mit David Bowie im Vorprogramm und einer halben Million Zuschauern. Den Rest meines Lebens möchte ich damit verbringen, die Musik zur Hinrichtung meiner Mörder zu komponieren. Die Welt wird staunen!

Erste Anzeichen eines Interessenkonflikts zwischen den Häusern Chanel und PanAm

(Oktober 1990)

Unmodern ist es geworden, die Verrohung unserer Sprache zu beklagen. Man überläßt dies Prälaten, CSU-Eminenzen und anderen Persönlichkeiten mit Brille. Auch ich schwieg lang, doch ich will damit nun brechen. Besonders stoße ich mich an der überhandnehmenden Verwendung solcher Begriffe aus dem geschlechtlichen Bereich, die in manchen Wörterbüchern von einem warndreieckumrandeten Ausrufungszeichen begleitet werden. Allmählich werden da Mißverhältnisse wie im Angelsächsischen erreicht. Es gibt Menschen dort, die keinen Satz mehr ohne »fucking« sagen können, ein Wort, das, so hoffe ich, nein fürchte ich, von den meisten Lesern verstanden wird, ohne daß ich es übersetze. Auch Dichter machen da mit: Einmal wohnte ich einem Vortrag von *Lydia Lunch* bei. Jedes dritte ihrer unbedachten Worte lautete »fucking«. Dabei war es durchaus nicht so, daß sie ausschließlich von Sexuellem sprach. Vielmehr sieht die Dichterin in der Methode, sich eines sprachlich niedrigen Niveaus zu bedienen, klassenkämpferisches Handeln, Solidarität mit jenen am unteren Ende der sozialen Leiter, auch: *street credibility*. Leicht durchschaut, die seichte Dame. Da bei uns die Klassengesellschaft bei aller Kritik durchaus keine so perversen Blüten treibt wie in England, wüßte ich nicht, warum wir diese Verluderung übernehmen sollten. Gar nicht kämpferisch wirkte neulich ein Schuljunge im Schuljungenalter, ein Schuljunge also – den Zusatz »im Schuljungenalter« habe ich eben rechtzeitig als überflüssig erkannt –, also bar jeden revolutionären Motivs schien neulich ein Schuljunge, der in der U-Bahn seine Freundin unentwegt mit einer Vokabel bezeichnete, welche ich unwillig bin, hier wiederzugeben und die Vertretern meiner Generation evtl. bestimmte Nahaufnahmen aus extremen skandinavischen Bildbänden ins Hirn schickt, aber nicht geeignet erscheint, zur Grundausstattung der Sprache junger Liebespaare zu gehören. Das Mädchen störte sich nicht im geringsten an der Vokabel, die übrigens mit den gleichen Buchstaben wie »Vokabel« beginnt. Deutlicher zu werden verbiete ich mir unter Androhung mittelalterlicher Strafen. Schon allein die Assoziationen, die dieses Wort durch Reim hervorruft, sind scheußlich. Das Ensemble weiblicher Geschlechtsorgane mit einem Wort zu belegen, das sich auf Kotze reimt, übersteigt bei weitem die Mittel, die nötig sind, um selbst eine krankhafte Abneigung gegen Weibliches verbal zu inszenieren. Dann gibt es noch die Potsdamer Straße in Berlin. Der Volksmund nennt sie *Potse,* zweifelsohne unterbewußt des Reimes wegen. Denn in der Potsdamer Straße arbeiten Prostituierte, und was bieten die feil?

Es ist schwer, über Geschlechtsorgane zu reden. Die Biologiebuchbezeichnungen klingen klinisch und kalt, die derben sind schon onomatopoetisch untragbar, und die dazwischen sind albern. »Schwanz« mag ja noch irgendwie gehen, aber »Muschi» oder »Bär«, also nee, nur weil da Haare dran sind, gleich ins Tierreich abzudriften, nein, Schluß mit der Verringelnatzung der Vagina. Die sprachliche Lage ist also unbefriedigend. Schon vor Jahren habe ich mir daher die Mühe gemacht, Begriffe zu erfinden, die auch feinfühlige Menschen ohne Pein laut sagen können. Der Name für das weibliche Organ ist *Strietzenpampel,* der für das männliche *Bimmelkosch,* während *Bommengrätsch* sicher die bislang erfreulichste Bezeichnung für Gesäß ist. Leider haben sich diese Wörter nicht durchgesetzt, doch vielleicht erreiche ich es über dieses Forum, daß endlich einige unserer besten Körperteile zu akzeptablen Namen gelangen.

Jemanden, der über solches nachdenkt, wird niemand als Rohling bezeichnen, und richtig: Ein Wortwüterich bin *ich* nicht. »Sing auch von Hartem in zartester Weise« habe ich auf die Kissen gestickt, an welche geschmiegt ich allmonatlich samten das Wesen der Welt reflektiere. Hämende hämen da freilich, daß die geachtete Satirezeitschrift auf meinen Seiten fast schon zu frauenzeitschriftartiger Betulichkeit verkomme, und das boshaft gemeinte Wort von der *Kuschel-Kolumne* fällt in der deutschen Bösen-Szene längst nicht mehr nur hinter vorgehaltener Hand. Solche Leute aber nenne ich Trendverpenner. Soft writing heißt der Trend jenseits des großen Teiches. Letzte Ausfahrten nach Brooklyn oder die Sorgen dort herumrüpelnder Rüpel ignoriert solche Schriftstellerkunst, gefeiert werden hingegen blühende Wiesen, behagliche Sessel, bestickte Kissen, Zimt und leise redende Frauen, die sich heimlich mit melancholischen Blumenhändlern hinter einer Scheune treffen.

Ich schreibe schon seit Jahren soft. Ich bekenne: Ich bin Blumenschriftsteller. Nicht zu verwechseln mit den dummen »Blumenkindern«, den Hippies, die Blumen nur abrupfen und sich um den dreckigen Hals hängen und Wiesen als Einladung betrachten, sich darauf herumzuwälzen und alles niederzuwalzen. Ich sage hingegen: Wie schön! Wie zart! Schau nur gut hin! Trete aber nicht drauf! Bei aller Zartheit trete ich aber manchmal fehl. Es fällt mir jetzt irrsinnig schwer, eine abscheuliche Begebenheit zu schildern und im Verlauf dieser Schilderung zugeben zu müssen, daß ich eine Vertreterin der Fluggesellschaft PanAm im Geiste als *widerwärtige Mormonenvotze* bezeichnet habe.

Ich will es ehrlich sagen: Ich habe nicht Mormonenstrietzenpampel gedacht, sondern eben das andere. Wie das kam? Kommt mit Leser, kommt mit nach London, denn dort hat es sich zugetragen.

Hochsommer in der Nebelstadt. 5 Uhr früh. Piep piep piept der Reisewecker, und ein deutscher Kuschel-Kolumnist springt in ein Badezimmer. Keine Zeit jedoch für Dusche und Rasur, das Flugzeug geht 7.45. Rasch Zähneputzen, und damit ich wenigstens rasiert rieche, benetze ich mich vielleicht überreichlich mit dem neuen After Shave von Chanel, Egoïste. Manche sagen: Riecht wie Apfelstrudel. Später will erkundet werden, wie PanAm-Angestellte finden, daß das riecht. 7 Uhr. Ankunft Heathrow. Die erste U-Bahn ist erst kurz vor 6 gekommen. Belastet mit u. a. 150 Schallplatten hetze ich durch kilometerlange Gänge.

7 Uhr 15. Ein Sicherheitsbeamter: Sie sind spät dran. Ich, sinngemäß: Kann ich doch nichts dafür, daß die blöde U-Bahn erst so spät fährt. Offenbar meinend, daß mein Tonfall nicht mit seiner Uniform korrespondiere, stellt er mir nun die üblichen Sicherheitsfragen extra langsam: Wann Tasche gepackt, Tasche selber gepackt, Tasche die ganze Zeit bei mir gewesen etc. Ich antworte brav. Dann aber: Wo ich die Tasche gepackt habe. Ich sage: At a friend's place. (Ich geb das jetzt englisch wieder, damit es authentischer und packender wirkt.) Der Sicherheitsmann: Name and address of that friend. Ich: I won't tell you that. This is irrelevant for security. Er: From which country is that friend? Ich: France. Er: When did you meet that friend? Two days ago? Die Frechheit mit »two days ago« machte mich wütend, aber meine Fremdsprachenkenntnisse stehen grundsätzlich einige Stunden später auf als ich

selber, und so unterließ ich es, dem Mann zu sagen, daß ich keine Neigung zu flüchtigen Bekanntschaften mit arabischen Bombenlegern habe. (Was evtl. auch leicht gelogen gewesen wäre, hihi-t der Schelm in mir, doch ich sag: Schnauze, Schelm.) Ich antworte nur: I can't remember, worauf der Mann Verstärkung holt, eine Frau, die durch Haartracht, Teint und zahnspangenverursachte Geradegebogenheit der Zähne unschwer als Amerikanerin zu identifizieren ist.

Die Taschenfragen stellt sie alle noch mal. Auch auf name and address of that friend besteht sie. Da es inzwischen 7.30 ist, rufe ich augenrollend: O. K., her name is Hermine, she lives in Islington and I met her eight years ago in Munich. Der Mann ist nun zufrieden: Oh, sagt er, *it's a she,* und beginnt unpassenderweise, mir kumpelhaft zuzuzwinkern. Seine Kollegin hat indes noch nicht genug. Ernst blickt sie in meine Augen und sagt: If you wish to fly PanAm, I must advise you not to drink before your flight. Ich (sehr erstaunt): I am not drunk. Sie: But I *do* smell the drink. Ich (erleichtert): Oh, that's my after shave. Da ich ausnahmsweise tatsächlich stocknüchtern war, erwartete ich, daß die Dame nun noch einmal genauer hinriechen würde und sich für ihre Entgleisung entschuldigen würde. Aber nein: Sie fühlt sich, jetzt kommt wieder ein schlimmes Wort, durch meine Erklärung »verarscht« und klärt mich unter kühler Aufbietung sämtlicher englischer Bedauerungsformeln auf, daß »PanAm doesn't deal with passengers like you«, und wo ich mein Ticket zurückgeben könne. In meinem Gefühl aufkommender Panik sah ich nur noch einen Ausweg: Ich holte meinen Kulturbeutel aus der Tasche und hielt ihr das Egoïste-Flacon entgegen, sie solle doch mal riechen, das sei kein Schnaps, ein Schnaps würde doch anders heißen. Sie glaube mir durchaus, daß dies ein After

Shave sei, sagte sie, aber ich sei ja schließlich *unrasiert*. Da begann ich wild zu zetern und zu jammern und damit ein ganzes Rudel von PanAm-Persönlichkeiten anzulocken, die bald schnuppernd um mich herumstanden und meinen Fall erörterten. Immerhin saß ich wenig später im glücklicherweise verspäteten Flugzeug, und durch meinen Schädel schwirrte ungünstiger Wortschatz. »Widerwärtige Mormonenvotze« dachte ich in meiner Rage, denn anders als durch religiösen Fanatismus bedingte Abstinenz kann ich mir nicht erklären, wie man ein Parfum, das eingestandenermaßen erst seit kurzem auf dem Markt ist und durchaus idiosynkratisch einherriecht, mit einer Zechgülle zu verwechseln imstande sein kann.

Nachbemerkung Herbst 1992:

Ich weiß, daß es (noch) nicht dudengemäß ist, das scheußlich Wort für das »Ensemble weiblicher Geschlechtsteile« mit einem anderen Buchstaben als F starten zu lassen, aber die falsche Schreibweise ist die populärere, weil sie als ordinärer empfunden wird. Die sexuelle Reizwirkung orthographischer Fehler dürfte bislang nur wenig erforscht sein. Wissenschaftlern, die das nachholen wollen, rate ich, die Slade-Singles 1971–1973 nicht unberücksichtigt zu lassen.

Immerzu Bratwurstereignisse, doch Kati zieht Flunsch

(November 1990)

Es gilt heutzutage als ein Volksfest, wenn man einer bratwurstessenden Verkäuferin bratwurstessend eine Jeansjacke abkauft. Ein besonders wenig würdevolles Spektakel dieser Art findet alljährlich Anfang September bei mir um die Ecke statt: das *Turmstraßenfest*. Die Einzelhändler schleppen ihren Kram aus den Läden auf den Bürgersteig, hinzugesellen sich die CDU und Aalverkäufer, und wenn dann bald unter jedem Schritt krachend ein Plastikbecher zersplittert, die von Hertie bezahlte Oldies-Band wummert und die Berberitzenbüsche von proletarischem Harn widerglänzen, dann ist der Straßenfestfrohsinn perfekt. Nicht, daß es wirklich fröhlich einherginge. Mürrisch blickt der Moabiter. Es weiß ja auch keiner, was da gefeiert wird. Wer die Turmstraße kennt, wird mit mir einer Meinung sein, daß deren bloße Existenz kaum einen Anlaß zum Feiern darstellt.

Am 3. Oktober gab es schon wieder so ein Straßenfest. Diesmal waren es gleich Hunderttausende, die sich, höchstens mäßig froh schauend, an den üblichen Bratwurstständen und Stimmungskapellen vorbeischoben. Die Berliner begingen die deutsche Einheit wie die Eröffnung eines Lebensmitteldiscountmarktes. Ich hatte nicht erwartet, daß die Menschen vor Ernst Reuter-Büsten niederknien, um Beethovenmelodien zu summen, aber auch nicht, daß die Angelegenheit dermaßen unfeierlich, ja unappetitlich abgeht. Kauend und Dosenbier saufend die Linden abzulatschen und eine gigantische Menge Müll zu hinterlassen, will mir nicht als eine Weise erscheinen, eine einmalige historische Zäsur würdig einzuläuten. Mir scheint es eher ein schlechtes Omen für das neue Deutschland zu sein, daß eine verglichen mit Problemen wie Rohstoffverschwendung, Müllbeseitigung etc. doch ziemlich unwichtige Angelegenheit wie die staatliche Einigung Deutschlands einer mittleren Umweltkatastrophe gleichkam. Ich meine ohnehin: Ein zivilisierter Europäer ißt und trinkt nicht auf der Straße. Auch ein regelmäßiger Biertrinker wie ich wird erschaudern, wenn er jemanden auf der Straße gehen sieht, der sich den Inhalt einer Bierdose in den Hals gießt, und er wird keinen Augenblick zögern, eine solche Person insgeheim ein Element, Subjekt o. ä. zu nennen. Er wird die Hände über dem Kopf zusammenschlagen, wenn er ein Kind sieht, das schon morgens auf dem Schulweg an einer Getränkedose nuckelt, die ihm eine gedankenlose Mutter in den Ranzen gesteckt hat. Millionen Kinder, die an der Dose hängen, sind schlimmer als ein paar Tausende an der Nadel! Und ein anständiger Mensch wird beim nächsten Urnengang niemals einer Partei seine Stimme geben, die bislang noch nicht einmal in Erwägung gezogen hat, dem Beispiel einiger zivilisierter Staaten zu folgen und mit den Dosen das einzig Richtige zu tun: Verbieten, aber hurtig! Nur Dösbaddel bekennen sich zur Formel »Verbieten verboten«. Die Prinzipien von Summerhill mögen Eltern, die das tatsächlich für richtig halten, bei der Erziehung ihrer Kinder anwenden, sie sind aber keine geeignete Richtschnur für den Umgang des Gesetzgebers mit der Industrie.

Den Lesern, die jetzt gerade murmeln: Jezt rastet der alberne Heini ja vollkommen aus mit seinen blöden Dosen, diesen Lesern entgegne ich: Erstens: Ich bin kein alberner Heini, sondern ein Vertreter eines geradezu manischen Realismus. Wenn ich aus dem Fenster schaue, und da sind Wolken, sage ich: Da sind Wolken. Wenn jedoch keine Wolken da sind, sage ich: Da sind keine Wolken. Aber da *sind* Wolken, der Himmel ist geradezu krankhaft bewölkt, und das Schlimme ist: Was hinter den Wolken ist, ist noch schlimmer als die Wolken selber! Zweitens: Getränkedosen ja oder nein ist keine politische Marginalie. Jeder, der seine Freizeit ab und zu in anderer Weise zu nutzen willens ist, als dumme amerikanische Filme zu glotzen, weiß, daß die Aluminiumerzeugung ein Vorgang ist, der mit einer jeder ökologischen Vernunft spottenden Energieverschwendung einhergeht. Wenn ich jetzt auf einem Podium säße, Mikro vorm Maul, und sagte: Jeder Schluck aus einer Coladose kommt einem Griff zur Regenwaldsäge gleich, gäbe es sicher ein törichtes Geschöpf, das lachte, aber wahr ist es trotzdem. Und deswegen wird ein redlicher Mensch niemals wieder eine Getränkedose kaufen. Niemals!

Die *Cocteau Twins,* Lieblingsgruppe eines jeden Menschen, der die Eleganz hat, mir ein klein wenig zu ähneln, haben eine prachtvolle neue LP herausgebracht: Heaven or Las Vegas. Auf ihr befindet sich ein Stück namens »Fotzepolitic«. Wir wollen aber die Scheu haben, uns darüber nicht groß öffentlich zu wundern. Es gibt derzeit nur zwei Göttinnen in der kulturellen Welt. *Elisabeth Fraser,* Sängerin der Cocteau Twins, und *Kati Outinen,* Star der proletarischen Trilogie von *Aki Kaurismäki,* derzeit zu vergöttern in »Das Mädchen aus der Streichholzfabrik«. Den heterosexuellen Himmel stelle ich mir so vor: Ich sitze auf dem Sofa und es klingelt. Elisabeth Fraser und Kati Outinen kommen herein. Kati Outinen zieht ihren Flunsch, eben den Flunsch, der sie berühmt bemacht hat. Elisabeth Fraser beginnt in den höchsten Tönen zu singen. Ich bin überglücklich, allein Kati zieht weiter ihren Flunsch. Elisabeth singt eine Stunde lang, ich noch glücklicher, Kati weiterhin Flunsch. Elisabeth singt 2 Stunden lang, prall leuchtet meine Seele, Kati: Flunsch. Nach drei Stunden wird Elisabeth heiser, darüber muß Kati endlich lachen, und wir mieten dann zu dritt ein tolles Landhaus im Norden Europas und lachen und singen bis in alle Ewigkeit. Das war der Hetero-Himmel. Der Homo-Himmel geht so: Ich sitze auf dem Sofa und es klingelt. Hereinspaziert kommt *Pierre Littbarski*. Ich rufe: Ei ei, Überraschung, doch was dann kommt, möchte ich zu schüchtern sein, hier auszuwalzen. Wir wollen doch alle nicht, daß die *Titanic* künftig nur noch unter dem Ladentisch verkauft werden kann, obwohl ich es mir recht nett vorstelle, wenn z. B. die kleine dicke Verkäuferin aus dem Kiosk in der Krefelder Straße ab und zu unter dem Ladentisch herumkriechen müßte. Der Hetero-Himmel ist übrigens entschieden besser als der Homo-Himmel. Ein Landhaus irgendwo im Norden Europas ist ja wohl erstrebenswerter als eine halbe Stunde Herumgemache mit Pierre Littbarski und ein Zettel mit einer Telephonnummer, wo man ja doch nie anrufen würde, weil so toll würde es ja schließlich auch nicht gewesen sein.

Übrigens gibt es auch eine neue LP von *Prince*. Das ist zwar, verglichen mit einer neuen Cocteau Twins-LP oder der Frage Getränkedosen ja oder nein, ziemlich egal, aber auf dieser LP befindet sich ein Stück namens *Joy in repetition,* zu deutsch: Freude an der Wiederholung. Und in der Tat habe ich Freude daran, hier dies zu wiederholen: Niemals wird ein redlicher Mensch je eine Getränkedose kaufen, austrinken und fortwerfen. Ich wiederhole: NIEMALS. Und ich schreie und hoffe, mancher schreit mit: Niemals!

Ich habe seit schätzungsweise fünf Jahren keine Getränkedose mehr gekauft und bin dennoch nie verdurstet. Vielleicht bin ich ja ein anatomisches Wunder, aber selbst den üblichen Vereinigungsspaziergang zwischen Alexanderplatz und Siegessäule habe ich völlig enthaltsam überstanden und keine Not gelitten. Während des Spazierganges machte ich Photos von den Müllhaufen. Hinter einem solchen Haufen stand ein bratwurstessender Mann und fragte: Wieso photographieren Sie mich? Ich sagte: Sie photographiere ich doch gar nicht, sondern den Müllhaufen. Darauf der Mann: Jaja, das könnt *ihr* – mit diesem »ihr« gemeindete er mich wohl in irgendeine seiner Ansicht nach dunkle und undeutsche Ziele verfolgende Sektierergruppe ein, denn ich war ja ganz allein – jaja, das könnt ihr, sprach also der Mann, alles in den Dreck ziehen, sogar die deutsche Einheit zieht ihr in den Dreck. Ich sagte: Ja genau, in den Dreck, den Sie da gerade erzeugen. Und das Element sprach: Hau bloß ab, du.

Dieser konstruiert klingende Dialog, den ich aber nach der Wahrheit wiedergegeben habe, erinnert mich an ein weiteres, ebenso wie zu anekdotischen Zwecken zusammengebastelt anmutendes, aber ebenso tatsächliches Gespräch, das ich einmal mit einer Mutter zweier Kinder führte. Es ging um Autos. Sie: Du hast natürlich völlig recht. Ich bin auch total gegen Autos. Wenn ich nicht morgens die Kinder zur Schule fahren müßte, hätte ich längst keinen Wagen mehr. Ich: Wieso mußt du denn die Kinder in die Schule fahren? Die Schule ist doch nur 20 Minuten entfernt. Das kann man doch laufen. Sie: Nein, bei dem Verkehr wäre das viel zu gefährlich.

PS: Mit Müllhaufenphotos kann ich diese Betrachtung nicht verzieren, weil der Film noch nicht voll ist. Statt dessen zwei Bilder aus einem Werbeprospekt der Stadt *Lichtenfels,* mit denen diese ihre Lebensqualität zu veranschaulichen versuchte.

Edith Hancke findet den Theaterclub mehr als okay-hey für sich

(Dezember 1990)

Das angesehene Satireheftchen, für das ich allmonatlich auf dem Gebiete der Themaverfehlung bzw. Themavermeidung experimentieren darf, war mir stets eine liebe Lektüre. Hier wird der Gesellschaft erbarmungslos der Spiegel vorgehalten, dem grassierenden Dummdeutsch wird Paroli geboten, d. h., es wird Satire mit Köpfchen geboten sowie wunderbar respektloser Witz vom Feinsten, und der alltägliche Wahnsinn der bundesdeutschen Wirklichkeit wird mit dermaßen spitzer Feder bis zur Kenntlichkeit entstellt, daß einem das Lachen oft buchstäblich im Halse steckenbleibt. Hier wirken Könner für Kenner, und Asche auf die Häupter derer, die das nicht absolut Spitze finden. Selten steht zwar auch Mattes im Heft, doch werde ich mich hüten, Werke von Koryphäen, die Kollegen zu nennen mir die Demut verbietet, hier zu kritisieren. Da wäre ich ja schön doof. Ich will mir doch nicht die Zukunft verbauen und Türen zuschlagen, die sich mir nie wieder öffnen werden. Nur Leute, die das Sprichwort »Hochmut kommt vor dem Fall« nicht kennen, pflegen an dem Ast zu sägen, auf dem sie sitzen, und sind infolgedessen die Gelackmeierten. Zu solchen kommt auf Siebenmeilenstiefeln der Karriereknick, vorbei wärs mit den schönen Schecks von der Öko-Bank in Frankfurt, Sense wärs mit dem Kulturtagebuch, statt dessen schriebe ich allenfalls für die wenig gelesene Zeitschrift ›Die Schmach‹ eine Kolumne mit Titel »Die Glosse aus der Gosse«.

Mündlich wird natürlich schon mal das Maul aufgerissen. Häufig zieht es Titanic-Redakteure vom Main an die

Spree, um die stickige Luft des Büros für ein paar Tage mit der stickigen Luft Kreuzberger Kneipen zu vertauschen, wo mir dann jedesmal erzählt wird, daß es so was in Frankfurt nicht gebe, daß man da nirgendwo hingehen könne, daß man dort nur aufs Geld schaue, kurz, daß in Berlin alles besser sei – ja sogar der Umstand, daß man hier nicht einen, sondern zwei türkische Fernsehkanäle empfangen kann, wurde mir schon als Steinchen im Mosaik des Berliner Vorsprungs an Lebensqualität präsentiert. (Vorsprungsmosaik! Kannten Sie schon das Vorsprungsmosaik? Ich bislang auch nicht.) Stets berichtet man mir auch brühwarm, wer alles aus dem Satireheftchen-Umfeld mich wieder mal »reaktionär«, »faschistoid« oder gar »politisch unzuverlässig« genannt hat, oder welche unter einem an das englische Wort für Klapperschlange angelehnten Pseudonym arbeitende Zeichner-Mini-Gruppe, die ich einmal mit Lob überschüttete, sagte: Der hat uns ja nur gelobt, weil er uns die Rosette versilbern will. Da ich, was sexistische Redewendungen angeht, ein dickes, ja wuscheliges Fell habe, war ich nicht empört, sondern erfreut wegen der Bereicherung meines Wortschatzes. Heteros haben oft lustige Ausdrücke. Neulich hörte ich, daß, wenn ein Arbeiter einen anderen vor einem homosexuellen Kollegen »warnen« wolle, er dann sagen würde: Bei dem darfst du dich nicht nach der Seife bücken. Das war mir neu, und ich finde diese Wendung sehr anschaulich.

Vielleicht sind aber auch die Schwulen ... – ach nein, lieber Word Processor, mach dieses häßliche Schimpfwort, welches dereinst in eine Emanzipationskrücke umgemodelt wurde, schleunigst wieder weg – vielleicht sind also die Homos selber schuld daran, daß, wie ich meine, beobachtet zu haben, Ressentiments auch in gebildeteren Kreisen wieder recht deutlich, wenngleich gerne ironisch verbrämt, geäußert werden. Auch mir behagt es nicht, wenn sie bei ihren ach so schrillen und witzigen öffentlichen Aufmärschen immer so tun, als seien Homosexuelle das Tafelsilber des Menschengeschlechts, oder daß ihre sexuelle Präferenz etwas sei, auf das sie stolz zu sein hätten. Ein guter Jackenaufnäher für diesen Personenkreis wäre: »Ich finde es zwar Scheiße, ein Deutscher zu sein, bin aber stolz darauf, schwul zu sein.« Aber: Weder das eine noch das andere ist zum Scheißefinden oder Stolzdraufsein gut. Beides ist lediglich mehr als okay. (Zitat ohne Genehmigung des Texters des Gaby Berger-Schlagers »Zwei Karten fürs Kino«, in welchem es heißt »Und wenn wir uns küssen, dann werden wir wissen, der Abend war mehr als okay«.) Die Teilnehmer der Prozessionen wollen, glaube ich, schwules Lebensgefühl transparent machen. Ich sehe da aber mehr einen beklagenswerten Hang zur öffentlichen Selbstverkitschung, den man in dieser Stinkigkeit nur noch bei Frauen-Frauen und manchen Ökos vorfindet.

Ein Beispiel: Inschrift eines Plakates, das auf irgendeine Frauenveranstaltung hinweist, gesehen in Kreuzberg: FRAUEN, HÜTERINNEN DER ERINNERUNG. Noch ein Beispiel: Schild an einem Dritte-Welt-Laden in Potsdam: HIER KÖNNEN SIE EINKAUFEN, OHNE SICH SCHÄMEN ZU MÜSSEN. Das ist ja mehr als dufte, endlich kann ich einkaufen, ohne mich zu schämen, und adieu sagen zu den Supermärkten, den Treffpunkten sich schämender Verbraucher – regelrechte Schamworkshops sind das ja. Und wie haben erst die DDR-Bürger in Potsdam aufgeatmet, als ihnen gewahr wurde, daß sie nicht mehr in den verhaßten westgestylten Supermärkten einkaufen müssen. Schamgebeugt sah man sie zum Dritte Welt-Laden pilgern, darin sie tankten Würde und Güte, und heraus kamen aufrechte Menschen.

Ich finde übrigens, man kann durchaus noch DDR sagen, solange das da noch wie DDR riecht und wie DDR aussieht. Sekkant finde ich die Mühe vieler Leute, bei jeder sich bietenden Gelegenheit zu unterstreichen, daß sie den 3.10. nicht verschlafen haben, daß sie den Lauf der Geschichte mitvollzogen haben. Das führt zu Stilblüten. Die absichtliche Stilblüte kann viel Farbe und Freude in die Landschaft tragen, jene aber, die nur den Mangel des Autors an sprachlicher Logik offenbart, macht Kopfweh. Neulich tönte es aus dem Radio: ... die beiden ehemaligen deutschen Staaten. Schlimm so was! Diese Formulierung besagt, daß es einst zwei deutsche Staaten gab, und heute gar keinen mehr. Wenn man sagen möchte, daß es früher zweie waren und heute einer ist, dann muß man sagen: ... die ehemals beiden deutschen Staaten. In der gleichen Sendung wurde von einem Sportler berichtet, daß er 1969 in der ehemaligen DDR geboren sei. Das bedeutet, daß die DDR bereits vor 1969 aufgehört hat, zu existieren. Also muß man sagen: in der damaligen DDR. Aber auch das ist überflüssig. Das klingt so, als ob man sagen würde, Walther von der Vogelweide sei ein Dichter des damaligen Mittelalters gewesen.

Nun bringe man mir ein Stehpult und hole die Frauen herbei, die die Erinnerung hüten. Ich möchte eine Rede halten. Sehr geehrte Damen! Sie können von mir aus Erinnerungen hüten, so viel sie lustig sind. Aber hüten sie sich vor meinen Erinnerungen. Die beißen! Meine Erinnerungen sind schwieriger zu hüten als ein Sack Flöhe, doch bin ich Mann genug, das alleine zu meistern. Ich erinnere mich z. B. daran, vor einiger Zeit geschrieben zu haben, wie ich mit einem Titanic-Redakteur in einer Gaststube saß und Beschimpfungen Dritter einheimste. Später wurde es noch recht lustig, als wir uns, während wir dem volkstümlichsten aller Rauschmittel tüchtig zusprachen, über »das Heft« hermachten und alles in Grund und Boden schimpften. Dieses Layout! Dieser ordinäre Zurechtweisungston in den »Briefen an die Leser«! Und dieser sonderbare Walter Boehlich! (Beliebter Dialog: »Kennst du eigentlich jemanden, der schon mal die Kolumne von Walter Boehlich gelesen hat?« »Nä, der Leser, der schon mal eine Kolumne von Walter Boehlich gelesen hat, der muß erst noch geboren werden!«) Und dieser Irrglaube, daß man einen unkomischen Beitrag damit komischer macht, daß man hinter die darin vorkommenden Personen eine unzutreffende Altersangabe setzt. Dieses ewige »Steffi Graf (70)«. Und diese däumchendrehenden Suffköpfe von Redakteuren! Und diese ständigen Kohl-Titelblätter! etc, etc.

Seit Monaten mache ich der Redaktion immer wieder den Vorschlag, ein Photo der Berliner Volksschauspielerin Edith Hancke alias »Die Stimme« auf den Titel zu bringen. Aber immer heißt es nur: Klappe, du reaktionäre Kolumnistensau. Wenn du uns weiter mit solchen, haha, »Vorschlägen« kommst, dann holen wir den Kolumnistenjäger

McCarthy aus seinem Grab, dann kannst du hören, wie das Elendsglöckchen klingelt. Dabei ist Edith Hancke mit an Wahrscheinlichkeit grenzender Sicherheit komischer als jeder Politiker. Neulich hat der Berliner Theaterclub auf 10 Millionen Plakaten verkünden lassen, daß Edith Hancke findet, der Theaterclub sei Spitze. An jeder Ecke hing eins, ich verfiel in manisches Dauerschmunzeln. Edith Hancke-Photos wirken wie LSD, sind aber viel billiger.

PS: Sogar der Berliner ›Tagesspiegel‹, eigentlich ein Inbegriff von dem, was man landläufig »seriöse Tageszeitung« nennt, bezeichnet Homosexuelle jetzt als Schwule. Ist das jetzt etwa wirklich der offizielle, allgemein akzeptierte Begriff? Das fände ich schade! Muß man sich dem allgemeinen Sprachumgang in jedem Falle unterordnen? Ich denke, nein. Würde ich einen Schwulen in meine Wohnung lassen? Ich denke, nein. Jemanden, der homosexuell ist? Auf jeden Fall: Hereinspaziert! Sie sind okay-hey für mich (aus einem Schlager von Chris Roberts: »Ich bin verliebt in die Liebe, sie ist okay-hey für mich«).

PPS: Eigentlich wollte ich ja nichts Heftchen-Kritisches schreiben. Man will sich ja nicht die Perspektiven vermasseln. Zuerst plante ich, einen Artikel über Quitten zu verfassen. Titel: »Das unbeliebteste Obst Deutschlands«. Allerdings bin ich quittenmäßig unterbelichtet. Wenn jemand Quittenspezialist ist oder gute Quittenwitze weiß, bitte ich um Nachricht.

Ich möchte Maria Distel nicht kennenlernen

(Januar 1991)

Unhöfliche Menschen sind schier einfach überhaupt nicht zum Aushalten. Ich notiere diese durchaus unoriginelle Ansicht, um den Kolumnenkonsumenten schonend darauf vorzubereiten, daß ihm allerlei Auslassungen über die Unhöflichkeit ins Haus stehen, da ich finde, daß es höchste Eisenbahn ist, mit der Unhöflichkeit hart ins Gericht zu gehen. Ich bin der Meinung, daß ich dies unbedingt tun sollte, da der Zeitschriftenmarkt vor Artikeln über die Unhöflichkeit nicht gerade trieft. Statt dessen las ich z. B. gestern in einer sogenannten Schundzeitschrift einen Artikel über den *Orgasmus*. Frauen haben, so stand da, bestimmte Punkte am Leib, auf die sie nur geschickt drücken müssen, um Orgasmen von fast beliebiger Länge zu erzeugen. Von einer britischen Hausfrau wird berichtet, daß sie sich einen vier Stunden langen Orgasmus gedrückt, man ist fast geneigt zu sagen: programmiert haben soll. Ich hoffe aber, das greift nicht um sich. Es kann ja auch nicht im Interesse der Männer liegen, wenn am Abend die Freundin anruft und sagt: »Du, ich kann heute leider nicht mit ins Kino kommen. Ich habe gerade einen Orgasmus.« Und wenn man bei *Bolle* nach Käse ansteht, will man doch auch lieber, daß die Verkäuferin normal ist, denn ein Orgasmusmarathon dürfte kaum höflichkeitssteigernd sein. Mit der Höflichkeit im Hause Bolle ist es aber ohnehin nicht gut bestellt. Die Verkäuferinnen haben ein beachtliches Talent, den Kunden auch ohne Worte wissen zu lassen, daß sie es für eine bodenlose Unverschämtheit halten, daß man am hellichten Tag faul Einkaufswagen vor sich herschiebt, während sie sich abrackern müssen. In völlige Ungnade versinkt man, wenn man eine Bolle-Frau mit dem Ansinnen konfrontiert, Pfandflaschen zurückzugeben. Leere Flaschen berühren zu müssen, ist in den Augen dieser Frauen eine furchtbare soziale Demütigung. Sollte auch nur ein winziges Stäubchen an den Gefäßen sein oder gar ein Flüssigkeitsrest darin, werden die schlimmsten Grimassen gezogen, und vorwurfsvoll wischen sie sich die Hände am Kittel ab. Am besten, man poliert die Flaschen mit samtenen Lappen und läutert sie in Rosenwasser, bevor man sie zu Bolle bringt. Eine schöne Standpauke erwartet einen auch, wenn man versehentlich mit einer Flasche einhergetanzt kommt, die man in einem anderen Geschäft gekauft hat. Meine Bude ist voll von Pfandflaschen, die ich nirgendwo abgeben kann, weil ich mich nicht erinnern kann, wo ich sie gekauft habe. In diesem Zusammenhang lobe ich mir Wien. Dort kann man jede x-beliebige Flasche in jedem Geschäft abgeben. Gerne erinnere ich mich an eine Pfandflaschengrille, in der *Ursula Hübner,* eine fantastische Frau und Malerin, die ihre Abende nicht ungern in alkoholisierter Geselligkeit verbringt, eine tragende Rolle spielt. Die Flaschen pflegt sie dann immer sorglos in den Flur zu stellen. Eines Tages bekam sie Besuch, dem angesichts der Flaschenmyriaden einige launige Mutmaßungen über ihren Alkoholkonsum entfuhren, was Ursel wohl etwas wurmte, denn am nächsten Tag ersuchte sie mich, mit ihr beim Supermarkt Renner eine Flaschenentsorgung vorzunehmen. Wir brachten es zustande, in meinem alten Interrail-Rucksack und diversen Reisetaschen ca. 200 Flaschen unterzubringen, welche die Verkäuferin völlig klaglos entgegennahm, was insofern erstaunlich war, da die Flaschen nicht nur zentimeterdick mit schmierigem Wohngemeinschaftsstaub bedeckt und mit dicken Schimmelbatzen angefüllt waren, sondern aus einer während der Rückgabe ein ziemlich abstoßendes Insekt herausflog. Die Verkäuferin begrüßte das sich bald im Supermarkt verkrümelnde Kerbtier mit einem herzlichen ksch, ksch und händigte uns freundlich das aus, was man in Österreich den *Floschnzättl* nennt.

Ich wollte mit dieser Schilderung nicht in die Richtung generalisieren, daß man in der Alpen-, Skandal- und Tasse-Kaffee-kostet-vier-Mark-Republik höflicher als in Deutschland sei. Gestern bezahlte ich in einem Wiener Schallplattengeschäft einen Tonträger – den Umstand, daß ich eben nicht geschrieben habe: gestern bezahlte ich in einem Schallplattengeschäft eine Schallplatte, bitte ich lediglich als eine Konzession an das zu verstehen, was man fälschlicherweise als guten Stil bezeichnet –, also, gestern bezahlte ich in einem Wiener Tonträgergeschäft eine Schallplatte, und während der Verkäufer meine Öschis einsackte, würdigte er mich keines Blickes, sondern unterhielt sich mit einem irgendwelche Zettel ordnenden Kollegen über eine Frau *Maria Distel,* die ich nicht kenne und auch nie kennenlernen wollte. So etwas kann ich auf den Tod nicht ausstehen. Es ist weit mehr als eine Unhöflichkeit, nämlich eine Monstrosität, mit jemand anderem zu plaudern, während man einen Kunden bedient. Durch fünfmaliges mechanisches Servus- und Dankeschönblöken wird hier auch nichts ausgeglichen. Obendrein kaute der Typ Kaugummi. Daß er seinen Arbeitsplatz weiterhin besetzt hält, verdankt er allein meiner pazifistischen Schrulle, Schallplattengeschäfte im allgemeinen unbewaffnet aufzusuchen.

Leider begegnet man dem Phänomen der Unhöflichkeit auch außerhalb des Einzelhandelmilieus. Ein Steckenpferd, das Unhöfliche mit besonderer Leidenschaft reiten, ist z. B. der *unangemeldete Besuch.* Einmal klingelte es bei mir, ich war bereits im Schlafanzug, da es an Mitternacht heranreichte, und ich fragte durch die Wohnungstür hindurch, wer denn da den Wunsch habe, mich zu stören.

»Wir waren bei deiner Lesung in Minden und wollen dich mal besuchen.« Ich öffnete die Tür nicht, gab lediglich zurück, daß ich ab einer gewissen Tageszeit nicht mehr unangemeldet empfange, und es trollten sich zwei, die jetzt sicher fehlmeinen, daß ich der Unhöfliche gewesen sei. In unangemeldeten Besuchen erkenne ich einen gräßlichen Mangel an Weltläufigkeit und Urbanität. Lediglich im Beitrittsgebiet ist das gang und gäbe, weil die Menschen dort keine Telephone haben. Deswegen herrscht dort eine ständige Besucherei. Unentwegt hocken sie beieinander und verströmen ihre berühmte menschliche Wärme. (In Wirklichkeit: Streit, Saufen, Sexgeschichten, öde Gespräche.)

Das Telephon ist eine vortreffliche Sache, so man versteht, es dosiert zu nutzen. Vor jedem Telephonat sollte man sich fragen: Ist das jetzt wirklich nötig? Rechtfertigt es mein Anliegen, den anderen Teilnehmer aus möglicherweise besten Gedanken oder Gebeten zu reißen? Ließe sich das nicht auch schriftlich erledigen? Leider ist das Telephon der Unhöflichen liebstes Marterinstrument, dessen sie sich hemmungslos bedienen. Neulich rief eine Frau von einer Schundzeitschrift bei mir an und sagte: »Wir machen eine Umfrage. Was war ihr bislang witzigstes Erlebnis in einem Fahrstuhl?« Ich reagierte heftig! Man merke sich: Bei einem Menschen, den man nicht persönlich kennt, muß dem ersten telefonischen Kontakt grundsätzlich ein schriftlicher vorausgegangen sein. Als Ausnahmen könnte man Notärzte etc. dulden. Ganz allgemein sollte man dem Schriftverkehr wieder mehr den Vorzug geben. Kernstück einer gelungenen Kommunikationskultur sollte weniger der Brief (lästiges Aufreißen, Papierverschwendung, herumfliegende Papierstreifen) als die Postkarte sein. Das kleine Format hält zu bündiger Formulierung an, und mit den Abbildungen auf Ansichtspostkarten kann man viel

Freude bereiten. Viele sammeln ja Tierpostkarten. Der Zeichner Tex Rubinowitz sammelt z. B. Postkarten von Schafen, auf denen Fliegen sitzen. Drei verschiedene hat er bereits. Ich sammele hingegen Karten mit häßlichen modernen Plastiken, klobigen Mehrzweckhallen oder Fußgängerzonen, in denen zufällig irgendwelche bescheuert aussehenden Menschen herumlaufen. Mein Nachbar hat eine Karte von der Fußgängerzone in Kopenhagen, wo ein Mann sich am Sack kratzt. Ich beneide ihn sehr darum, obwohl ich es nicht sehr höflich finde, seine Geschlechtsteile in der Öffentlichkeit zu rearrangieren. Höflich hingegen sind, um ein zusammenfassendes Schlußwort zu finden, Menschen mit kurzen Orgasmen, denen man drekkige Flaschen in die Hand drücken kann und die einem zum Dank Postkarten mit scheußlichen Brunnen schicken.

Quitten für die Menschen zwischen Emden und Zittau

(Februar 1991)

Im Postskriptum meiner vorletzten Kolumne bemerkte ich mit der lakonischen Beiläufigkeit, die uns waschechten Melancholikern eigen ist, daß ich mich mit dem Gedanken getragen hätte, einen Artikel über unbeliebtes Obst und insbesondere über *Quitten* zu schreiben. Nicht nur das Leserecho war überwältigend – vierzehn Zuschriften sind für einen Off-Broadway-Kolumnisten geradezu Waschkorbdimension –, auch die Augen all der Menschen, denen ich in U-Bahnen, Straßen und Spelunken begegne, in denen ich mich befördern lasse bzw. meine Wampe lüfte bzw. meinen von Alter und Entbehrung gezeichneten Leib mit den Segnungen des Alkohols versorge, scheinen zu sagen: Ja, besorgs uns, sonderbarer Herr, besorgs uns mit einem Quittenartikel!

Bevor ich nun aber die Quitte in das verdiente Scheinwerferlicht der Leserneffen- und -nichtenaufmerksamkeit schiebe, einige Bemerkungen über die *Guave:* Auch diese genießt wenig Ansehen unter uns Deutschen. Hand aufs Herz: Rümpfen wir nicht alle bisweilen innerlich die Nase oder runzeln die Brauen, wenn wir im Feinkostladen unvermittelt einer Guave gegenüberstehen? In Brasilien immerhin ist Guavenmus (»Goijabada«) mit Käse eine Art Nationalgericht, welches auch »365« genannt wird, weil man es 365 Tage im Jahr verspeist, so beliebt ist es, aber von ihrem ganzen Herumgetanze und ihrer ewigen Lebensfreude sind die Leute dort ja ganz schwirr im Schädel und merken gar nicht, was sie da Ödes verzehren. Bei unseren, noch längst nicht so von Samba und Straßenraub zerätzten Gaumen konnte die Guave noch nicht reüssieren, und mit Fug und Recht haben wir sie zusammen mit ähnlich langweilig süßlichen Tropenflops in jene sämigen, stark chemisch riechenden Fluten verbannt, welche skrupellose Geschäftemacher in Flaschen gefüllt als *Multivitamintrünke* auf den Markt werfen, und zwar, um unsere Ehen zu zerstören. Es ist nämlich so: Der unnatürliche Geruch, welcher uns aus der Multivitaminsaftflasche entgegenströmt, rührt von Substanzen aus dem Vitamin B-Komplex. Diese stinken aber leider nicht nur selbst, sondern erzeugen auf der Haut der Safttrinker unangenehme *Ausdünstungen,* wie Knoblauch, nur schlimmer. Noch ahnt niemand, wie oft es schon vorgekommen sein mag, daß ein Partner seine Partnerin oder seinen Partner, oder aber eine Partnerin ihren Partner bzw. ihre Partnerin mit schmiegenden Absichten an sich zog, dann aber das an sich ja geliebte Wesen jäh von sich stieß, weil er oder sie »es nicht mehr riechen konnte«. Die Räume unserer Gerichtsgebäude, in denen Scheidungen vollzogen werden, sind förmlich erfüllt vom ständigen Widerhall jenes dubiosen Geräusches, welches beim Öffnen einer Vitaminsaftflasche erklingt. Vielen wird dieses unbekannt gewesen sein, und von Flensburg bis Passau und neuerdings ja auch von Wismar bis Weimar, von Usedom bis an die Unstrut ahne ich Hände, die mir dankend entgegengestreckt werden. Aber ich wehre dies bescheiden ab und sage: Nein, ihr braucht nicht zu danken und zu wallfahren. Ich bin älter und erfahrener als ihr, und wenn mein Wissen euch auf eurem weiteren Lebensweg vor Schaden und Scheidung bewahren kann, dann hat mein Herz nicht ganz umsonst geschlagen, wenn es einmal eines kirchenglockengrauen Tages einfach nicht mehr schlagen mag. (Das Durchschnittsalter der Leser dieses Magazins ist glaub ich 15 oder so, und diese Generation schätzt wieder einen gewissen öligen Ton. Genau weiß ichs aber ehrlich gesagt nicht.)

Nun endlich zum unbeliebtesten heimischen Obst, der Quitte. Gewiß aber wird der Leser Verständnis dafür haben, daß es der inneren Dramaturgie dieses Aufsatz bekömmlich ist, wenn ich erst einmal einige Bemerkungen über unser zweitunbeliebtestes Obst, den *Kürbis,* mache. Diesen liebt ja schier niemand. In Nordamerika ist es üblich, im Oktober Kürbisse vor seine Haustür zu legen, um den Autofahrern zu signalisieren, daß es Oktober ist. Zu *Halloween* holt man sie dann ins Haus und läßt sie unter Anteilnahme der ganzen Familie feierlich verfaulen (»Pumpkins going bad«). Nur noch einige Traditionalisten machen sich die Mühe, Kürbistorte (»pumpkin pie«) zu backen, welcher dann in Aluminiumfolie gewickelt in den Kühlschrank gegeben wird, um dann einige Wochen später mit großem Hallo und Igitt gleichfalls in den Abfall zu wandern. Verständlich ist, daß der Mensch sich Gedanken darüber gemacht hat, ob ein so ansehnlicher Gegenstand wie der Kürbis für den Verzehr etwas tauge. Wer von uns hat nicht ein Poster über dem Bett hängen, auf dem steht: So ein Kürbis ist schon ein prachtvolles Ding. In einigen Regionen, z. B. der Steiermark, macht man aus seinen Kernen ein gutes Salatöl. Darüber hinaus ist es aber unbegreiflich, daß die Menschheit nach all den qualvollen Jahrtausenden des sich Ekelns und des Kürbisgerichte-ins-Klo-Gießens partout nicht zu der Erkenntnis gelangen will, daß ein Kürbis das Aroma einer ungelüfteten Umkleidekabine hat und daß es unmöglich ist, dieses mit noch so großen Mengen von Starkschmeckern wie Curry oder Essig zu übertünchen. Ich hoffe, mit diesem harten Urteil keinen Kürbisverehrer vor den Kopf gestoßen oder ihm psychischen Schaden zugefügt zu haben. Das täte mir weh. Vielleicht kann ich etwas wiedergutmachen, wenn ich noch einmal ausdrücklich auf die Schönheit des Kürbisses hinweise. Über diese herrschen ja bei uns kaum Kontroversen. Selbst im Ausland, wo die Hitzköpfe ja gerne mal aneinandergeraten, ist dieses Thema wohl nie Auslöser von Raufereien gewesen, obwohl so etwas im Ausland ja leider durchaus vorkommt. Ich habe das angenehme Gefühl, daß die Menschen zwischen Emden und Zittau meine Kürbis-Gedanken in allen Punkten teilen. Sogar in Österreich und in der Schweiz stelle ich mir vor, einige vermutlich gar nicht mal so schlecht gebaute Personen bei der Ausübung beipflichtender Gestik und bejahender Mimik beobachten zu können. Ach, ich finde es einfach umwerfend, gemeinsam mit meinen Nichten und Neffen die schönsten und vollsten Akkorde zu finden auf jener Klaviatur, die wir bald Güte, bald Wärme, bald Liebe nennen.

Nun aber endlich flugs und stracks und schwupps zur Quitte. Vorher muß ich aber noch einige, ich verspreche, kurze Gedanken über die Angewohnheit der Fernsehmacher loswerden, Beiträge über Schlösser, Ölgemälde, lauschige Gärten, »Kultur« also, mit der ewig gleichen barocken Gitarrenmusik zu unterlegen. Kaum sieht man irgendeine alte Gießkanne auf dem Bildschirm, kommt dieses Geklimpere. Haben die Fernsehfritzen denn kein anderes Tonband? Ich befehle hiermit, die nächste Sendung über Springbrunnen, Teepavillone und Porzellanmanufakturen der Abwechslung halber mit alten Cindy und Bert-Schlagern zu unterlegen, und mir selbst befehle ich, nun endlich zur Quitte zu kommen. Bedauerlicherweise – und das ist das Schwierige an diesem Aufsatz – ist die Quitte überhaupt nicht kommentarintensiv. Deswegen haben sich auch Starjournalisten wie der legendäre *Erich Erwin Egon Emil Kisch* nie zur Quitte geäußert. (Zwei von diesen Vornamen hatte er bestimmt, ich weiß aber nicht welche, und mein Lexikon ist irgendwo verbuddelt, mein Gott, ich hätte aber auch wirklich ein anderes Beispiel wählen können, wie z. B. *Karl Tucholsky.*) Doch ebenso, wie eine gute Köchin aus einem Stiefel ein Festmahl bereiten kann, so kann ein guter Kolumnist auch aus einer Quitte eine Delikatess-Kolumne zaubern. Talent habe ich ja welches. Mein Interesse hat die Quitte durch den Umstand gewonnen, daß ich einerseits in den Auslagen jedes besseren Obstladens Quitten in stattlicher Anzahl aufgebahrt finde, aber andererseits noch nie in meinem Leben jemanden eine Quitte habe kaufen sehen. Um diesen Verhalt kreist auch der einzige mir bekannte akzeptable *Quittenwitz.* Es ist keineswegs ein besonders gelungener Witz, aber bei einem so raren Genre wie dem Humor mit direktem Quittenbezug darf man nicht wählerisch sein: Ein Mann kommt zum Obsthändler und sagt: Ich hätte gern einen Doppelzentner Quitten. (Das war jetzt noch nicht der ganze Witz, aber schon ziemlich komisch: Was will der Mann denn mit derartig vielen Quitten? Und wie will er die denn ganz alleine tragen? Aber weiter im Witz.) Der Obsthändler packt ihm darauf die Quitten ein. (Auch wieder witzig: Welcher Obsthändler hat denn schon so große Tüten?) Der Mann zahlt und fragt den Händler: Kann ich bitte eine Quittung haben? (Ende des Witzes.)

Der im Vergleich zu ihren nahen Verwandten, dem *Apfel* und der *Birne,* ungemein hohe Unbeliebtheitsgrad der Quitte beruht weniger auf ihrer von Sorte zu Sorte verschieden stark ausgeprägten, oft auch fehlenden glaswolleartigen Behaarung als auf ihrer Unverzehrbarkeit im rohen Zustand. Ihr Fruchtkörper besteht aus sogenannten *Steinzellen* und ist daher hart wie Stein. Meine Freundin Nikola berichtete mir jedoch, daß sie als junges Ding durchaus rohe Quitten gegessen habe, welche ihr dann aber wie *Steine* im Magen gelegen seien. Zum Zerteilen und Schälen der Quitte bediene man sich der Erzeugnisse der Firma

Black&Decker. Die zerteilten Früchte koche man nun mit einem Süßungsmittel und Gewürznelken. Wenn man nun das Quittenkompott ißt, wird einem sofort ein immenser Unterschied zwischen der Unbeliebtheit des Kürbisses und jener der Quitte gewärtig: Die Unpopularität des Kürbisses ist *berechtigt,* ähnlich wie zum Beispiel die Freude der Mehrheit von uns Deutschen über die 1990 nach vierzig Jahren endlich errungene staatliche Einheit, während die Unbeliebtheit der Quitte so unberechtigt ist wie z. B. die Forderung »Freie Fahrt für freie Bürger«, mit der der ADAC oder ähnliche Organisationen, die sich zur Aufgabe gemacht haben, das Böse im Menschen in den Rang eines Grundrechts hochzudemokratisieren, anständige Menschen an den Rand des Wahnsinns treiben und zu Terroristen machen. Das *Aroma* der Quitte ist einfach himmlisch, wenn nicht sphärisch, wenn nicht schönen Liedern aus besseren Zeiten gleichend, wenn nicht im Wert den Worten der *Bibel* die Hände reichend. Ein Löffel Quittenkompott ist wie ein Schaumbad in siebentausend süßen Sünden, er ist ein betörendes Gift, ein Aphrodisiakum – ich gebe zu, bei diesem Wort eben die *automatische Rechtschreibkontrolle* meines neuen *Personal Word Processors* aktiviert zu haben, und es blinkt nichts, scheint also richtig zu sein –, ein Glas Quittensaft, welchen manche Bioläden anbieten, läßt einen wie einen eleganten Panther durch die Straßen gehen, mein Blick wird verlangend, die Nüstern beben und die Augen der Frauen in der U-Bahn scheinen zu sagen: Besorgs mir, sonderbarer Herr, besorgs mir, aber nicht mit einem Quittenartikel, sondern »in alter Manier«, du weißt schon, was ich meine, sonderbarer Herr. (Interessant wäre es zu erfahren, ob die automatische Rechtschreibkontrolle auch schweinische Wörter umfaßt, 236 000 Wörter sind gespeichert, da müßte doch was bei sein. Die Pharisäer sollen nur still sein. Wer hat nicht schon mal in einer fremden Stadt in einem öden Hotelzimmer gelangweilt im Telephonbuch geblättert, um nachzuschauen, ob da vielleicht Leute mit unanständigen Nachnamen wohnen? Natürlich nur, um anschließend entrüstet zu sein über diese Bürger, die keine Anstalten machen, das behördlich ändern zu lassen. Ich schreib jetzt mal was Schockierendes absichtlich falsch: *Spermarylpsende Arschfodse.* Oh wie erschütternd: Bei beiden Wörtern blinkt und piept es! Ist es nicht empörend, auf diese Weise zu erfahren, daß »spermarülpsend« zu den 236 000 gebräuchlichsten Wörtern unserer Muttersprache zählt? Ich bediene hier also einen Schreibcomputer, der von Ferkelingenieuren für Ferkelschriftsteller entwickelt wurde. Der Firma Panasonic werde ich einen geharnischten Brief schreiben, oder ich werde das Gerät zurückgeben und der Verkäuferin, die eigentlich den Eindruck einer Dame machte, vor die Füße werfen, sie »Dirne!« schelten und sie fragen, ob sie es mit ihrem Gewissen vereinbaren könne, mit Geräten zu *dealen,* »handeln« könne man das nicht mehr nennen, die »spermarülpsend« im Speicher haben?)

Zurück zur Quitte. Leider besteht die Unsitte, aus Quitten sogenannten *Quittenspeck* herzustellen. Hier möchte ich auf den Leser Christoph aus Köln zurückgreifen, der mir einen langen, jungenhaft-jovialen Brief über den Quittenbaum seiner Oma schrieb, in welchem er u. a. formulierte, daß ihm »Quitten immer wieder unangenehm in die Quere« kommen. Dies fand ich niedlich, und es erinnerte mich daran, daß ich neulich die Stadt *Xanten* besuchte, dort aber kein *Xylophon* kaufte. Christoph zum Thema Quittenspeck: ». . . weingummiähnlich gelierte Quittenstücke, die dadurch erzeugt werden, daß Quittenmus auf einer Platte erkaltet und dann in akkurate Rhomben geschnitten wird, die dann in eine Blechbüchse wandern, worin sie auch gerne gelassen werden.« Quittenspeck hat ebenso wie Quittengelee meist den Nachteil, Unmengen von Zucker zu enthalten, der den irisierenden Eigengeschmack der Quitte nicht unterstreicht, sondern tötet. Deswegen sollten wir Deutschen unsere gesamte Kraft dazu verwenden, die Quitte den an Gelierzuckersäcke genagelten Händen unserer Großmütter zu entreißen und sie in die Sparte des eigenständigen Genußmittels hineinzuemanzipieren. Laßt uns durch die Straßen ziehen und skandieren: »Kompott ja, Saft ja, Speck nein und Gelee nur bedingt!« So ungewöhnlich wäre das nicht. Schon Eisler soll bei einer Demonstration in der frühen DDR ein Transparent mit sich geführt haben, auf dem zu lesen war »Nieder mit dem Quartsextakkord«. Die Quitte hätte ähnliches Engagement verdient. Schon im alten Griechenland galt sie als Symbol des Glücks, der Liebe und der Fruchtbarkeit. Bei der Hochzeit brachte die Griechin eine Quitte in das Haus des Ehemannes, und zwar als – jetzt kommt das schöne Wort aus der erlaubten Strophe des Deutschlandliedes – Unterpfand einer glücklichen Ehe.

Schließen möchte ich mit dem Hinweis eines anderen Lesers, der mir davon schrieb, daß sich DDR-Bürger früher leere Getränkedosen als westliche Statussymbole ins Wohnzimmerregal gestellt haben. Dies war mir bekannt, neu war mir aber die Information, daß diese Dosen im Leipziger Raum als *Quitten* bezeichnet wurden. Ich hatte keine Gelegenheit, dies nachzuprüfen und würde mich daher über Bestätigung oder Kopfschütteln aus den neuen Ländern freuen.

Nachbemerkung Herbst 1992:
Es erreichte mich Kopfschütteln.

ZU KOLUMNE 4

In der Wohnung des Ehepaares, welches den Schwester Waltraud-Fanclub leitet.

ZU KOLUMNE 6

Herr Genscher mußte auf Toilette.

ZU KOLUMNE 7

Steiße in Iowa

ZU KOLUMNE 8

Freizeit eines alleinstehenden Homosexuellen

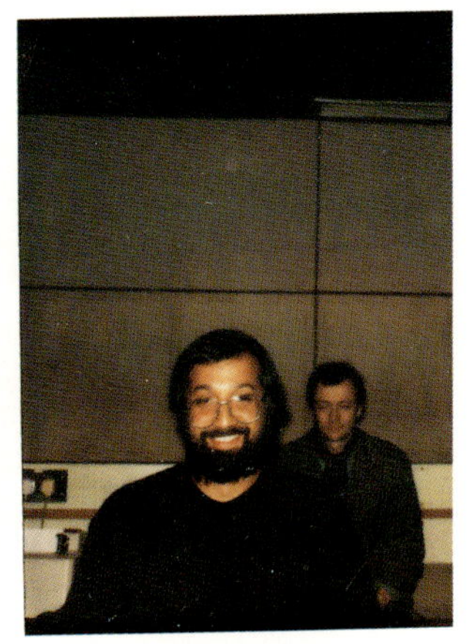

Im Homosexuellenmilieu

ZU KOLUMNE 12

Sozialismus mit menschlichem Antlitz

ZU KOLUMNE 16

Hunde kommen über den Verlust ihres Herrchens oft nur schwer hinweg.

ZU KOLUMNE 18

Frauen kommen über den Verlust ihres Partners oft nur schwer hinweg.

3.10.90

Der Photograph will die deutsche Einheit in den Dreck ziehen.

Der Autor im Bierdosenmuseum in Northhampton (Massachusetts)

Eine dem Autor völlig unbekannte Person von hinten

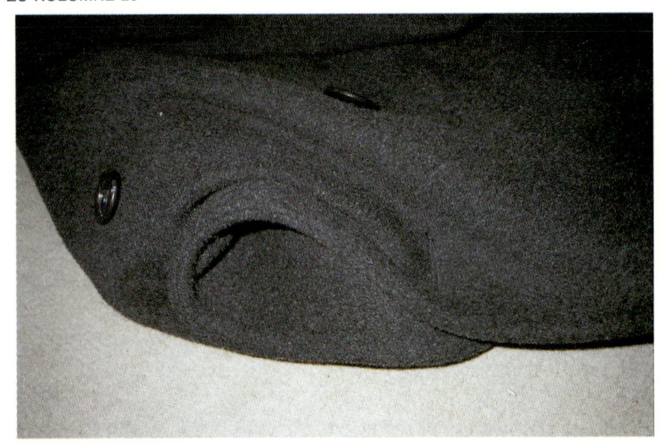

Hier guckt mein Mantel so wie der Fisch auf dem Gemälde »Der heilige Antonius predigt den Fischen« von Böcklin.

Hier fürchtet sich mein Mantel vor mir.

ZU KOLUMNE 37

Ersatzfoto

Ein Fernsehapparat

ZU KOLUMNE 42

Haus des sanften Lebensendes

ZU KOLUMNE 43

Seeleute sollen zur Grobheit neigen.

ZU KOLUMNE 44

Sie braucht keine Gesellschaft, um alleine zu sein.

Die Mittwochsmemmen oder: Warum tragen Ausländer immer weiße Socken?

(März 1991)

Gestern hatte ich Anlaß, an der Naschwerktheke des Berliner Delphi-Palastes Tadel auszuteilen. Ich hatte um ein Bier gebeten, worauf eine junge Frau, eine Studentin vermutlich, sich anschickte, den Inhalt einer Flasche Beck's in einen Plastikbecher zu füllen. Ich verbat mir den Becher, der sei ja wohl nicht nötig, sprach ich. Die Studentin entgegnete: Ohne Becher kannst du nicht in den Film. Sie duzte mich, weil ich meine verteufelt fesche Schottenmusterjoppe und meine 139 DM-Jeans trug, die mir den Elan eines wohngemeinschaftlichen Matratzenspundes verleihen, doch der Matratzenmann wirft sich nicht auf seine Matratze und vergeigt den Tag, sondern steht aufrecht im Delphi-Foyer und macht sich so seine Gedanken. Denkt denn der Kinobesitzer allen Ernstes, daß Leute, die in Ingeborg Bachmann-Verfilmungen gehen, so wenig Kinderstube haben, daß sie ihrem Vordermann Bierflaschen auf dem Schädel zertrümmern, oder meint er gar, daß man besseren Zugang zu einem hermetischen deutschen Kunstfilm fände, wenn rings um einen Hunderte von Menschen mit Plastikbechern herumknistern? Und wie sie knisterten! Hinter mir saß ein *Pärchen* in Ledermontur – Pärchen nennt man ein Paar dann, wenn es sich um bescheuerte Leute handelt, und daß sie Leder trugen, hörte ich: Es knatschte und quietschte – und dieses Lederpärchen brachte es fertig, 2 Stunden lang nicht nur in den Rollen von Berlins heimlichen Knatsch-, Quietsch- und Knisterkönigen zu erschüttern, sondern sich auch während der ganzen Zeit gegenseitig vorzujammern, wie langweilig der Film sei und ob denn wohl mal endlich etwas passieren werde. Rechts von mir saß ein weiteres Pärchen, das sich stritt, in welche Kneipe es nach dem lautstark herbeigesehnten Ende des Filmes gehen werde. Links von mir saß meine Begleiterin, die mich alleweil anpuffte und zischte, was es für eine Unverschämtheit sei, so zu knistern und zu reden im Kino.

Die Frage ist: Wie kommen all diese vielen hundert Menschen, die normalerweise nur in Filme gehen, in denen alle fünf Minuten ein Auto explodiert oder wo sich ein albernes amerikanisches Ehepaar in einem Kronleuchter balgt, weil es das noch nie gab und man das deswegen endlich mal zeigen muß, wie kommen all diese Menschen dazu, sich Werner Schroeters *Malina* anzusehen, einen Film, der in einer Tradition steht, die von den postmodernen Unterhaltungshysterikern unserer Medien jahrelang als »typisch deutsch« verunglimpft und somit folgefalsch konsequent abgelehnt wurde? Eine andere Frage ist: Warum tragen Ausländer immer weiße Socken? Auf diese Frage weiß ich leider keine Antwort, aber die Antwort auf die erste Frage lautet: Es war *Mittwoch*. Mittwoch=Kinotag. Eintritt auf allen Plätzen 6 DM. Nun darf man aber nicht denken, daß da lauter »Arme« saßen, zerlumpte Stütze-Empfänger, die in Außentoiletten mit kaputten Schwarzweißfernsehern vegetieren, sondern ganz normal aussehende Leute unterschiedlichster Provenienz, die nur eines gemeinsam haben: ihren unvorstellbaren *Geiz*. Wir sollten uns angewöhnen, diese Menschen zu ächten und als *Kulturschnorrer* zu bezeichnen. Wir alle kennen sie: Grauhaarige Typen, die in vor zehn Jahren gekauften Jeans an Theaterkassen mit ihrem vergilbten Studentenausweis wedeln und um Ermäßigung betteln, Leute, die aus fragwürdigen Quellen bezogene Presseausweise an Plattenfirmen schicken, um Freiexemplare zu bekommen, die sie dann, nachdem sie die

Musik auf Kassetten überspielt haben, auf dem Flohmarkt verkaufen. Das sind die Menschen, die den Verkehrsinfarkt in unseren Städten verursachen und das Gedränge auf dem Bürgersteig, denn ehe einer von diesen Typen sich einen Haartrockner zulegt, rennt er durch 25 Geschäfte, um die Preise zu vergleichen, damit er ja keine Mark zuviel ausgibt, so dicke hat ers ja nicht, schließlich muß er ja viermal im Jahr in Urlaub fahren. Wir sollten sie verteufeln, die ewigen Subventionsschleicher und Gästelisten-Schlaffis, die kaum, daß ihre Miete mal um zehn Mark steigt, die Hände über dem Kopf zusammenschlagen und stöhnen: Herrje, die Mietenexplosion, um dann sofort Mitglied im Mieterschutzbund zu werden und sich einmal monatlich beraten zu lassen von einem knochigen alternativen Paragraphenreiter, der nur Bücher wie »1000 ganz legale Steuertricks« liest und einen scheußlichen billigen Synthetic-Pullover aus dem Schlußverkauf trägt, der fürchterlich knistert, wenn er ihn sich über den Kopf zieht, und der dann Mittwoch abends im Kino hockt und mit seinem Becher knistert und herummault, daß keine Autos explodieren, bloß immer die Mieten. Nie wieder wird mir das bedauerliche Versehen passieren, an einem Mittwoch ins Kino zu gehen. Lieber einen Donnerstag wählen, ja Donnerstag, das ist der vornehmste Tag in der Woche. Donnerstag hat die Würde der leicht überschrittenen Mitte, ähnlich wie der September, der König der Monate, oder der frühe Nachmittag, die feinste Tageszeit. Nur Menschen mit wahrer Herzensbildung werden wissen, daß es wohl das beste ist, was man tun kann, an einem Donnerstagnachmittag im September einen nicht mehr ganz jungen Menschen, einen Zweiundvierzigjährigen vielleicht, möglicherweise eine Art Thronfolger oder eine Malerfürstin zu lieben, sich so hinzuschenken im goldenen Licht. Anschließend wird man evtl. in einem Vollwertlokal ein Dinkellaibchen vertilgen wollen, später noch ins Kino gehen, wo ein recht ernster, europäischer Film lockt. Man wird dem Kassenfräulein ohne viel Aufhebens oder Geknister seine Scheine hinschieben, mit einem souveränen Blick, der sagt: Wir sind Vollwertleute und zahlen volle Preise, und wäre es nicht schön, wenn es nur September gäbe und nur Europa und nur Donnerstage? Und warum tragen Ausländer immer weiße Socken? Doch das weiß das Kassenfräulein auch nicht.

Nach dem Kino wollen wir noch ein wenig zechen und plaudern, und zwar ruhig in einem Lokal, wo das Bier fünf Mark kostet, an dem die Mittwochsmemmen ärgerlich vorbeischleichen. Dort lassen wir routiniert, aber nicht versnobt die Scheinchen über die Theke segeln und zahlen selbstverständlich niemals getrennt. Getrennt zahlen ist unurban. Getrennt zahlen die Mittwochsmemmen und lassen sich für jedes Schinkenbaguette – so etwas essen Mittwochsmemmen – eine Quittung geben, die sie per Einschreiben an ihren Steuerberater schicken. Nun wollen wir aber hören, was der Thronfolger und ich, ziemlich vornehm an den Tresen gelehnt, über den gesehenen Film sagen. Der Thronfolger: Der Film war nicht nur vortrefflich, sondern sogar lustig. Wie z. B. Mathieu Carrière und Isabelle Huppert in ihrer brennenden Wohnung stehen und er sagt: Wir sollten jetzt aber endlich mal aufräumen hier. Ich: Ja, es hat sehr hübsch gebrannt und wie es schien, tagelang, ohne Schaden anzurichten. Besonders ganz am Ende, wo das Sofa brennt, d. h. es sieht gar nicht aus, als ob es brennt, es macht mehr den Eindruck, als ob ein herzensgutes kleines Feuerchen es sich nach anstrengendem Arbeitstag auf dem Sofa ein wenig bequem macht und wartet, daß seine Ehefrau ihm die Fernbedienung für den Fernsehapparat reicht. Throni: Ja, es hat so fein gebrannt, daß man sogar Mathieu Carrière ertragen konnte, gegen dessen wichtigtuerische Visage ja sogar die Schrecklichkeit von Klaus Maria Brandauer verblassen würde. All diese eitle Präzision des Blicks, diese grauenhafte Hyperpräsenz und -prägnanz, dieses »Ich spiele nur in den politisch und künstlerisch aussagekräftigsten Produktionen der bedeutendsten Regisseure« – aber wir sollten aufhören zu klagen, lieber noch ein paar Scheine segeln lassen oder vornehm verduften in den fabelhaften Dauerdonnerstag eines idealen Europas ...

Vorhang fällt, Applaus. Die »feinfühligen Mitteleuropäer«, dargestellt von Throni und mir, gehen auf die Bühne. Applaus, Tulpen. Dann kommen 500 Statisten als die »Mittwochsmemmen«. Unglaubliches Getrampel, wenn die alle auf einmal die Bühne betreten. Enthusiastischer Applaus, obwohl hier wohl eher die Ausstatterin gemeint sein dürfte, die es fertigbrachte, 500 originalgetreue 39 Mark 90-Jeans aufzutreiben, Pailletten-T-Shirts und senffarbene Jacken mit Klettverschlüssen. Schließlich geht Hassan, ein junger Palästinenser, der eine stumme Rolle hatte, den »Ausländer in weißen Socken«, vorn an die Rampe, macht applausdämpfende Handbewegungen und sagt: Ich trag weise Sock, weil sieht gut aus und ist billig. Tosender Applaus, stehende Ovationen, Blumengebinde, Sprachkurskassetten. Es scheint sicher, daß Hassan einen bleibenden Platz in unserer Mitte gefunden hat.

Leider befindet sich dieses Theater nicht in der Wirklichkeit.

Von Abba bis Zappa – Modernes Traumdeutungslexikon

(April 1991)

»Was wir im Traume erleben«, sagt Friedrich Nietzsche, »gehört so gut zum Gesamthaushalt unserer Seele wie etwas wirklich Erlebtes.« Gerne möchte man aber wissen, ob das Geträumte etwas bedeute. Ich z. B. träume ständig von brennenden Kalendern und verschleierten Frauen, und ein Freund erzählte mir neulich, er habe geträumt, ein Zeugnis überreicht zu bekommen, in welchem steht: »Mathematik gut, Karlsruhe sehr gut«. Die im Handel erhältlichen Traumlexika taugen aber kaum für den heutigen Gebrauch, da die Menschen darin immerfort von Ammen, Mühlrädern oder Wendeltreppen träumen. So was ist heut aber passé, und so habe ich mir erlaubt, durch gewissenhaftes Forschen und schärfstes Nachdenken ein Traumdeutungsverzeichnis zu erarbeiten, welches den Erfordernissen des von uns gerade durchlebten Jahrtausendausklanges entspricht.

Abba: Benny Anderson – keyboards; Björn Ulvaeus – guitar; Agnetha Fältskog – vocals; Anna-Frid Lyngstad (Frida) – vocals.

Amputationssäge: Hoffentlich bringt dein Traum keine stumpfe Säge, denn nur eine scharfe bedeutet Erlösung von einem maroden Bein.

Berlin: Du wirst unangenehmen Menschen begegnen. (Hitler?)

Cello: Ein Cello ist Sinnbild des Kindersarges. Hörst du im Traume ein Cello schnurren, stirbt in deiner Umgebung ein Kind, vielleicht auch nur eine Katze.

Döner: Du beißt in einen Döner, dabei fällt der Salat in den Schmutz, du versuchst, ihn wieder aufzuheben, doch ein Pudel kommt dir zuvor, schnappt sich die Blätter und rennt davon, du verfolgst das Tier, kilometerlang, bis es in einer düsteren Villa verschwindet. Du öffnest die Tür und wen siehst du im Sessel sitzen? Hitler! Dieser Traum bedeutet: Das hat man davon, wenn man sich nach dreckigen Salatblättern bückt.

Duplo: Wenn ein Mann von Duplo träumt, dann will eine Frau ihn mit süßen Versprechungen in einen Abgrund zerren. Leiste Widerstand, halte dich von Frauen fern, iß eine Scheibe Schwarzbrot! Träumt ein Mädchen von Duplo, bedeutet es das genaue Gegenteil davon.

Durst: Wach auf und lösche ihn.

Ern: Fränkischer Hausflur.

Freiheitswürfel: Ein Würfel spricht vom Wankelmut des Glückes, das du aber korrigieren kannst, wenn du nicht von allen guten Geistern verlassen bist. Schaust du aber einen Würfel, in den das Wort Freiheit eingemeißelt ist, hast du es mit einem Mahn-Würfel zu tun: Viele haben die Freiheit entbehrt und sind jetzt tot.

Endlich im Bild: Der Freiheitswürfel (zum Kugeln)

Frau: Die Kuh ist noch nicht vom Eis. Angst vor Geschwätz, beruflichen Nachteilen.

Fisch: Lebende Fische – Losgewinn. Tote Fische – verabscheust du deine Geschlechtsteile?

Gebüsch: Gebüsch bedeutet eigentlich gar nichts. Aber vielleicht versteckt sich darin ein Quagga. Siehe: Quagga.

Genscher: Hat absolut nichts mit Hitler zu tun. Kein Grund, schweißgebadet hochzuschrecken. Schlaf unbesorgt weiter.

Getränke-Hoffmann: Getränke-Hoffmann geöffnet – für Getränke ist gesorgt, Getränke-Hoffmann geschlossen – Durst droht. Angst vor dem Islam.

Geweih: Glücksaussicht pirscht heran. Nütze den günstigen Augenblick!

Grabstein: Ein Mädchen schauen, das vor einem umstürzenden Grabstein flieht – du schläfst gar nicht, sondern befindest dich am Eingang des Friedhofes von Steyr in Oberösterreich.

In Steyr haften die Toten selber für das Umkippen ihrer Grabsteine

Grass, Günter: Es besteht überhaupt kein Anlaß, von Günter Grass zu träumen. Wenn dir scheint, du tätest es trotzdem, dann liegt eine Verwechslung vor, und zwar mit Hitler. Siehe: Hitler.

Haare: Das Haar schneiden lassen oder es gekürzt schauen – gibt dir einen Ehrverlust bekannt. Diese Traumdeutung ist die Rückerinnerung an jene Epochen, die den Ehrlosen und Sklaven des Haarschmuckes beraubten, wie es auch heute noch mit Soldaten geschieht. Schaust du einen Jungen, der Haare unter ein Mikroskop legt, sagt das: Du suchst nach der Kraft, dich auf Jesus zurückzubesinnen. Zu Weihnachten, dem Fest von Christi Geburt, bekommen Tausende von Jungen ein Mikroskop geschenkt, unter das sie dann am 1. und 2. Weihnachtsfeiertag Haare legen, dies aber bald langweilig finden. Das Mikroskop wandert dann in den Schrank. Das Kämmen des Haares ist ein Gleichnis: Verworrene Schicksalsfäden werden geordnet.

Hitler: Du schaust in einen Spiegel und erblickst Hitler – der Dämon obsiegt. Zerbricht der Spiegel aber, dann bist du noch einmal davongekommen. Fügen sich die Scherben wieder zusammen und du schaust Genscher, dann sagt das: Mißtraue nicht deinen Freunden. Nicht jeder Politiker ist schlecht. Zerbricht der Spiegel dann erneut – du fürchtest von Menschen umgeben zu sein, die dein Vertrauen ausnützen. Vereinen sich die Scherben nun abermals zu einem Spiegel, worin du wieder Hitler siehst, dann trink vor dem Schlafengehen einige Biere, dann hört das auf. Siehe auch: Getränke-Hoffmann. Hitler nackt – du hast einen falschen Freund durchschaut. Träumst du aber von Geschlechtsverkehr mit Hitler, dann gute Nacht.

Imker: Dies ist ein häufiger Traum von Frauen über 40: Ein Imker jagt dich den Eiffelturm hinauf und überreicht dir auf der Aussichtsplattform einen Strauß Brennesseln.

Dieser Traum bezieht sich auf körperliche Unrast während des einsetzenden Klimakteriums, bedeutet aber nichts, außer vielleicht eine leichte Abneigung gegen Bienen und Treppensteigen.

Jazz: Der synkopierte Rhythmus hat deine Herzensmelodie verkauft. Du bist rohen Einflüssen unterworfen. Der Zynismus der Sachlichkeit behandelt deine Seele als Aschenbrödel.

Kalender, verbrennender: Du hast alle Chancen vertan, es gibt nichts mehr zu ordnen oder aufzurichten, du brauchst nicht mehr zur Arbeit zu gehen, hat ja sowieso keinen Zweck, kannst dich vollaufen lassen, siehe: Getränke-Hoffmann.

Leiche: Kontrasttraum – Gesundheit und Glück. Kommt aber drauf an, wessen Leiche.

Nacktheit: »I like nudity on screens, but not in real life«, sagte der Regisseur John Waters einmal; wir sollten dem applaudieren, aber hinzufügen »and also not in dreams«. Schaut man sich nämlich selber nackt, ist Bedrohliches im Anmarsch. Nackte Freunde – bändige deine Hormone. Nackte Feinde – siehe Hitler.

Nichts: Gar nichts träumen bedeutet: Mißgunst schleicht heran und will dich würgen.

München: Schaust du München brennen, wirst du von einer Bürde befreit. Ein verschneites München bedeutet: Kälte wird sich deines Gemütes bemächtigen. Schaust du ein sonniges München voll frohem Volk, dann verheimlicht dir jemand eine wichtige Wahrheit.

Ochsen: Deine Freunde erobern sich hohe Positionen. Verstecke deinen Neid und freue dich scheinbar über ihr Glück. So fällt dann auch für dich ein Brosame vom Tische.

Quaddeln: Ein Imker will dir Brennesseln schenken. Angst vor einem neuen Hitler.

Quatsch: Wer Quatsch träumt, hat das Bedürfnis, sich mal mit jemandem so richtig auszuquatschen. Dazu ist ein guter Tropfen hilfreich.

Quagga: Das Quagga ist ein ausgestorbenes Tier, welches vorne wie ein Zebra aussah und hinten nicht. Es wurde ausgerottet, weil seine Haut sich besonders gut für die Herstellung von Getreidesäcken eignete. Das letzte Exemplar starb 1883 im Zoo von Amsterdam. Nur 20 ausgestopfte Tiere stehen weltweit in Museen. Um so erstaunlicher ist das massenhafte Quagga-Vorkommen in unseren Träumen. Die meisten Träumenden merken davon aber nichts, denn Quaggas sind sehr scheu und verbergen sich im Gebüsch. In den seltenen Fällen, in denen mal ein Quagga aus dem Gebüsch herauslugt, wird es für ein Zebra gehalten. Es ist aber ein Quagga. Diese Verwechslung ist tragisch, denn ein Zebra bedeutet: Wach auf, Faulpelz, an die Arbeit, während uns das Erscheinen des Quaggas kündet: Bleib nur ruhig liegen, Mensch. Denn wenn die Menschen aufstehen, tun sie oft nur Böses, machen die Erde sich untertan, töten das Schwächere, rotten es aus. Es reicht vollkommen, am frühen Abend aufzustehen, denn Getränke-Hoffmann schließt erst um halb sieben. Dies sagt uns das Quagga, und wir sollten gehorchen. Sollte uns ausnahmsweise aber wirklich ein Zebra erscheinen, dessen wir nur sicher sein können, wenn es uns auch sein Hinterteil zeigt, dann sollten wir das zeitige Aufstehen dazu nutzen, den Menschen, die oft schon vor Tagesanbruch gen Fabrik, Geschäft und Behörde trotten, mit Hilfe von Schautafeln die Unterschiede zwischen Zebras und Quaggas zu erläutern.

Qualle: Diplomatie zahlt sich aus.

Quitte: »Der Quarz sitzt tief im Bergesschacht, die Quitte stiehlt man in der Nacht.« (Wilhelm Busch) Träumt dir dieser Vers, so heißt das, daß du auch im Schlaf auf die Tröstungen des Humors nicht verzichten magst. Ein langes Leben ist dir sicher.

Quiz: Du bist Quiz-Kandidat, die Zuschauer sind verstorbene Verwandte, und der Quizmaster ist – Hitler! Die Fragen sind sehr schwer. Für jede falsche Antwort gibt dir Hitler einen Zungenkuß, und die teilweise skelettierten Verwandten rücken immer näher. Plötzlich erkennst du in der letzten Zuschauerreihe eine junge Frau. Es ist die Kassiererin von Getränke-Hoffmann. Du rufst um Hilfe, und sie schlägt Hitler mit einer Flasche Beaujolais primeur tot. Dieser Traum bedeutet: Du hast große Probleme, aber eine gute Freundin ist bis 18.30 immer für dich da.

Schleier: Verschleierte Frau – Angst vor dem Islam, auch: Angst, daß Getränke-Hoffmann für immer schließt. Schaust du eine verschleierte Frau, die mit einem leeren Bierkasten die Straße überquert, ist diese Angst panisch. Höchste Steigerung sind mehrere verschleierte Frauen, die hämisch lachend oder Suren krähend Bierflaschen in eine Spüle ausleeren.

Teestube: Träumt dir, daß du dein Lieblingswirtshaus

aufsuchst und feststellst, daß sich dieses über Nacht in eine türkische Teestube verwandelt hat, dann hast du Angst vor Überfremdung deines Wohnviertels und vor dem Islam. Paß auf! Halte dich fern von fragwürdigen Ideologien, die dir versprechen, daß die Uhr zurückgedreht werden kann. Leicht wirst du die Beute eines neuen Hitler!

Diese »Kunst« ist leider nicht nur ein böser Traum

Telephon-Denkmal: Schlimm, wenn du davon träumst, denn es befindet sich in Linz, der Stadt, in der Hitler zur Schule gegangen ist.

Ungeziefer: Wuselnde Maden – du leidest bald Schaden; einzelne Maus – es brennt ab dein Haus; wimmelnde Ratten – du verlierst deinen Gatten; glotzende Tauben – du selbst mußt dran glauben.

Videorecorder: Du hättest gerne einen Videorecorder.

Verzeihung, ich habe doch schon einen: Dann kauf dir noch einen.

Warum denn? Um aus der Videothek geliehene Videos zu kopieren.

Was? Das ist doch verboten! Ist es nicht.

Winkler, Carola: Kenn' ich nicht.

Winkler, Carola, die Kleine, die bei Getränke-Hoffmann an der Kasse sitzt: Ach so, die. Bedeutet, daß du gern mal mit ihr würdest.

Würd' ich gar nicht! Würdest du wohl!

Zähne: Zwei Varianten sind möglich: Du küßt Hitler und verlierst dabei die Zähne. Das bedeutet: Gefahr droht von rechts. Laß dich nicht einlullen. Finger weg vom Bomberjäckchen. Fallen jedoch Hitler die Zähne aus, dann heißt das, daß der Dämon endlich besiegt ist. Nutze seine Schwäche aus und hau ihm eine Weinflasche auf den Schädel. Du schaffst das selbst, benötigst Carola Winkler nicht mehr. Nun wirst du nie mehr von Hitler träumen.

Zappa, Frank: siehe Grass, Günter.

Die Stricklieselwurst zur Mondlandung: – My definition of a boombastic column style

(Mai 1991)

Guten Tag, hier das Allerneueste: Meine Gattin Else läßt sich einen Dutt wachsen und emigriert nach Nordkorea. Zwar ist dies eine Behauptung mit bemerkenswert geringer Wahrheitsbasis, aber gerade der erste Satz ist immer so schwierig zu Papier zu bringen, und es ist schon so spät, und ich habe so Durst, und es ist nichts im Kühlschrank, und ich muß morgen früh faxen, und da dachte ich, ich schreibe einfach irgendeinen Satz, und der Rest wird dann so von alleine sprudeln, irgendwann im Verlauf dieser Seite wird mir hoffentlich ein hübsches Thema entgegenspringen, das mich an die Hand nehmen wird und mich sicher an das Ende der Kolumne geleiten wird. Bis das soweit ist, muß ich halt noch ein wenig kariert reden. Die Leser können sich ja in der Zeit ihr Strickliesel greifen und ein hübsches Stricklieselwürstchen stricken und es an die Kühlschranktür binden, und dann wird die Mutter kommen und rufen: Mann, toll, ein Stricklieselwürstchen, und Erinnerungen werden in ihr aufsteigen an die Zeit, als noch die Wackelbilder wackelten und nicht die Weltbilder, als die Fernsehansagerinnen noch echte Fernsehansagerinnenfrisuren hatten und auch nicht Henrik van Ypsilon hießen. Und wurde nicht immer Völkerball gespielt, zwischen den Wohnblöcken der Volksheimstätte, Bj. 63, stets summte leis die nahe Autobahn im Ohr? Mädchen hingen an den Teppichstangen, und wenn sie etwas älter waren, saßen sie ab sieben abends auf den Mülltonnen mit Jungs, die noch etwas älter waren, Charly oder Mario hießen, vielleicht ein Transistorradio hatten und den Mädchen einen »Zug« abgaben, den sie auf eine Art einsogen, die sie von Bardamen aus Edgar-Wallace-Filmen abgeguckt hatten. Ich war acht oder neun. Meine gemeine Mutter zwang mich immer dann den Müll runterzubringen, wenn, wie sie sich auch in den sechziger Jahren noch ausdrückte, die Halbstarken auf den Tonnen saßen. Ich mußte dann »Könnt ihr da mal runter gehen« quäken mit meiner Kinderstimme, und die Vierzehnjährigen fleezten und flegelten sich extra, trugen laut Überlegenheit vor, bis ich »bitte« sagte und unter Gejohle den Müll einfüllte; ich war acht oder neun und schämte mich dafür. Völkerball habe ich nur einmal gespielt. Ich kannte die Regeln nicht und stand einfach nur da. Marion Maltzahn sagte: Der steht da wie bestellt und nicht abgeholt. Zwischen den Balkongeranien sah ich kugelrund die Dauerwelle meiner Mutter. Aus dem wird nie ein richtiger Junge, dachte sie. Einmal war sie zufrieden mit mir, das war, als ich mich mit Peter Pilz an die Hauptstraße stellte und die Autonummern sämtlicher vorbeifahrender Autos aufschrieb. Stundenlang taten wir das, der eine stand auf der linken Straßenseite, der andere auf der rechten, und wir schrieben auf. Da sagte meine Mutter: Vielleicht wird aus dir ja doch noch ein richtiger Junge. Und ja, ich wurde es: Ich habe einen Bartwuchs wie Helmut Kohl, rasiere mich, wenns sein muß, wie ein guter Mediendemokrat: morgens naß und abends trocken.

Stricklieselassoziationen! Wenn ich mich recht entsinne, hat eine meiner jüngeren Cousinen gestrickliesselt, als wir im Fernsehen die erste Mondlandung guckten. Ich habe eine wunderbare »LP zur Mondlandung«: 40 Minuten nichts als fiepsige Funkgeräusche. Noch lieber wäre ich im Besitz der Stricklieselwurst zur Mondlandung. Meine Cousinen arbeiten allerdings in normalen Berufen und würden mir wohl einen Rappel unterstellen. Ich selbst hatte nie ein Strickliesel, aber meine Schwester. Fünfzehn Jahre später hatte sie ein Bratbeutelbuch. Ich fand es in ihrer Küche und fragte, was das denn für ein Quatsch sei: »Freude mit dem Bratbeutel«? Das sei urpraktisch, zwitscherte sie, ich solle es auch mal versuchen, und ich tat wie geheißen. Ich war damals auf der Straße zum Anstand noch nicht sehr weit gegangen und tat bedenkenlos ein totes Tier in den Bratbeutel, das Ensemble in den Ofen, und als ich nach einiger Zeit nachschaute, sah ich etwas, das ganz garstig an Abbildungen in katholischen Familienplanungsbroschüren gemahnte, so fruchtblasig-embryonal sah das aus. Geschmeckt hat es auch nicht. Glücklicherweise konnte man die Bratbeutelrolle einfach in den Müll werfen, so daß sie nichts zur Vermehrung platzverschleißenden Küchenschrotts beitrug (Römertopf, Fondueset, und demnächst: Wok, Salatschleuder). Längst hatte ich den Bratbeutel aus dem kollektiven Gedächtnis der Menschheit verschwunden gewähnt, aber neulich kehrte er mir zurück, und zwar in musikalischem Gewand. Ich saß in einem Lokal im Norden Berlins, in dem ein junger Mann mit süddeutschem Dialekt und Gitarre für Unterhaltung sorgte. Ich hörte nicht genau hin, merkte aber doch irritiert auf, als ich das Wort Bratbeutel vernahm, und als ich feststellte, daß der Mann tatsächlich ein Lied namens »Das ist der Bratbeutel-Blues« vortrug, war er auch schon fertig damit. So hatte ich einen der surrealsten Momente der deutschen Liedkunst verpaßt; danach ging es ganz normal langweilig weiter, mit Liedern über mißratene Urlaubsreisen

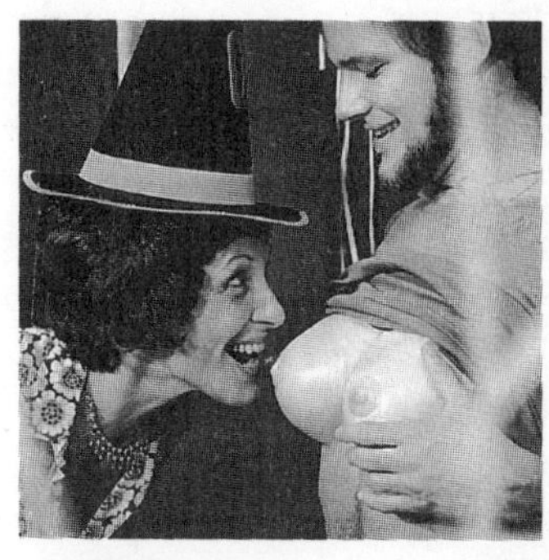

Verkommenheit

oder, ja freilich, über Manta-Fahrer. Warum lachte da das Publikum, statt zu gähnen? Ich weiß nicht, was an Manta-Fahrern schlechter oder lustiger sein soll als an anderen Autofahrern. Autofahren ist generell eine Fehlleistung. Nun ist das Universum nicht vollkommen, und auch den Mann, der in diesen Zeilen gerne mal den Öko-Christus gibt, sieht man bisweilen munter lachend auf einem Beifahrersitz sitzen. Ich latsche doch nicht zu Fuß hinterher, wenn mich jemand in die Stadt mitnehmen will. Doch unerträglich sind die Bürger, die in ihren Kisten drinsitzen und so gucken, als hätten sie das Recht dazu. Sie haben nicht das Recht. Jeder, der heutzutage noch ein Auto chauffiert, muß das in dem Bewußtsein tun, daß er ein durch und durch verkommenes Subjekt ist.

Die Ewiggestrigen und Hedonisten höre ich jetzt was von einem »erhobenen Zeigefinger« jaulen. Solche Leute erheben ja immer die abgedroschensten Einwände. Da ich keine Ambitionen habe, je ZDF-Unterhaltungschef, Stern-Redakteur o. ä. zu werden, ruf ich laut ins Land hinein: Wir bedürfen des erhobenen Zeigefingers mehr denn je, auch der geballten Faust. Und ich erhebe, ich balle! Wer noch nicht mal seinen Zeigefinger hochkriegt, soll den Rand halten. Seid richtige Jungs und richtige Mädchen!

Zum Begriff der Verkommenheit will ich noch etwas nachschicken. Auch mancher Biedermann sieht sich bisweilen gerne vom Dunst der Gosse umwölkt. So gibt es brave Studenten in München, die es für das Inbild der Verwahrlosung halten, am Sonntag um halb zwölf mittags aufzustehen und verwegen zu erklären, sie hätten *bis vier Uhr durchgemacht*. Niedlich, niedlich. Ich für meinen Teil habe bis vor kurzem den Gipfel der Verkommenheit so definiert: Morgens um fünf *mit dem Taxi zur Tankstelle* zu fahren und sich dort einen Karton *Dosenbier* zu kaufen.

Ich habe dies einmal getan; die Erinnerung daran ist eine trübe Emulsion aus Scham und Gipfelstürmerstolz. Nun hörte ich aber von einer Dame, die mich schier noch übertraf, den m. E. absoluten Sumpftrumpf in der Hand hält: Sie fuhr gar nicht selbst Taxi, sondern rief die Funkzentrale an, ein Fahrer möge doch bitte einen Karton Bier von der Tankstelle in die Soundsostraße soundsoviel liefern. Wer bietet mehr?

Da hier noch Platz ist, ein letzter Nachschlag zum Thema Quitte: Klaus Nüchtern aus Wien schickte mir einen vortrefflichen Quittenwitz, begleitet von der Vermutung, daß es sich um einen frauenfeindlichen handele. Der Einsender irrt aber. Es kommen im Witz nämlich gar keine Frauen vor:

»Sitzen zwei Äpfel im Pornokino, stößt der eine den anderen in die Seite und sagt: Sieh mal, was für unglaubliche Quitten.«

PS: Wg. div. Anfragen: Warum eigentlich *Onkel* Max? Es gibt einen alten Schlager namens *Hernando's Hideaway*, er geht ungefähr so: dadap, dadap, dadapdapdap, er ist also ein Tango und wird in Medleys gerne mit *La cumparsita* gekoppelt. In der von meinem Lieblingssänger Johnny Ray gesungenen Version wird Hernando's Hideaway als eine Art Lasterhöhle beschrieben, wo man nur Silhouetten sehe und Kastagnetten höre, ein sehr verkommener Platz also, der viel interessanter sei als *The Golden Finger Bowl*, ein herkömmliches, fades Lokal, wo »you will meet your Uncle Max and everyone you know«.

Nachbemerkung Herbst 1992:

Da in unserer schnellebigen Zeit Titel mittelgroßer Pop-Hits bei den meisten Menschen keine große Chance haben, ins Langzeitgedächtnis zu geraten, erlaube ich mir die Information, daß die Überschrift dieses Textes eine Anspielung auf eine seinerzeit von mir gern gehörte Rap-Kuriosität namens »My definition of a boombastic jazz style« von »Dream Warriors« enthält.

Super! Schulmädel vergräbt seinen Atem an Sängerschulter!

(Juni 1991)

In Kennerkreisen werde ich als ein Mann geschätzt, der moderne Steckenpferde reitet, z. B. Telephonkartensammeln, aber auch recht eigentümliche. So sammele ich Menschen, die Kassetten haben, auf denen sich Interviews mit Frauen befinden, deren Nachnamen mit -ecke enden. Zwei habe ich schon: Tex Rubinowitz, der ein Ulla Meinecke-Interview besitzt und Franz Werner, der ein Gespräch mit Evelyn Küneke hat, in welchem sie gefragt wird: Hassen Sie Interviews? Die Diva versteht aber: Haben Sie Interviews? und wird fuchsteufelswild, weil sie denkt, ihr Gesprächspartner ziehe die Möglichkeit in Betracht, daß die Medien kein Interesse an Evelyn Küneke-Interviews haben. Das ist lustig, nicht wahr? Ein ganz neues, zugegeben, makabres Hobby ist es mir, die neue Tageszeitung ›Super!‹ zu lesen, die nur 30 Pfennig kostet, ausschließlich für die Menschen im Beitrittsgebiet konzipiert ist, und daher mit nichts anderem als Gejammer darüber angefüllt ist, wie schlecht es den Menschen dort geht und wie unglaublich gemein die sogenannten Wessis sind. Die Ausgabe vom 3. Mai z. B. trägt eine Titelzeile, die in ihrer Exaltiertheit im Westen ja vielleicht doch nicht denkbar wäre. Direkt unter dem roten Super!-Logo steht: *Angeber-Wessi mit Bierflasche erschlagen ... Ganz Bernau ist glücklich, daß er tot ist.* Tröstlich immerhin, daß diese Meldung vielleicht einfach erfunden ist. Garantiert aus den Fingern gelutscht ist folgende Meldung vom Titel des nächsten Tages: *Lob für Super! – London/Berlin – »Endlich haben die Ostdeutschen etwas, wofür es sich lohnt, aufzustehen«, schreibt die angesehenene Londoner Tageszeitung ›The Independent‹ über die erste Ausgabe von Super!* Seit wann besprechen ausländische Tageszeitungen denn Erstausgaben deutscher Revolverblätter? »Tja, und seit wann bringen angesehenene Satireheftchen so einen Quatsch über Frauen, deren Namen mit -ecke enden?« höre ich soeben eine Stimme im Hintergrund häßlich schnarren, worauf ich aber gefaßt entgegne, genau seit Februar 1989, seit ich hier als Kolumnist schufte, ätsch, und jetzt Maul halten da hinten, weil ich noch etwas über den letzten Grand Prix in Rom berichten mag. Grand Prix gucken ist ja für Menschen mit einem etwas verschachtelten Kulturverständnis eine Unumgänglichkeit. Ich will sprechen von *Thomas Forstner,* dem musikalischen Botschafter Österreichs, des Landes, wo die Menschen in Buchhandlungen Zigaretten rauchen. Millionen Menschen saßen fassungslos vor dem Bildschirm und fragten sich: Haben wir uns eben verhört, oder hat der tatsächlich diesen Satz gesungen. Ich sage: Ja, er hat, ich kanns beweisen, habs auf Video. Er sang tatsächlich »dein Atem ganz leicht *an* meine Schulter vergraben«. Gedichtet hat diesen Satz Herr *Robby Musenbichler.* Vergraben an + Akkusativ, nicht übel, hoho, lerne Deutsch mit Kamerad Schnürschuh! Aber Schluß mit dieser verletzenden Polemik, das war ein übler Ausrutscher eben. Außerdem gehören notorische Sprachmoserer und Besserwisser zu den uncharmantesten Erdenwürmern, mit denen man es zu tun haben kann, ich meine Leute, die, sollte einem mal ein »größer wie« herausrutschen, sofort ALS! in die Gegend brüllen, oder die, wenn einer mal von der »Olympiade 92« spricht, umgehend zu Vorträgen darüber anheben, daß es »Olympische Spiele« heißen muß, weil der Begriff Olympiade den Zeitraum zwischen zwei Olympischen Spielen bezeichnet, ebenso wie Busen eigentlich der Begriff für den Platz zwischen den Brüsten ist. Eine Olympiade ist also gewissermaßen ein zeitlicher Busen. Groß ist auch das Weh und Ach, wenn man »Worte« mit »Wörtern« verwechselt. Fast schon Spaß macht es, Sprachrechthaber mit Wörtern wie »Walfisch« oder »Holland« auf die Palme zu bringen. Mit Hilfe ihrer Vorträge darüber, daß ein Wal kein Fisch ist, und Holland lediglich eine Provinz der Niederlande, könnte man als Schlagersänger Lip Sync üben, so oft hat man sie schon gehört. Solche Leute kann man getrost abschieben. In Zeiten, in welchen Zeitungen erlaubt sind, die die Lynchjustiz verherrlichen, sollte es erlaubt sein, Worte wie Walfisch und Holland lieber zu mögen wie die Wörter Wal und Niederlande.

Und weil ich gerade dabei bin: »wegen« und »trotz« erzielen mit Dativ oft viel kräftigere Farben als mit Genitiv. Z. B. der Satz: Thomas Forstner bekam null Punkte *wegen seines scheußlichen Liedes* – eine banale Behauptung. Ganz anders aber: Thomas Forstner bekam null Punkte *wegen seinem scheußlichen Lied* – da schwingt doch das ganze Elend einer Kulturnation mit! Eine Lanze will an dieser Stelle auch für den falschen Konjunktiv gebrochen werden, der, richtig eingesetzt, einem Satz die karfunkelndste Pracht verleihen kann. Falsche Konjunktive sind dicke alte Damen, die schmuckbehangen im Café sitzen, Torte vertilgen und geschönte Geschichten aus ihrem Leben erzählen. All ihr rohen Redakteure, die ihr mir Dudentreue untergejubelt habt, was habt ihr getan? Alten Frauen die Sessel unter den Hintern weggezogen und sie vor die Tür gesetzt, nur weil sie ein bißchen gesponnen und geflunkert haben! Brigitte Mira in den Rinnstein geworfen! Eins will ich betonen: In meinen Texten darf Brigitte Mira soviel Kaffee trinken und Kuchen essen, wie sie will! Doch wen habt ihr auf Brigitte Miras Stuhl gesetzt? Dagmar Berghoff! Sie liest die ›FAZ‹ und trinkt Fanta light. Grauenhaft!

Rügen sollte man indes stets eine floskelhafte Leere, aber

auch die literarische Kargheit und Kühle. Beides aber kann Thomas Forstners »dein Atem ganz leicht *an* meine Schulter vergraben« nicht vorgeworfen werden. Im Gegenteil: Hier leuchtet Schicksal. Jeder kann sich wohl Situationen ausmalen, in welchen man seinen Atem am liebsten vergraben möchte, z. B. nach dem Besuch eines Zwiebellokals. Man kann sich auch gut in eine vierzehnjährige Österreicherin hineindenken, die einem abendlichen Rendezvous mit ihrem Idol Thomas Forstner entgegensieht und daher von Nervosität geschüttelt wird. So geht sie verständlicherweise in ein Beisl und läßt sich das eine oder andere Achtel reichen. Was sie nun nach erfolgter Nervositätsbeseitigung tun sollte, ist dies: sich eine Schaufel greifen und ihren Atem im kommunalen Grün verbuddeln. Was aber tut sie? Sie geht schnurstracks zu ihrem Angebeteten und deponiert ihre Abluft *an* dessen Schulter, d. h. wohl, sie pustet ihn zwischen Körper und Jacke. Das ist recht töricht, denn sie wird ihn ja vielleicht erfolgreich umbalzen und später dann mit zartem Finger ihm das Leibchen über den Kopf ziehen – und puh, da wird er wieder da sein, der Weinmief von vorhin, und wie eine schwarze Wolke schwer im Zimmer stehen. Jetzt höre ich leider wieder die arge schnarrende Stimme: »Solche Geschichten interessieren die Menschen aus den neuen Bundesländern nicht. Wir haben ganz andere Sorgen. Schreiben Sie doch mal, wo uns der Schuh drückt, und nicht so Geschichten über Zwiebeln und Konjunktive. Das wäre urst geil. Unsere Häuser sind so baufällig, daß ständig Neger vom Balkon fallen!« – »Und wer ist Schuld daran?« – »Schuld daran ist Helmut Kohl: ›Keinem wird es nach der Einheit schlechter gehen . . .‹ Die Menschen fühlen sich verschaukelt!« (Im Hintergrund ein 16millionenköpfiger Chor, dirigiert von Frau Matthäus-Meier.) Da rufe ich: Hören Sie mir mal gut zu. Erstens: Ungeduld ist ein Hemd aus Brennesseln.

Zweitens: Kennen Sie die Donald Duck-Geschichte, in der Onkel Dagobert große Sorgen wegen der Panzerknakker hat, aber keine Zeit hat, sich Sorgen zu machen, deswegen Donald als Sorgenmacher anstellt, der dann immer im Kreis rennt und ruft Ohjemineh, die Sorgen, die Sorgen, worauf Dagobert ihn anherrscht: *Jammere gefälligst etwas phantasievoller!* Drittens: Wenn es Ihnen gelingt, aus den Wörtern »selbstgerechte«, »beleidigte«, »Leberwürste«, »sollen«, »endlich«, »still« und »sein« einen sinnvollen Satz zu bilden, dann winkt Ihnen ein schöner Preis, z. B. eine Ausgabe der Zeitschrift ›Super!‹ mit der Titelschlagzeile *Nöl-Ossi zwar nicht mit Champagnerflasche erschlagen, aber von Angeber-Wessi streng zurechtgewiesen. Ganz Deutschland ist glücklich, daß er endlich still ist.*

Nun hat sich das Bürschchen hinwegverfügt, so daß ich weiterkolumnieren kann. Ich erwähnte ja schon das Telephonkartensammeln. Ich handhabe das so, daß ich die Telephonkarten aufeinanderlege, einen Gummiring drummache und den Stapel in eine alte Camembertschachtel lege. Allen Karten sind die Einheiten durch herkömmliches Telephonzellentelephonieren entsogen worden. Ich schleiche also nicht auf Auktionen herum, um mir irgendwelche Mini-Auflagen zu ersteigern, die nur hergestellt wurden, um teuer versteigert zu werden. Solches Sammeln scheint mir uneigengeistig und angebotshörig. In der Karibik schwimmt eine Insel, Redonda heißt sie, glaub ich, auf der kein Mensch wohnt. Trotzdem werden Briefmarken von dieser Insel herausgegeben. Weiterhin gibt es Jungschnösel der Sorte, die zu ihrem 18. Geburtstag von den Eltern eine nagelneue Limousine oder ein Motorrad vor die Tür gestellt bekommen. Solche Leute sammeln Swatch-Uhren, und zwar nicht nur die für 69 DM. »Das ist doch alles viel zu privat, was Sie da schreiben. Schreiben Sie lieber was über Möllemann!« höre ich da eine Stimme. Verdammt, schon wieder ein Eindringling! Was will er? »Ich bin der *Möllemann-Satiriker*. Ich bin schätzungsweise 79 Jahre alt, und wenn Möllemann irgendwas sagt, dann zieh ich das durch den Kakao, indem ich es satirisch verzerre. Das ist eine ganz feine Technik, die Sie auch endlich mal lernen sollten. Anschließend würze ich die Verzerrung mit einem Möllemann-Photo, auf dem er möglichst dumm und verschwiemelt aussieht. Das ist Satire!« Da brause ich auf: »Da wird ja der Hund in der Pfanne verrückt!« rufe ich und werfe den ungebetenen Gast in eine Hecke, wobei ich es für einen großen Kunstgriff halte, einen Artikel, der mit Frauen begonnen hat, deren Namen auf -ecke enden, so zu beenden, daß ich einen Möllemann-Satiriker in ein Gebüsch stoße, das auch mit -ecke endet.

Danke für den mittleren Vogel und auch sonst vielen Dank

(Juli 1991)

Zwei Jahre lang lag mir meine Umgebung mit Helge Schneider in den Ohren. Doch ich mochte nichts hören von einem, der sich als »singende Herrentorte aus dem Ruhrgebiet« verkaufen läßt. Ich erwartete einen musizierenden Brösel, war gefangen in einem Netz von Vorurteilen: seelenloser Alt-Jugendlicher, der auf ironisch macht, zynische Kraftmeierei vom Unfeinsten – so dachte ich und wußte nichts. Eines Tages aber spazierte ich durch die Stadt, die Börse prall vom besten Geld der Welt, dem deutschen, das Herze jedoch kalt und leer. Da riefen die Geldscheine: Hol uns raus aus deinem engen Beutel, wir wollen den Atem der Freiheit spüren. Das Geld gab keine Ruhe, bis ich es einem Ladenfräulein hinschob, die mir dafür zwei Helge-Schneider-LPs reichte. Als ich sie mir anhörte, da wurde mein Herz wieder warm und voll von gutem Puls. Wie es dem Geld dann noch ergangen ist, kann ich nicht sagen. Ich habe es nie wieder gesehen.

Gestern abend kam Helge Schneider für einen Abend an die Spree. Da sprach die Spree: »Mein lieber Onkel Max! Wirst du wohl deinen Stil bändigen? ›Da riefen die Geldscheine!‹ ›Da sprach die Spree!‹ Das ist ja nicht zum Aushalten! Wenn du noch länger auf deiner Märchenonkelmasche herumreitest, wirst du bald deine letzten Leser vergrault haben! Geh lieber mal zu Helge Schneider und schau ihm ein paar neue Tricks ab!« So sprach die Spree, und ich gehorchte. Da stand ich also vor einer, ach, würgen wir es ruhig heraus, Kabarettbühne und wohnte einem Wunder bei. Endlich sah ich mal einen, der nichts »durch den Kakao zieht«, »aufs Korn nimmt« und, das ist wirklich eine

Sensation, kein Lachen erzeugt, das »einem im Halse steckenbleibt«, sondern ein ganz normales, herzliches Lachen. Allerdings wäre es mir persönlich lieber gewesen, einigen im Publikum wäre ab und zu mal was im Halse steckengeblieben. Muß man den immer *so laut* lachen? Wohnt denn die Kunst des stillen Schmunzelns nur im Seniorenwohnheim? Ich hatte den Eindruck, daß manche sich gar nicht richtig freuten, sondern nur sich selbst feierten. Aber was solls, Helge Schneider schien das nicht zu stören, und mit schmunzelnden Omas läßt es sich als Humorist bestimmt auch nicht so prächtig spontan interagieren wie mit aufgekratzten Brüllaffen. Nicht nur Milde und Zarte trägt der Erdenboden, auch Wilde und Irre bewohnen die Welt. Fahren wir energisch fort im Bemühen, es miteinander auszuhalten!

Wiederbegegnen tat man dem Phänomen des Pointennachbrabbelns. Diese seltsame Sache hab ich schon einmal in einer Kolumne erwähnt, aber Wiederholung ist Erziehung. Helge Schneider sagte z. B. das Wort *Tätowation,* ein Begriff, der außerhalb des Schneider-Kosmos matter funkelt als innerhalben. Nun lachte das Publikum nicht im Nu, sondern erst nachdem es »Tätowation« eigenmündig nachgesprochen hatte. Verstehe das, wer will, ich will nicht, sondern weiter loben. Helge Schneider – und jetzt fordere ich Verständnis dafür, daß ich schon wieder »Helge Schneider« sage und nicht »der Mühlheimer« oder so was, denn ich bin Synonymgegner, und das ist, wenn man es ganz genau anschaut, fast das gleiche wie Systemgegner – Helge Schneider versetzt die Menschen in Wonne, indem er so tut, als würde er das, was er virtuos beherrscht, nämlich Singen, Erzählen, Spielen auf div. Instrumenten, gar nicht richtig können. Das klingt nicht sonderlich originell. Aber niemals hatte ich das Gefühl, einer Marotte, einem ironischen Allesbrenner ausgeliefert zu sein. Das muß dann wohl am berühmten gewissen Etwas liegen, am Je-ne-sais-quoi, ach was, je sais durchaus quoi: *Charme* und *Herzensbildung* hat er, womit wieder einmal die Eckpfeiler meiner Überlebensstrategie genannt wären, und: Gespür für überraschende Momente. Er sang z. B. ein Lied über einen kleinen Vogel. Ich habe den Text nicht parat, aber an einer Stelle ging er so: ». . . kleiner Vogel, kleiner Vogel, kleiner Vogel, kleiner Vogel«, und man dachte, na ja, das wird wohl noch ein Weilchen so weitergehen mit dem kleinen Vogel, und richtig, er sang weiter »kleiner Vogel, kleiner Vogel, kleiner Vogel«, aber dann kam die Wende, er holte kurz Atem und sang: ». . . mittlerer Vogel«. Das war der umwerfendste Moment, den ich je auf einer Bühne habe miterleben dürfen. Ich barst! (Erst vor mittellautem Lachen, dann, ich bin ehrlich, vor Neid.) Vielleicht gibt es Menschen, die meinen, daß Kolumnisten nicht dafür bezahlt werden, plump anderer Leute Geniestreiche nachzuerzählen. Ich sehe darin aber eine Dienstleistung. Die Brüllaffen haben den mittleren Vogel nämlich nicht mitbekommen. Er erschrak vor ihren bleckenden Zähnen, aus deren Lücken Zechdunst dampfte. Auf diese Weise können sie hier die zarteste Pointe des deutschen Chansons genau studieren und nachträglich zu Hause brüllen. So helfen wir Milden den Wilden. Wann helfen die Wilden mal uns?

Jetzt blicke ich in meine Glaskugel und sehe Gefahr. Gefahr, die Helge Schneiders Weg kreuzt. Ich meine das Fernsehen, insbesondere: Große Samstagabendunterhaltung etc. Ich kann mir gut vorstellen, wie sie an seine Türe bollern und nicht aufhören damit. Wird er in zwei Jahren die deutsche Grand-Prix-Vorentscheidung moderieren, wenn die Killerkameras Hape Kerkelings Gesicht zur Gänze zerfetzt haben werden? Wird er bald als ewiger Lausejunge im Talkshowsessel lümmelnd Tennis-Asse interviewen? Ich fürchte es. Ab und zu mal Drittes Programm schadet nicht. Das macht er glaube ich auch schon. Aber mehr als viermal im Jahr ist nicht gut, und bundesweit darfs nicht sein. Das Fernsehen ist ein Medium, in dem die Zweit- und Drittbesten miteinander wetteifern. Den Besten aber tötet es die Seelen, macht sie zu Mumien. Einzige Ausnahme bisher: Kulenkampff. Möge dieser grandiose Mann Helge Schneiders Schutzengel sein. Möge er mit dafür sorgen, daß Helge Schneider noch eine Zeitlang weiter seine hinreißend undeutliche Parodie auf einen tschechischen Jazz-Clown hinbekommt, daß das Tschechische bleibt, ja noch tschechischer zischt. (Siehe auch: Der vom Verlag abgelehnte Rattelschneck-Buchtitel »Tscheschischer Humor zum Nachdenken«.)

Weiter schaue ich in meine Glaskugel und erblicke ein Orchester. Der Dirigent: ein geisteskranker Tscheche. Sein Name läuft über vor Zischlauten. Böse und duster geigt es und blästs. Was ist das für Musik? Es ist die Begleitmusik zu folgender Themenüberleitung: Noch voller als Helge-Schneider-Konzerte sind zur Zeit nur noch die verdammten Interregio-Züge nach Berlin. Angenommen, wir beginnen unsere Reise in Köln. Mit uns steigt eine lustige Runde von 20 mittleren Herren ein. Sie besetzen sofort das Bistro-Abteil, wo sie, das ist keine Frage, bis Berlin sitzen bleiben. Spätestens ab Dortmund geht es dort zu wie bei einer Vatertagsversackung in einem ländlichen New-Wave-Lokal. In den Gefängnissen, in denen jene sitzen dürften, die sich dieses Design ausgedacht haben, wird es weniger feucht-fröhlich zugehen. Aber Spaß beiseite: Es gibt nichts Unpraktischeres und Häßlicheres als diese Iglo-Bistro-Züge. Die Gepäckablagen reichen nicht hinten und vorne, d. h., alles steht im Gang, und man kann Seniorinnen beim Kofferüberhüpfen beobachten. Am ärgsten ist es in der 1. Klasse, weil alle denken: Die Züge sind sehr voll, nehmen wir mal lieber 1. Klasse.

Ab Hannover ist es wie Feierabendverkehr in einer japanischen U-Bahn. Zähnefletschend werden ADAC-Beitrittserklärungen ausgefüllt. Irre ist auch das Bord-Telefon. Es befindet sich nicht in einer stillen Ecke wie beim Intercity, sondern am Bistro-Tresen, so daß man sein Gespräch innerhalb der Bestellungen brüllenden und Geld rüberreichenden Menge führen muß. Nun haben wir Braunschweig erreicht. Niemand steigt aus. Steigt jemand ein? Oh ja, holla holla, 30 Damen mit je zwei kolossalen Schalenkoffern! Herzlich willkommen! Ob der junge Mann wohl mal mit anfassen würde? Freilich faßt er mit an, und spricht: Hoho, darf ich raten? Die Damen sind Mineraloginnen und kehren zurück von der Braunschweiger Steinetauschbörse. Aber nein, junger Mann, kommt es als Antwort. Wir sind deutsche Wohnzimmerfrauen, und wer solche Wohnzimmerschränke hat wie wir, der braucht auch solche Koffer.

Das ist einzusehen. Nicht einzusehen ist, daß der Zug wie seit jeher 20 Minuten in Helmstedt herumstehen muß. Warum tut er das? Antwort: Weil er es so gewohnt ist.

PS: Habe bei Bolle *Mispeln* gekauft. Köstliche, weithin unbekannte Früchte. Droht nun eine Mispel-Kolumne? Könnte wohl sein.

Hyppytyyny huomiseksi (Ich bin begeistert und verbitte mir blöde Begründungen.)

(August 1991)

Chinesen. Finnen. Spanier. Völker gibt es viele. Ist es aber sinnvoll, sie alle in Augenschein zu nehmen? Eine Bekannte, die einige Zeit in China war, berichtete mir im Vertrauen, daß sie während ihrer Reise das erste Mal in ihrem Leben habe verstehen können, wie man auf den Gedanken kommen kann, ein anderes Volk zu unterdrücken. Sie sagte dies durchaus bedauernd. Das exotischste Land, das ich je besuchte, war vor einigen Jahren Tunesien. Es war fast unmöglich, sich die jungen Männer vom Leibe zu halten, die einem, je nach Landesteil, Badeschwämme, angebliche Ausgrabungsfunde, Teppiche oder Geschlechtsverkehr andrehen wollten. Seitdem habe ich derlei Reisen vermieden, aus lauter Angst, daß mir die Einheimischen zu sehr auf die Nerven gehen könnten. Ich bin zwar nicht stolz darauf, ein Deutscher zu sein, aber doch sehr zufrieden damit, und pfeife darauf, in entlegene Weltregionen zu fliegen und die Menschen, die im Gegensatz zu mir dorthin gehören, zu belästigen oder mich von ihnen belästigen zu lassen. Ich habe nicht den Eindruck, daß ich hier kontroverses Ansinnen auftische. Das kitschige One-World-Getue des vergangenen Jahrzehnts ist längst als Heuchelstrategie trendversessener Tanzmusikmanager entlarvt, und wer je Urlaubsheimkehrer Erkenntnisse von der Qualität hat verbreiten hören, daß Spanien recht teuer geworden sei oder daß in Indien noch viel Armut herrsche, wird mit mir übereinstimmen, daß Reisen weit weniger bildet als gehaltvolles Daheimbleiben. Alle modernen Menschen ab 30, die ich kenne, sind der Auffassung, daß Fernreisen prolo, un-öko und gestrig sind. Man reist national oder grenznah. Es gibt zu Hause viel zu entdecken. Die Zeiten, da nur Japaner und Dinkelsbühler wußten, wo Dinkelsbühl liegt, dürften vorbei sein. Man schaut dem Franken in den Topf, der Spreewälderin unter den Rock, sagt Kuckuck, hier bin ich! im Bergischen Land; man tauscht Adressen ruhiger Pensionen und macht auch mal dem Schwaben den Reißverschluß auf. Lediglich der Jugend wird man einräumen, einmal im Leben via Interrail das europäische Eisenbahnnetz mit Keksen vollzukrümeln. *Dabei* lernt man durchaus etwas. In Ermangelung eines Löffels versuchte ich in Italien einmal, einen Joghurt mit einem Taschenmesser zu essen. Die Abteilsmitinsassen starrten verkrampft auf die Landschaft, um dieses unwürdige Schauspiel nicht mit ansehen zu müssen. Seitdem habe ich auf Bahnreisen immer einen Löffel dabei. Schließlich hat man in der Eisenbahn immer Lust, Joghurt zu essen.

Wenn ich an meine eigene Interrailreise denke (1983, nur vier Länder), fallen mir vor allem die Gespräche mit ausländischen Interrailern ein. Es gab nur zwei Themen: Popgruppen und Sprachen. Unverzichtlicher Bestandteil der Sprachen-Gespräche war stets Finnisch. Darüber wußte jeder was. Daß es fünfzehn Fälle hat und irgendwie mit dem Ungarischen verwandt ist, obwohl man das ja gar nicht glauben könne. Auch wenn kein Finne weit und breit war, Finnisch war stets Top-Thema, und es war immer jemand dabei, der auf finnisch bis fünf zählen konnte.

Yksi, kaksi, kolme, neljä, viisi. So geht das. Während meiner Finnlandreise, die ich im letzten Monat trotz meiner generellen Unlust auf weite Reisen unternahm, wurde mein Wortschatz im wesentlichen um zwei Ausdrücke erweitert, *huomiseksi* und *hyppytyyny*. Dar erste Wort erwarb ich im Schaufenster eines Fachgeschäftes für Gärtnerbedarf in Helsinki. In der Auslage befand sich eine grüne Plastikgießkanne und darunter ein Schild mit dem Wort *huomiseksi.* Meine Gedanken darüber, was man als Homosexueller ausgerechnet mit einer Gießkanne anfangen soll, leitete den Bollerwagen meiner Phantasie auf einen äußerst schlammigen Pfad. Die Achse brach, ich war ratlos. Später klärte mich ein Finne auf, daß huomiseksi nichts mit Sex zu tun habe, sondern *für morgen* bedeute. Das half mir wenig. Was soll ich als Homosexueller denn *morgen* mit einer Gießkanne? Ich lasse mir nicht gerne nachsagen, ich sei nicht immerhin theoretisch mit allen Spielarten der körperlichen Liebe vertraut, aber ich habe gestern keine Gießkanne gebraucht, und morgen brauche ich auch keine.

Verwirrt fuhr ich 900 km nach Norden, nach *Sodankylä.* Das ist eine längliche Straße voller Supermärkte und Tankstellen, wo die Bewohner von ganz Lappland hinfahren, um zu tanken oder Pizza zu essen. Dort findet alljährlich im Juni das *Midnight Sun Film Festival* statt, welches sich brüstet, das nördlichste der Welt zu sein. Die Filme sind völlig egal. Die meisten sind uralt und etwa von der Art, wie sie das ZDF am 2. Weihnachtsfeiertag um 14.45 zeigt. Man zeigte z. B. eine italienische Gaunerkomödie von 1950, im Original mit schwedischen Untertiteln und finnischer Live-Übersetzung. Ich sah auch einen hübschen Kinderfilm über das Auf und Ab in der Karriere eines finnischen Akkordeonspielers. Darin gab es eine gute Szene: Ein Mann sitzt am Klavier und spielt Chopin. Da kommt der Akkordeonspieler zur Tür herein und holt eine Salami aus seinem Koffer. Der Pianist ruft darauf begeistert: *Braunschweig!* und beginnt einen Tango zu spielen. Dazu muß man wissen, daß *Braunschweig* das finnische Wort für eine bestimmte Salamisorte ist und daß ohne Akkordeon in Finnland gar nichts läuft. Das Fernsehen überträgt stundenlange Akkordeonwettbewerbe. Kinder spielen Volkslieder, die alle so klingen wie »My bonnie is over the ocean«, und die Erwachsenen pflegen ihre Tango-Tradition.

Sinn des Festivals ist, daß die Menschen um Mitternacht aus dem Kino getaumelt kommen, die Augen zukneifen und feststellen, daß tatsächlich die Sonne scheint. Wenn man aber nicht dort ist, um Photos für einen romantischen Wandkalender zu machen, hält die Faszination darüber nicht lange vor. Geduldig reiht man sich in die Schlange vor einer der wenigen Bierschwemmen ein, wo man auf Gedeih und Verderb dem *Vahtimestari* (Wachtmeister) genannten Türsteher ausgeliefert ist, der alle fünf Minuten die Türe öffnet und den Wartenden erklärt, daß das Lokal voll sei und es auch keinen Zweck habe zu warten, obwohl jeder durch das Fenster ganz genau sieht, daß es ganz leer ist. Man tut wie der Finne und fügt sich, denn jeder weiß, daß nach einer Stunde sowieso jeder rein darf. Wenn man dann drin ist, bestellt man so viele Biere, wie man halten kann (0,5 l: 12 DM), und trinkt sie in einem Zuge aus, denn nach einer Stunde wird man wieder herausgeschmissen. Dann tut man wieder wie der Finne und läßt sich in eine Pfütze fallen, um dort einige Stunden zu ruhen. Nur Langweiler fragen nach dem Sinn dieser aus unserer Sicht etwas demütigenden Behandlung. Ein altes Sprichwort sagt: Das Warum tanzt nicht gerne mit dem Weil, anders gesagt: Man möge sich Mysterien genußvoll fügen. Fragen sind oft viel interessanter als die dazugehörigen Antworten. Würde man sich die Mühe machen herumzufragen, warum der Finne Salami *Braunschweig* nennt, fände man sicher jemanden, der einem in gebrochenem Deutsch eine fade Anekdote erzählt. Schon dreimal habe ich gehört oder gelesen, warum die Österreicher zu den Deutschen Piefke sagen, aber die Geschichte ist so langweilig, daß ich sie jedesmal sofort wieder vergessen habe. Ich will auch nicht wissen, warum eine stille, enge Gasse in der Altstadt von Brandenburg *Kommunikation* heißt. Ich bin begeistert und verbitte mir blöde Begründungen. Woher haben die Finnen ihren Tango-Fimmel? Is doch egal! Warum haben sie so viele ä-s in ihren Wörtern? Darum! Einmal entdeckte ich sogar ein Wort, das zu 50% aus Ypsilonen bestand. Es befand sich auf einem Zirkusplakat unter der Abbildung eines Zeltes, welches eine Art Riesenmatratze beinhaltete, auf der Kinder herumhopsten. Das Wort heißt *hyppytyyny,* und ich erlaube mir erstens, dies mit *Hopszelt* zu übersetzen und zweitens, den Artikel hier zu beenden, damit der Leser umblättern kann, sich das Haar löst, reinrutscht in die Spalte zwischen Frage und Antwort, dort Blumen anbaut.

Gasse »Kommunikation« in Brandenburg

Nachbemerkung Herbst 1992:

Leser Peter aus Hamburg, der dort Finnougristik studiert, schickte mir einen sehr lieben Brief, in dem er mich aufklärte, daß hyppytyyny nicht Hopszelt, sondern *Hüpfkissen* bedeutet. Er konstruierte auch noch das Wort Hüpfkissenbefriedigung, welches auf finnisch *hyppytyynytyydytys* heißt. (Lieber Setzer, holen Sie sich ruhig einen Schnaps!) Die Finnen haben ein Computerprogramm entwickelt, daß sogar »Onkel Max« in Windeseile in den berühmten 15 Fällen ausspuckt. Leser Peter sandte mir einen Ausdruck. Wenig Hüpfkissenbefriedigung verschafft es mir aber, daß es mich im

Komitativ und im Instruktiv nur in Plural gibt. Alleine bin ich wohl nicht komitativ- und instruktivwürdig!

Ich bin mir nicht sicher, ob ich der Information eines anderen Lesers trauen kann, daß Salami nur im Raum von Sodankylä Braunschweig heiße, weil man dort das sonst übliche Wort, Osnapryck, nicht aussprechen könne.

```
Nominative      hyppytyynytydytys                         hyppyty...
Accusative I    hyppytyynytydytyksen                      hyppytyynytydyt...
Accusat.ve II   hyppytyynytydytys                         hyppytyynytydytykset
Genitive        hyppytyynytydytyksen                      hyppytyynytydytysten
Partitive       hyppytyynytydytystä                       hyppytyynytydytyksiä
Illative        hyppytyynytydytykseen                     hyppytyynytydytyksiin
Inessive        hyppytyynytydytyksessä                    hyppytyynytydytyksissä
Elative         hyppytyynytydytyksestä                    hyppytyynytydytyksistä
Allative        hyppytyynytydytykselle                    hyppytyynytydytyksille
Adessive        hyppytyynytydytyksellä                    hyppytyynytydytyksillä
Ablative        hyppytyynytydytykseltä                    hyppytyynytydytyksiltä
Translative     hyppytyynytydytykseksi                    hyppytyynytydytyksiksi
Essive          hyppytyynytydytyksenä                     hyppytyynytydytyksinä
Abessive        hyppytyynytydytyksettä                    hyppytyynytydytyksittä
Comitative      ---                                       hyppytyynytydytyksine
Instructive     ---                                       hyppytyynytydytyksin

Would you like:
    The forms of  hyppytyynytydytys  with a possessive suffix         (1)
    The forms of another declinable                                   (2)
    To exit from the program                                          (3)


                Singular forms                  Plural forms

Nominative      Onkel Max                       Onkel Maxit
Accusative I    Onkel Maxin                     Onkel Maxit
Accusative II   Onkel Max                       Onkel Maxit
Genitive        Onkel Maxin                     Onkel Maxien
Partitive       Onkel Maxia                     Onkel Maxeja
Illative        Onkel Maxiin                    Onkel Maxeihin
Inessive        Onkel Maxissa                   Onkel Maxeissa
Elative         Onkel Maxista                   Onkel Maxeista
Allative        Onkel Maxille                   Onkel Maxeille
Adessive        Onkel Maxilla                   Onkel Maxeilla
Ablative        Onkel Maxilta                   Onkel Maxeilta
Translative     Onkel Maxiksi                   Onkel Maxeiksi
Essive          Onkel Maxina                    Onkel Maxeina
Abessive        Onkel Maxitta                   Onkel Maxeitta
Comitative      ---                             Onkel Maxeine
Instructive     ---                             Onkel Maxein

Would you like:
    The forms of  Onkel Max  with a possessive suffix                 (1)
    The forms of another declinable                                   (2)
    To exit from the program                                          (3)
```

Berliner Befremdlichkeiten

(September 1991)

Meist bin ich durchaus auf den Mund gefallen, habe Maulsperre, wo andere prompt losgewittern. Den wenigen Ausnahmefällen, in denen ich in Sache Revolverfresse berlinischem Standard genügte, war mein Gedächtnis bislang der perfekte Tresor. Erstmals will ich nun dem Publikum Einblick in meine nicht eben prall gefüllte Schlagfertigkeitsschatzkammer gewähren. Einmal stand ich im Postamt am Schalter. Ich hob Geld vom Girokonto ab, wovon ich wiederum einen Teil aufs Sparbuch einzahlte, kaufte allerlei Briefmarken, hatte div. Briefsendungen zu wiegen, kurz: Ich hatte ein rechtes Maßnahmenpaket abzuwickeln, und es zog sich hin. Das Hinziehen mißfiel einem Hintanstehenden. Er hatte schon die ganze Zeit gegrummelt und meinte nun, ich solle mal *hinnemachen.* »Nu mach ma hinne, Kollege!« Da drehte ich mich um und sagte: »Wenn Sie nicht bald Ruhe geben, dann eröffne ich noch ein Sparbuch mit wachsendem Zins und beantrage einen Telefonanschluß!« So hat mich die Muse auf der Post geküßt. Die zweite Geschichte ist beinahe noch beeindruckender, dabei ist sie zehn Jahre her. Ich radelte nah dem Johanniskirchhof, ich geb es zu, auf dem Bürgersteig, aber der war ganz leer. Plötzlich schälten sich aber die Gestalten zweier Greise aus dem städtischen Dunst und schrien, mit den Stöcken auf die Fahrbahn deutend: »*Da* ist die Straße!« Darauf deutete ich mit dem Arm auf den bereits erwähnten Gottesacker und rief: »und *da* ist der Friedhof!« Man kann die Pointe dieser Geschichte besser verstehen, wenn man sich einmal ganz deutlich das biblische Alter der Passanten vor Augen führt, welches ich in der vorangegangenen Schilderung mit dem Wort »Greise« vielleicht in nicht ausreichend kräftigen Farben illustrierte. Möglicherweise sollte ich die ganze Angelegenheit noch einmal von vorne und etwas einleuchtender erzählen. Also, wie gesagt, vor zehn Jahren gab ich mich mal dem Drahteselvergnügen hin. Galant wie Croque Monsieur segelte ich meines Weges. Kein Mensch war da, aber die Situation ging im neunten Monat schwanger mit Unheil in Form von sich unerwartet aus dem Nichts herauspellenden, spazierstockgepanzerten Methusalemen, die sich mir nichts dir nichts als Experten in puncto Unterschied zwischen Straße und Gehsteig aufspielen würden. Und kaum daß ich hätte Zeit finden können, noch einmal mit der Wimper zu zucken, öffnete das Schicksal seine beträchtliche Vagina und gebar mir zwei Hochbetagte direkt vors Fahrrad. Was die beiden dann sagten und was Frechdachs entgegnete, habe ich bereits vorhin in befriedigender Qualität dargelegt. Ein Dance-Remix davon wäre aus dem Fenster geschmissenes Geld.

Es gab also Zeiten, da konnte man mich fröhlich pfeifend Berlin durchradeln sehen. Mal eierte ich vergnügt zwischen den Autos herum, mal wich ich auf den Gehsteig aus, und wenn dort zuviel Volk war, schob ich eben mein Gefährt. Ärger gabs kaum. Alle halbe Stunde sah man mal einen anderen Radfahrer auf einer anderen Hollandmühle, und die beiden Verkehrsnostalgiker nickten einander zu wie Pilzsammler in der Waldesfrühe. Eine unglückliche Wende setzte ein, nachdem die Straßenarbeiter der Stadt angewiesen wurden, einen Teil des Bürgersteiges mit roten Steinchen neu zu bepflastern, auf denen sich nun Brigaden gräßlicher Vorstadtadrenalinisten mit Sturzhelmen und manchmal fast operettenartigen Uniformen die sinnlosesten Wettkämpfe liefern. Ich bin unwillens, mich an diesen Geschwindigkeitsbesäufnissen zu beteiligen. Ich empfinde keine Wärme für Leute, die schweißdurchsogen an Ampeln stehen – wenn sie denn überhaupt halten – und keuchend erklären, sie hätten es in zehn Minuten von Tempelhof bis zur Siegessäule geschafft. Mein Radl hab ich fortgeschenkt, ich benutze den ÖPNV. Damit brauche ich zwar eine halbe Stunde nach Tempelhof, aber ich kann derweil im Tagesspiegel die interessantesten Geschichten lesen, z. B. »Mann fand schießenden Kuli«: Ein Mann fand in der Jagowstraße einen Kugelschreiber, und als er damit einen Brief schreiben wollte, durchschoß ein Projektil seine Hand. Es wird nun gegen unbekannt ermittelt, weil der Besitz von Waffen, die nicht als Waffen erkennbar sind, verboten ist. So was erfahren die Rennradbestien nicht. Die wissen gar nichts, noch nicht mal, wie doof sie sind.

Manche sind nicht nur doof. Eine Geschichte von vorgestern: Vor dem Café Huthmacher am Zoo lauerte ein tätowierter Langhaariger mit Ohrring auf einem Mountain-Bike im US-Army-Design. Auf dem Gehsteig kam ein spastisch gelähmter junger Mann angerollt. Der Proletengammler fuhr nun mit Affenzahn direkt auf den Rollstuhl zu, bremste eine Handbreit davor. Dem Gelähmten entfuhr ein Schrei des Entsetzens, und das Miststück brüllte: »Super, Spasti, kannst ja super schreien, du Spasti!« Dann kam noch ein zweiter Mountain-Bike-Mann von irgendwoher, und die beiden rasten johlend ins Touristengedränge mit der erkennbaren Absicht, wahllos zu verletzen. Immerhin stürzte ein Mann. Ich bin in solchen Fällen unbeirrbarer Denunziant, aber als ich die Herren Beamten fünfzig Meter vom Ort der Gewalt entfernt in ihren Einsatzwagen dösen sah, verließen mich Mut und Bürgersinn. Wenn Berliner schlafen, richten sie wenigstens keinen Schaden an. Die beiden Gewalttäter sah ich wenig später vor der Wechselstube am Bahnhof Zoo eine Sektflasche öffnen. Sekt hat sich ja im vergangenen Jahrzehnt zum Gammlergetränk Nr. 1 gemausert. So sind sie halt, die

Proleten, sie können nur anderen alles wegnehmen: Der Bohème haben sie das Sekttrinken weggenommen, den Linken die langen Haare und das Graffitischmieren, den Schwulen haben sie die Ohrringe abgeguckt und den Ökos das Radfahren. Eigenes bringt diese Kaste nicht mehr hervor. Wie sollte sie auch, ist sie doch das Produkt ewiger Insel-Inzucht. Hand aufs Herz: Wer will schon mit einem Berliner ins Bett? Berliner verkehren nur immer mit ihresgleichen, wen anders kriegen sie nicht, und jede Generation gerät gröber und übler gestimmt als die vorangegangene.

Man kann sagen, daß mich im vorigen Absatz ein demagogischer Derwisch geritten hat. Gram und Sinnestrübung führten meinen Filzstift in die Schmierseife satirischer Zuspitzung. Soll nicht wieder vorkommen. Sicher, sicher: Es gibt auch nette Berliner. Im Osten z. B., wo sie ja nichts dafür können. Aber auch im Westen. Ich habe mal eine Hiesige kennengelernt, die Abitur hatte und sogar Geige spielen konnte. Die hat natürlich auch nicht berlinert. Im Gegensatz zu beispielsweise Bayern, wo sogar Ärzte und Fernsehansager Mundart reden, tun dies in West-Berlin vorwiegend die niederen Stände. Hier hat sich der Dialekt, anders als im Ostteil, in einen Jargon oder Argot verwandelt. Mit den Benutzern dieses Jargons halten es die Zugereisten, und das sind glücklicherweise 60% der Einwohner, derart, daß man sie sich vom Leibe hält. Man lebt hier in einer Art freiwilliger Apartheid. Ich kenne Leute, die seit zehn Jahren in Berlin wohnen und mit keinem einzigen Eingeborenen je privaten Kontakt pflegten. Die sagen: »Was sollte man mit denen reden? Wenn Begegnungen nicht zu vermeiden sind, im Hausflur oder auf der Straße etwa, wird man ihr geistloses Geplapper mit geduldigem Lächeln ertragen, so wie man es aushält, wenn ein Schimpanse langweilige Kunststücke vorführt. Vergasen sollte man sie nicht, das würde im Ausland zu Mißverständnissen führen. Sie sind auch nicht völlig wertlos, sie sind durchaus geeignet, einem bei Bolle Wurst abzuschneiden oder den Omnibus zu steuern.«

So reden manche Extremisten! Ich bedauere das. Gerne hätte ich ein behagliches Miteinander mit Berlin-Berlinern. Doch wie kommt man auf ihre Planeten? Ich plauderte neulich mit einem Mann, der sich mir als Suchtberater in einem Möbelmarkt vorstellte. Ob denn die Berliner Möbelverkäufer alle so saufen, fragte ich staunend. Das sei nicht das Problem, versetzte der Suchtberater, die Leute seien vielmehr möbelsüchtig. Sie sind den ganzen Tag von Möbeln umgeben und der festen Überzeugung, daß es bei ihnen zu Hause genauso aussehen muß wie an ihrem Arbeitsplatz. Und gerade weil sie als Angestellte Prozente bekommen, sind sie der Auffassung, daß sie sich diese Chance nicht entgehen lassen dürfen und ordern ständig Möbel. Die Möbelverkäufer sind daher hochverschuldet, demzufolge depressiv und besoffen. Aufgabe des Suchtberaters ist hier, den Möbelverkäufern zu vermitteln, daß es nicht notwendig ist, Möbel zu kaufen.

Meine neue Nachbarin ist ca. 20, und wenn sie ihre Katze im Treppenhaus herumlaufen läßt, dann hält sie ihre Wohnungstür einen Spalt offen. Manchmal luge ich hinein: Ich habe in ihrer Einzimmerwohnung bisher ein viersitziges Sofa, ein zweisitziges Sofa, zwei schwere Sessel, drei Tiffany-Lampen und einen gläsernen Couchtisch entdekken können. Wie gesagt: 20jährige Prolette in Einraumwohnung. Ein sündhaft teures Fahrrad hat sie auch. Ihren Schuldenberg möchte ich nicht besteigen müssen. Ich verstehe Menschen nicht, die Schulden haben. Man braucht doch bloß ein Postgirokonto und das Talent, immer etwas weniger Geld auszugeben, als man verdient. Den Rest tut man aufs Postsparbuch. So einfach ist das. Die Schulden-Proleten indes sieht man am Sonnabendvormittag in langen Reihen in den Einkaufsstraßen stehen, wo sie Geld aus der Hauswand ziehen. Am Nachmittag hetzen sie dann ihre Kampfhunde auf Rollstuhlfahrer. Am Abend gibts Sekt.

Nachbemerkung Herbst 1992:
Anläßlich dieses Textes, in welchem ich auf wahrlich übertriebene, teils sogar uncharmante Weise eine bei manchen Leuten durchaus vorhandene Richtung der Auffassung darstellte, erhielt ich meinen ersten Drohbrief. Selbstverständlich anonym und selbstverständlich aus Berlin-Kreuzberg. Seitdem weiß ich, daß das Bekommen von Drohbriefen eine Gemütsbelastung darstellt.

Ich beeindruckte durch ein seltenes KZ

(Oktober 1991)

Nur selten ist im Fernsehen die Gewitztheit zu Gast. Eben jedoch brachte die Tagesschau einen Bericht über die EG-Jugoslawien-Konferenz, in dem Herr Genscher gezeigt wurde, der mit einer Zange in einem Eiswürfelbehälter herumstocherte, um zusammenpappende Eiswürfel auseinanderzuhacken. Da ihm das nicht gelang, griff er ein Konglomerat aus zwei oder drei Eiswürfeln heraus, tunkte dieses in sein Glas Orangensaft, merkte aber sogleich, daß der Saft, ließe er den Klumpen in sein Glas fallen, überschwappen würde. Aus diesem Grund trank er sein Glas zur Hälfte aus und expedierte dann erst den Eisbrocken in sein Getränk. Der Sprecher sprach derweil von einem fürchterlichen Krieg, der drohe, wenn diese Konferenz scheitere. Ich sehe große dichterische Tiefe darin, Worte über ein drohendes Blutvergießen mit Bildern eines durch außenministerlichen Scharfsinn abgewendeten Orangensaftvergießens zu illustrieren.

Da ich demnächst Geburtstag habe und ganz gerne anderes geschenkt bekomme als Spiralen, die die Treppe heruntergehen können, Papierkörbe mit James Dean-Motiv oder ähnliche *Geschenke aus dem Geschenke-Shop,* schenke ich mir jetzt die Überleitung von Genscher zu Else, meiner Ex-Gattin, mit der ich neulich in einer Schwemme saß und unser altes, ewig junges Ritual *Frauenleberentlastung* vollzog. Es ist so, daß wir die ersten beiden Biere meist gleich schnell trinken. Ab dem dritten hole ich auf, d. h., ich bin eher fertig als sie. Damit ich nicht warten muß, bis sie endlich ausgetrunken hat, sondern gleich die nächste Runde ordern kann, sage ich immer: *Frauenlebern*

Jugend

vertragen nur ein Drittel der Alkoholmenge, die Männer verarbeiten können, und gluck gluck entlaste ich eine Frauenleber. Ich halte dies für eine liebenswürdige Geste. Ist doch schlimm, wenn die Weiber so aufgedunsen herummarschieren! An diesem Abend lernten wir auch ein neues Spiel kennen: Mit uns am Tisch saßen uns bekannte junge Leute. Ein Mädchen fragte plötzlich: Habt ihr schon mal *KZs aufzählen* gespielt? Nachdem wir uns versichert hatten, auch richtig gehört zu haben, kamen Erklärungen. Die Spielregeln seien ganz einfach, man müsse nur so viele KZs aufzählen, wie man im Gedächtnis habe, und wer am meisten KZs wisse, habe gewonnen. Else war zuerst dran. Ich bekam einen Walkman aufgesetzt und hörte ein Lied von den *Pixies.* Während dessen sah ich Else verlegen grinsend zwei- bis viersilbige Wörter aussprechen. Dann drangen die Pixies in Elses Ohr, und ich siegte 8 zu 7. Ich wußte sogar durch ein besonders seltenes und ausgefallenes KZ zu beeindrucken, *Flossenbürg.* Davon hatten selbst die Spielanstifter, trotz ihrer Jugend alte KZ-Aufzähl-Hasen, noch nie gehört. Eine Frage steht nun im Raum: Ist das nun Stoff fürs Satireheftchen? Wenn solche Fragen im Raum stehen, gibt es zwei Möglichkeiten: Antworten oder Lüften. Ich lüfte lieber und sag noch dies: Ich gelte als besonders gesetzesfester Zöllner an der Grenze des guten Geschmackes. Man hört aber immer wieder von Zöllnern, die Konfisziertes für den eigenen Bedarf verwenden.

In Berlin stehen an mehreren Stellen große Tafeln mit der Inschrift: *Orte des Schreckens, die wir niemals vergessen dürfen.* Darunter steht eine Liste von Orten, in denen KZs waren. Es sieht aus wie ein Einkaufszettel. Statt 200 g Salami und 500 g Kaffee zu besorgen, denken wir heute an 200 g Auschwitz, und morgen bewältigen wir ein Kilo Sachsenhausen. Als ob die Orte was dafürkönnen! Noch scheußlicher finde ich eine Gedenktafel, die ich einmal an einem Haus in Bremerhaven sah: *In diesem Hause wurden zwischen 1933 und 1945 Andersdenkende gepeinigt.* Durch den seichten Euphemismus »Andersdenkende« und die Angestaubtheit des Wortes »peinigen« bekommt dieser Satz einen ironischen Beigeschmack, den ich in diesem Zusammenhang unerträglich finde. Sogar das an sich hübsche Flexions-E in »Hause« wirkt hier wie eine bürokratische Pingeligkeit. Das Spiel »KZs aufzählen« scheint mir ein probates Mittel zu sein, sich von den Ekelgefühlen über verfloskuliertes, heruntergeleiertes Routinegedenken vorübergehend zu befreien.

Ort des Schreckens

Ich war erst einmal an einem »Ort des Schreckens«: Bergen-Belsen. Eine gepflegte, weiträumige Heidepark-Anlage, die ich ohne besondere Gefühle wie jede andere touristische Sehenswürdigkeit auch betrat. Nach einer Viertelstunde kam ich verbissen blickend wieder heraus und ging zum Limonadenbüdchen. Ich hatte es drinnen nicht ausgehalten, war gar nah den Tränen. Ich wollte jedoch nicht weinen, weil ich mir erstens über meine Motive nicht klar war – ob meine Trauer denn rein sei und nicht nur Theater edler Menschlichkeit –, und zweitens fürchtete ich mich vor den anderen Menschen, die vielleicht gedacht hätten: Schau an, der gute Deutsche höchstselbst will uns zeigen, daß er doller gedenkt als unsereins.

Monate später fiel mir an einem öden Abend der Gedenkstättenbesuch wieder ein und hoppla, staunend nahm ichs selbst zur Kenntnis, flossen mir die Tränen. Ich weinte gut und gerne zehn Minuten, bis ich mich darüber zu ärgern begann, daß ich mir vorstellte, Leute würden mich dabei beobachten. Dann ärgerte ich mich noch mehr, weil mir dieser Gedanke, anders als beim tatsächlichen KZ-Besuch, diesmal eigentlich gefiel. Dann lachte ich und machte ein Polaroid von meinem nassen Gesicht. Dann machte ich mir Vorwürfe, daß ich Gedanken an ein KZ mißbraucht hatte, um mir mit einem pathetischen Ausbruch privaten Leidens gut zu tun. »Gestohlene Tränen«, sagte ich mir, erwiderte aber umgehend »Schlagertitel!« und schlief formidabel. Das erschütternde Polaroid schmiß ich am nächsten Morgen in den Müll. »Erschütternde Bilder« erschüttern nicht mehr. Seit 20 Jahren schmiert mir das Fernsehen die ewig gleichen schwarzweiß glotzenden Leichenberge aufs Brot. Ich kann nichts mehr sagen. Jaja, die »erschütternden Bilder« haben der Trauer die Sprache geraubt – ich stelle diesem Satz ein gelangweiltes Jaja voran, weil er wie ein Zitat aus einem deutschen Jammerbuch klingt, aber er ist mir gerade so eingefallen.

Sonderbar ist, daß am Haager Konferenztisch der Eiswürfeleimer kreiste wie woanders der Joint. Haben die keine Kellner? Von mir aus kann das Fernsehen allabendlich zeigen, wie sie darin herumstochern. Die Leichenberge wohnen ja schon in mir drin.

Das unwillkommene Antanzen von Lachi und Schmunzelinchen

(November 1991)

Als ich noch in die Urania ging, um mir Vorträge anzuhören, hörte ich mal einen über Klaus Mann. Neben mir saß ein junges Mädel und machte sich Notizen. Selbstverständlich lugte ich immer auf ihren Zettel und las alles mit. So bin ich halt. Auch in der U-Bahn ist die Zeitung des Nachbarn immer interessanter als die eigene, selbst wenn es sich um die gleiche Ausgabe handelt. Und habe ich mal Gelegenheit, mich allein in jemand anderes Wohnung aufzuhalten, wird sofort alles durchgewühlt. Wenn der Gastgeber vorher gesagt hat »Aber nicht herumwühlen!« und ich daraufhin empört entgegnete »Ich? Herumwühlen? Hältst du mich für ein Subjekt?«, dann wühle ich um so wilder. Als ich vor Jahren einmal bei der Musikerin Anette Humpe zu Gast war und diese aufs Klo mußte, bin ich ohne Umschweife über ihren Schreibtisch hergefallen und las ihre GEMA-Bescheide. Ein hübsches Sümmchen stand da! Als Anette zurückkam, saß ich Liedchen pfeifend auf dem Sofa. Das Irre ist: Bis heute weiß sie nicht, daß ich weiß, wieviel GEMA sie im dritten Quartal 1983 bekommen hat! Neulich gastierte ich in einem Düsseldorfer Theater. Mangels passendem Garderobenraum verbrachte ich die Zeit vor dem Auftritt im Büro des Direktors. »Bitte nicht stören. Ich muß mich auf meine anstehenden Darbietungen konzentrieren!« hatte ich scheinheilig gesagt. Von wegen konzentrieren! In den Unterlagen wühlen wollte ich. Hämisch grinsend las ich Exposés und Projektbeschreibungen mißratener freier Theatergruppen. Besonders hämisch grinste ich bei der Beschreibung des Stückes »Birdgames«, welches die Geschichte einer Mittagspause erzählt. Tollkühne Sätze fanden sich da: »In die geordnete Männerwelt der Rituale zur Mittagszeit bricht das Prinzip des Weiblichen ein.« Und: »Das eingefahrene und nie mehr hinterfragte Ritual der Mittagspause, das immer mehr zum Sinnbild des Lebens überhaupt wird, droht zu zerfallen.« Das Düsseldorfer Publikum hätte sich sicher des Applauses enthalten, wenn es gewußt hätte, was ich vor dem Auftritt getrieben habe. »Hier am Rhein dulden wir keine Schriftsteller, die in anderer Leute Schreibtischen herumwühlen!« hätte es gerufen und, verbittert über den verdorbenen Abend, das Theater verlassen. Aber es wußte ja von nichts! Und ei, wie es klatschte! Es klatschte und klatschte!

Mädchen, das seinen Arm in eine gerollte Landkarte gesteckt hat

Schwenk zurück zum jungen Mädel in der Urania. Der Redner redete gerade von der Homosexualität Klaus

Manns. Das Mädel notierte: »K. M. H'sexuell«. Da die einzige gängige Alternative zu homosexuell auch mit h beginnt, krönte ich das Mädel im Geiste zu Berlins heimlicher Abkürzungskönigin. Diese niedliche Episode fiel mir ein, als mir mein Lieblingsfreund Tex aus Wien neulich in einem Briefe von einem neuen Abkürzungsfimmel von Umwelt- und Kirchengruppen berichtete. Diese versuchen, gewisse Schlüsselbegriffe als Abkürzungen erbaulicher oder mahnender Formeln neu zu deuten. *Wald* bedeutet demnach »Wir alle leben davon«, *Wasser* steht für »Wir alten Sünder sollten es reinhalten« und *Brot* heißt gar »Beten, reden, offensein, teilen«. Eine hübsche Kinderei, bei der man gerne mitkindern möchte. *Wurst* könnte z. B. bedeuten »Wie unappetitlich röcheln sterbende Tiere« und *Düsseldorf* »Du übler Schreibtischwühler sollst erst mal lebendig dünsten oder Ratten fressen«, aber pah, das nervt. Tex schreibt mir immer solche wunderbaren Sachen, wie ihm z. B. mal eine Zigeunerin auf dem Flohmarkt eine Schreibmaschine auf den Kopf gehauen hat, und ich antworte ihm gleichfalls immer mit den schönsten Geschichten. Wie ich z. B. mal für ein benachbartes Ehepaar ein Paket mit sechs Flaschen Wein annahm, dem Ehepaar einen Zettel an die Tür klebte (»Ich habe ein Weinpaket für Sie«), dann aber abends angeheitert nach Hause kam, das Weinpaket erblickte und rief »Oh, da ist ja Wein« und es aufriß und eine unglaublich exklusive Flasche mir nichts dir nichts austrank. Am nächsten Tag kam die Nachbarin an, und ich sagte »Wie? Ein Weinpaket? Ich habe doch kein Weinpaket für Sie!«, worauf ich die restlichen fünf Flaschen auch wegtrank. Ich schreibe dies in dem festen Glauben, daß Richters nicht das Satiremagazin lesen, und wenn doch, o weh – es klingelt! Bestimmt Frau Richter! Ich gehe mal nachgucken.

Gott sei Dank, es ist nicht Frau Richter. Es sind, wenn

ich richtig gehört habe, »Lachi und Schmunzelinchen«. Doch will ich die beiden selber reden lassen.

»Halli Hallo, Huhu und Grüß dich! Wir sind in der Tat Lachi und Schmunzelinchen, die Sympathieträger. Wir werden dich ab jetzt jedes Mal besuchen, wenn du an deiner Kolumne dokterst, und aufpassen, daß es was zum Lachen und Schmunzeln gibt und daß du nicht wieder über KZs und so was schreibst.«

»Das ist ja widerlich! Und warum habt ihr so gräßliche Namen?«

»Uns haben abgewickelte Mitarbeiter des DDR-Kinderfernsehens erfunden, und weil sie für uns keine Verwendung mehr haben, haben sie uns auf dich gehetzt. Sich wehren ist zwecklos. Wir kommen nun in jeder Kolumne vor. Wir sind jetzt deine Identifikationsfiguren und Wiedererkennungseffekte. Spätestens in einem halben Jahr werden sich deine Stammleser auf der Straße mit Halli Hallo, Huhu und Grüß dich begrüßen. Auch Lachi-und-Schmunzelinchen-T-Shirts werden gewoben werden für die Lackaffen.«

»Ich wehre mich entschieden gegen die angestrebte Vermantawitzung oder Verbröselung meines lediglich minderheitswirksamen Wirkens!«

»Kriegst gleich die Fresse poliert, du Knilch bzw. Popanz! Schreib jetzt was Lustiges über merkwürdige Ansichtspostkarten!«

»Hab ich doch schon mal!«

»Meinst du Blödian denn ernsthaft, daß die Leser noch wissen, was du dir vor soundsoviel Monaten aus der Nase gebohrt hast? Die blättern grad fünfzehn Minuten im Heftchen, dann pfeffern sies direktemang in Richtung Container. Schreib also!«

Nun je, so muß ich also: Ich besitze eine Postkarte von München, auf der ein depressives weibliches Zwillingspaar in cremefarbenen Glockenröcken und ackerkrumefarbenen Pullundern durch die Bahnhofshalle schleicht. Reicht das?

»Mehr, mehr!«

Weiterhin besitze ich eine Postkarte von Mönchengladbach. Rechts von einem Brunnen und links davon sitzt jeweils ein junges Mädchen. Beide pulen sich an den Füßen herum. Auf einer Postkarte aus Bingen sitzen ebenfalls zwei Mädchen an einem Brunnen. Das eine hat einen Arm zur Gänze in eine gerollte Landkarte versenkt und grinst dabei blöd.

»Genug! Jetzt eine belanglose Schlußszene über zerfallende Mittagspausen!«

Vor einigen Tagen befand ich mich in der geordneten Männerwelt einer Kneipe, wo ich das eingefahrene Ritual des Biertrinkens durchaus nicht hinterfragte. Plötzlich brach das Prinzip des Weiblichen ein, und zwar in Person einer Serviererin, die einer Kollegin eine Geschichte über einen besonders dummen Gast erzählte. Versehentlich lauschte ich mit:

Gast: Ein Bier.

Wirt: Nulldrei oder Nullfünf?

Gast: Was ist denn da der Unterschied?

Wirt: In Nullfünf ist mehr drin.

Gast: Dann nehme ich natürlich Nullfünf.

Wirt: Ist natürlich auch teurer!

Gast: Ach so! Na dann nehm ich Nulldrei.

Ich schweige den Adolf Mittag-See tot (urspr. gepl. Titel »Struppi ja, Idefix nein« groovet schlecht!)

(Dezember 1991)

In einer Anzeige eines Friseurladens heißt es: Wir bringen Ideen in Ihr Haar. Da hätte ich man beizeiten hingehen sollen. Dem Fräulein Sandra oder Sabrina hätte ich gesagt, daß Sie mir recht wacker, flugs, expreß und rapide einige Ideen ins Haar winden möge, auf daß diese durch meine Schädeldecke dringen, damit ich was zum Aufschreiben hab. Doch beiseite mit dem Spaß: Ideen in den Haaren wünsche ich keine. Eine Idee für die Kolumne kam mir schon letzte Woche, als ich um den *Adolf Mittag*-See in *Magdeburg* spazierte. So griff ich munter nach dem Stift und schrieb mir folgendes:

Wie bastele ich mir einen Adolf Mittag-See? Ganz einfach: Man nehme einen Adolf Hitler-Teich und einen Günter Mittag-Tümpel, gieße beide zusammen, schmeiße ein paar Enten hinein und baue drumherum eine große Stadt namens Magdeburg, deren Einwohner man am Wochenende naherholungshalber unermüdlich um den so entstandenen Zwei-Diktaturen-See kreisen lasse.

Dann rauchte ich und wurde grüblerisch. Nach einer halben Stunde schrieb ich noch dazu:

Trotz seines Namens ist der Adolf Mittag-See ganz idyllisch. Auch an seinen Enten ist nichts auszusetzen. Vorne sind sie schnabelig, hinten eher bürzelig, und in der Mitte sitzen Eingeweide und bewirken ein reibungsloses Funktionieren der liebenswürdigen Vögel. Die Naherholer stehen applaudierend am Ufer und ergötzen sich an der Normalität der Enten.

Dann zerknüllte ich das Papier und rief: Jemineh, au weia. Jetzt wirst du auf deine alten Tagen doch noch »skurril«, wogegen du dich immer gewehrt hast. Gestern noch voll Schaffenskraft, heute matt und abgeschlafft. Müde sank ich in den Sessel und träumte einen Traum: Ich ging durch die Straße, in den Händen eine schöne Schatulle, meisterlich besetzt mit edlen Steinen und gefüllt mit seltenen Münzen. Auf der Schatulle steht geschrieben: Kreativität. Plötzlich begegneten mir sieben große Biergläser. Sie sprachen: »Halli Hallo, Huhu und Grüß dich: Wir sind deine sieben Freunde, die Biergläser. Du darfst uns austrinken, wenn wir in deine Schatulle schauen dürfen.« »Logo«, sagte ich, »ich trinke und ihr dürft«. Nach der Labung sprach ich: »So, jetzt könnt ihr in meine Schatulle gucken. Ich gehe inzwischen aufs Klo. Tja, auch aus edlen Körpern kommt der Dung, der dem Keim im Acker Nahrung anwohnt. Vergleichbare sprachliche Schnitzkunst gelingt übrigens nur dem, der Eigner einer solchen Schatulle ist.« Sprach ich, ging und düngte die Welt. Als ich zurückkehrte, sah ich die Biergläser prall mit Münzen und Juwelen gefüllt davonrennen. Sie lachten böse, denn sie wußten, daß mir ihr vorheriger Inhalt die Kraft genommen hatte, ihnen nachzulaufen. Doch nun hörte ich einen seidenen Klang aus Zymbeln und Harfen wie auf einer Märchenkassette, wenn das Erscheinen einer guten Fee musikalisch angekündigt wird. Und siehe da, da war eine Fee, und die redete dies: »Laß doch die Finger von dem doofen Adolf Mittag-See. Schreib lieber irgendwas anderes.« Dann holte sie einen Beutel aus ihrer Schürze und schüttete seinen Inhalt, bestes Geschmeide, in meine ausgeraubte Schatulle, sprach »Wirtschafte wohl« und verschwand augenzwinkernd im Harfennebel. Beim Aufwachen dachte ich: Fiese Biere, dufte Fee! Und: Sehr gute Idee, den Adolf Mittag-See totzuschweigen. Die Enten dürftens überleben. Mein neues Thema ist: Versprecher, in denen Käfer vorkommen. Da weiß ich nämlich zwei Geschichten. Erstens: Nach einer langen Bahnfahrt wurde ich am Bahnhof abgeholt. Ich hatte das Gefühl, ziemlich miesen Mundgeruch zu haben und wollte zu meinem Abholer sagen: Komm mir nicht zu nahe, ich rieche, glaube ich, nicht nach Maiglöckchen aus dem Mund, sagte aber statt dessen: »Es tut mir leid, ich fürchte, ich rieche nicht nach *Maikäfern*.« Der Mann, der mich bis dahin noch nicht kannte, fragte darauf ernst: »War die Fahrt sehr anstrengend?« Ich sagte: »Nö, nicht so.« Dann gingen wir fünf Minuten schweigend nebeneinander, und plötzlich rief ich: »Äh, ich meine Maiglöckchen.« Ich glaube, es gibt zahlreiche Methoden, bei Leuten, die einen am Bahnhof abholen, einen wesentlich günstigeren Eindruck zu machen.

Die zweite Käferversprechergeschichte geht so: Im Sommer 1989 war im östlichen Teil Deutschlands *Marienkäferplage*. In den Zeitungen konnte man lesen, wie Ostseeurlauber in panischer Angst vor olympiastadiongroßen Marienkäferwolken flohen. In jenen Tagen wollte ich mich mit jemandem auf der Terrasse eines Strandcafés am Müggelsee stärken, doch die Terrasse war verschlossen. Ich fragte eine Serviertochter, wieso. Sie antwortete: »Da draußen sehen Sie *mehr Marienkäfer als alles andere*.« Als ich diesen Satz an meine Begleitung weitergeben wollte, sagte ich, die Kellnerin habe gesagt: »Da sehen Sie *mehr Marienkäfer als andere*.« Drei Stunden hielten wir uns daraufhin die Bäuche! Am Abend wollte ich dieses heitere Erlebnis anderen erzählen. Doch die Angeredeten sagten »na und« und fandens gar nicht lustig. Deswegen berichte ichs jetzt den Satireheftchenlesern, denn die haben zu soundsoviel Prozent Abi und zählen zu den avancierten Kadern, und deswegen erzähle ich denen jetzt auch noch, wie ich neulich mit einer Freundin über *Asterix* redete. Wie doof und langweilig das sei, und was für eine Bodenlosigkeit, daß dieser lahmarschige Studienratsquatsch in allen Medien breit besprochen wird, sogar in den Tagesthemen, während wirklich bedeutende Comics von den Kulturverwesern totgeschwiegen werden wie der Adolf Mittag-See von mir. Die Freundin sagte in diesem Gespräch: »Ich habe Asterix erst sehr spät bekommen.« Ich entgegnete: »Und? War er mongoloid?«

Von Asterix nun zu *Kraftwerk*. Huch, erschrickt der Leser. Ich sag: Prima Überleitung. Da sind dicke Parallelen. Beide, Asterix wie Kraftwerk waren lange Zeit ziemlich absent. Nun sind sie wieder da, und über beide wird gleichermaßen zäher Unsinn behauptet. Von Asterix ist überall zu lesen, daß er beweise, daß auch Comics intelligent und anspruchsvoll sein können. Das Kraftwerk-Klischee ist ebenso unausrottbar. Alle Studenten schreiben folgsam in ihr Uni-Blatt hinein: Daß nämlich die heutige elektronische Popmusik ohne Kraftwerk *überhaupt nicht denkbar* wäre. Richtig ist, daß die heutige Popmusik ohne eine lange Reihe technischer Neuerungen wie Synthesizer, Midi, Sampling usw. und vor allem ohne die billige Verfügbarkeit der entsprechen Musikinstrumente nicht denkbar wäre. Ich will nicht leugnen, daß ein Stück wie Trans-Europe-Express einen Haufen Leute ungemein beeindruckt und veranlaßt hat, auch mal »so was« auszuprobieren. Doch ebenso wenig kann ich leugnen, daß ich meine, mich nicht im geringsten darin zu irren, daß die House- und Techno-Musik ihre Existenz der Erschwinglichkeit von Computern verdankt und nicht irgendwelchen Erstbesteigern. Um sich musikalische Strukturen zu programmieren, genügt ein Blick in die Gebrauchsanweisung, und die Rhythmen, die sich ein junger Mensch programmiert, der Kraftwerk kennt, werden denen verdammt ähneln, die jemand erschafft, der von diesen Göttern nie gehört hat. Die ersten Hits, in denen Synthesizer vorkamen, waren übrigens »Son of my father« von Chickory Tip (Ende 1971) und »Popcorn« von Hot Butter (Sommer 1972), beides Scheußlichkeiten, aber immerhin zeitlich vor Kraftwerks Erfolgstiteln. Der erste reine Synthesizer-*Dance*-Hit war auch nicht von Kraftwerk, sondern »I feel love« von Georgio Moroder mit Donna Summer (1977). Moroder produzierte zwei Jahre später auch das immens innovative Album »Nr. 1 in Heaven« von Sparks, das erste, bis auf das Schlagzeug rein synthetische Dance-Album. Kennt heute kaum einer, beruft sich daher auch niemand drauf. Auch die erste Platte mit Sampling, welche m. E. die großartige Single »Dreamtime« von Kate Bush war, ist heute nicht sonderlich bekannt. Ich erwähne all dies nur, um meine Auffassung zu untermauern, daß popmusikalische Weiterentwicklungen der letzten 15 Jahre nicht von persönlichen Vorbildern, sondern von technischen Möglichkeiten genährt wurden.

Kraftwerk hatten zu ihrer Zeit erfrischende Hits. Einfluß hatten sie insofern, daß es dank ihres Tuns nicht mehr geächtet wurde, wenn unbedarfte Stimmen grobe Parolen auf Musik draufsprachen. Ich habe jetzt noch ganz heiße Hände vom vielen Ohrenzuhalten Anfang der Achtziger Jahre (NDW). Daß junge Leute heut in aller Welt zu Kraftwerk-Konzerten zu strömen bereit sind, liegt daran, daß Kraftwerks teutonisches Getue so herrlich ungeschlacht ist, wie überhaupt angestaubte Zukunftvisionen etwas Rührendes haben, siehe Raumschiff Orion. Kraftwerk sind sicher unterhaltsamere Comic-Figuren als Asterix. Sympathisch an Kraftwerk ist mir, daß sie ihren Berliner Auftritt abgesagt haben, mit der Begründung, die

Halle sei zu staubig. Ich finde, das ist ein gutes Argument. Ich habe es schon immer für befremdlich gehalten, daß Treffpunkte von Leuten oder für Leute, die unter Kultur etwas anderes verstehen als Operngejaule, immer gar so dreckig sind. Ich saß einmal in der Garderobe des Nürnberger KOMM, da lief mir eine Maus über die Oberschenkel. Es handelte sich um eine durchaus sympathische Maus. Gerne teile ich mit ihr und all ihren Verwandten diesen Planeten. Meinen Garderobenraum möchte ich aber bitte nicht mit ihnen teilen. An dieser Stelle möchte ich mich verabschieden. Ich kalkuliere die Möglichkeit ein, es mir mit einigen Asterix- oder Kraftwerk-Fans verscherzt zu haben, lasse aber gleichzeitig durchsickern, daß Männer, die mehr Marienkäfer sehen als andere und von Feen träumen, die Schürzen umhaben, über gewisse Dinge erhaben sind.

Tex Rubinowitz – eine aufrichtige Liebeserklärung

(Januar 1992)

Prolog: Schon im alten Griechenland wurde diese meine Kolumne als eine Form von Experimentierfeld, als ein Erlenmeyerkolben der Sprache angesehen, denn nie habe ich gezögert, auch einmal Überraschendes darin zu zeitigen. Deswegen wird es der Leser ertragen müssen, wenn ich ihm diesmal mit etwas komme, was ich noch nie gemacht habe: einem journalistisch seriösen Künstlerporträt.

Tex friert nie. Sommers wie winters sieht man ihn in dünnem Hemde, allenfalls ergänzt durch ein verkommenes, altes Jackengebilde, durch Wien, er ist selten woanders, storchen. Mantel und Schal verschmäht er, Mütze und Handschuh, die kennt er nicht. Kein Ofen steht in seinem Zimmer, nicht einmal ein Radiator für bissige Januarnächte. Dennoch ist er nie erkältet. Abgehärtet sei er, sagt er, aber seine Mutter sagt, er habe schon als kleiner Junge nie gefroren oder sich verkühlt. Hat seine Mutter schon niemals geheizt? Nein, wer je die Freude hatte, Texens Mutter mal zu treffen, sah eine gut beheizte Dame, die keinen Menschen im Frost sitzen läßt. Ganz anders der Sohn: Aufgrund beruflicher Reisetätigkeit teilte ich mal mit ihm ein Hotelbett. Es war ein Dezember in Nordrhein-Westfalen, der Wind sagte hui, und ich stellte die Heizung auf drei. Nach einer Stunde erwachte ich zitternd und stellte fest, daß der neben mir ratzende Reisekollege, kaum daß ich die Augen zu hatte, die Heizung auf eins gedreht haben mußte. Ich stellte die Heizung auf vier. Trotzdem erwachte ich niesend und heiser – tatsächlich, der böse Freund hatte die Heizung wieder zurückgeschraubt. Anlaß zu jammern für mich. Ich hätte mich ja an ihn schmiegen können, versetzte er darauf. Eisiger Sarkasmus war das freilich, denn jeder, der Tex kennt, kennt auch folgenden Vers:

»Eh man(n) sich straflos an Wesus geschmiegt,
sind Krebs und Krieg und der Teufel besiegt.«

»Wesus« hatten ihn seine Klassenkameraden in Lüneburg gerufen, denn er ist ein gebürtiger Wesenberg. Nach der Schule gings zum Militär, dem Vaterlande zu dienen. Und weil dadurch die Haare schon mal schön kurz waren, wurde er anschließend für zwei Jahre Mitglied der Hare Krishna-Sekte. Ob das wirklich stimmt, weiß ich nicht. Jedenfalls erzählt er gerne davon, z. B. wie er mit seinem

Freund Hans Werner Poschauko immer das gute vegetarische Essen aß, und einer der Jünger fragte: Würdet ihr noch ein Bällchen akzeptieren? Des Bällchenfutterns eines Tags müde, griff Wesenberg zum Zeichenstift. 1982 veröffentlichte er seinen ersten Cartoon – selbst lehnt er diesen Begriff für sein Werk ab – in einem kurzlebigen Zeitgeistblatt. »Rocco Granato und sein brennendes Brötchen« hieß die Zeichnung, und ich erinnere mich, daß sie mich zu recht hellem und aufrichtigem Gelächter veranlaßt hat. Sechs Jahre später klingelte mein Telephon. Leider war ich nicht zu Hause. Ich war mit Bekannten in ein Kino gegangen, wo man ein Lustspiel zeigte. Als ich, weit nach Mitternacht, mit dem üblichen Luftballon in der Hand und den gängigen Lippenstiftflecken am Hals, meine Wohnung betrat, sah ich auf meinem Schreibtisch ein grünes Lämpchen in stetigem Rhythmus aufblinken. Ich grübelte kurz, doch bald wußte ich: Das ist mein Anrufbeantworter! Nachdem ich die Kassette zurückgespult hatte, vernahm ich die leicht scharfe, aber nicht unangenehme Stimme eines offensichtlich angetrunkenen jungen Mannes, der eine Geselligkeit dazu mißbrauchte, vom Telephon des Gastgebers aus lange Ferngespräche zu führen, und mir allerlei Rührendes oder Geisterfrischendes berichtete, um mich zur Mitarbeit an seiner Zeitschrift ›Die amerikanische Krankenhauszeitung‹ zu gewinnen. Tex Rubinowitz war der Name des Anrufers. Nicht ahnend, daß es sich bei ihm um den gleichen Mann handelte, über dessen Brötchenulk ich vor Jahren so hell hatte auflachen müssen, schrieb ich ihm eine Postkarte, woraus sich im Nu eine rege und wortreiche Korrespondenz ergab. Aus Wien erreichten mich Umschläge mit schief aufgeklebten Briefmarken und exzessiv schnörkelig geschriebener Adresse, darin waren mit vom Winde verwehter Schrift geschriebene Briefe. Berlin antwortete mit stets korrekt aufgeklebten, immer allerneuesten Sondermarken und getippten Lobesliedern über die schöne, sturmgebeugte Schrift aus Wien, die so hübsche Sachen schreibt, z. B. »Kennst du Narziß Kaspar Ach? Auf den bin ich neulich beim Studieren des 24bändigen Lexikons von Ursula Hübner gestoßen. Er ist 1946 gestorben und war irgendwas.«

Bald ereignete sich auch persönlicher Augenschein, und zwar in Wien; die Züge an die Spree hat Tex immer verpaßt, oder sein Paß war abgelaufen. Ich sah einen ausgemergelten Burschen mit einem sogenannten Hörnchen, einer Frisurennarretei des verwichenen Jahrzehnts, und der Hörnchenträger erblickte einen konventionell zurechtgemachten, nicht mehr ganz jungen Mann, den er zu dick fand, und den er daher mit einem gebetsmühlenartig heruntergeleierten »uffjedunsen, uffjedunsen« hänselte, was ihn aber nicht davon abhielt, mit der inkriminierten Speckschwarte Schwemmen und Spelunken zu betreten, um einer Leidenschaft nachzugehen, über die beide zügig herausgefunden hatten, daß es sich um eine gemeinsam empfundene handelte: das berühmte Gläschen zuviel, geschickt getarnt als gutes Gespräch.

Tex, die Gebetsmühle: Hat er mal ein Wort oder eine Redewendung gefunden, die ihm besonders gefallen, kann er es oft einfach nicht lassen, diese seiner Umgebung stundenlang in die Ohren zu brüllen. Die Umgebung nimmt es gelassen. Einmal brachte er es fertig, eine Art Sketch während eines einzigen Tages über hundertmal aufzuführen. Er nahm einen mit Milch gefüllten Cognacschwenker, schwenkte ihn, schnüffelte kennerhaft daran herum und rief: Einen ausgezeichneten Cognac haben Sie hier!, um darauf in der Rolle des Angeredeten zu fauchen: Es ist Milch, du Esel! Das aus zufällig Anwesenden bestehende Publikum reagierte von Mal zu Mal herzlicher, der Jugendfunkchef Fritz Ostermeyer brach gar in Tränen aus

und schwor bei der Ehre seiner Mutter, daß er so etwas Schönes in seinem ganzen Leben noch nie gesehen hätte. Ja, Tex ist ein meisterlicher Wiederholer. Wie in Österreich jedermann und in Deutschland keine Sau weiß, ist Tex seit Jahren Witzzeichner, meines Erachtens mit Gänsefüßchen, Texens Meinung nach ohne, für den Wiener ›Falter‹, die beste deutschsprachige Wochenschrift. Wenn er dort in seinem Wilbur-Strip oder den Einzelcartoons monatelang Anspielungen auf einen gewissen Klaus Nüchtern macht, wird auch ein Zugereister, der keinen Schimmer von Klaus Nüchtern hat, über kurz oder lang zum Klaus Nüchtern-Verehrer. Auch Menschen mit beschrifteten Kugeln auf dem Kopf werden Tex Rubinowitz-Anguckern nicht neu vorkommen, doch niemand wird den Figuren gähnend die

Kugeln von den Häuptern stoßen, denn die Menschheit liebt ja das Bleibende mehr als das kurz Aufleuchtende, bald Verglühte.

Auch die Natur kommt einem seit Jahr und Tag mit den gleichen Scherzen. Wer kennt sie nicht: Frühjahr, Sommer, Herbst und Winter, die Marx Brothers unter den Jahreszeiten? Erst Hyazinthen, dann Wespen, dann Haselnüsse, dann Wasserrohrbrüche – immer das gleiche, doch wir können nie genug davon bekommen. Ich will bei allem Lob der Wiederholung hier nicht meinen, daß von Tex gar nichts Neues kommt. Sein Zeichenstil hat sich zum Beispiel geändert. Schon immer zwar verwendete er besonders billige und schmierige Bic-Kulis, doch während seine Männchen, Kugeln und Wegweiser früher stets besonders lieb und akkurat in der Landschaft standen und klassenbeste Schatten warfen, wirkt jetzt alles schlampig, unfertig, hingeschmiert. Es fruchtet nichts, zu sagen: Tex, zeichne doch mal wieder ordentlich und mit mehr schicken Schnörkeln. Er ist halt so. Man muß nur mal sein Zimmer besichtigen! Nicht viel steht darin außer einer Art Kiste, in welcher er ruht und liest, sowie ein alter Flügel, in den er nach beendeter Lektüre die Bücher hineinwirft. In einer Ecke stehen drei Säcke mit den Aufschriften: Staub 87, Staub 88 und Staub 89. Staub 90 und 91 sind noch nicht eingetütet, die liegen noch rum, und das schlägt sich halt auf seine Zeichnungen nieder. Auch Puder, Kamm und Badedas sind seltene Gäste in seinen Händen. Trotzdem stinkt er nicht. Er stinkt nicht und er friert nicht – es ist eine monströse Komponente in ihm.

Vielleicht ist er ja noch nicht einmal ein guter Mensch. Einmal stahl er auf einem Flughafen einen Rollstuhl und ließ sich damit von einer jungen Dame durch die Stadt schieben. Überhaupt: Wenn nicht all diese Damen wären, mit denen er zusammenlebt oder die ihn anteenagern und sich an ihn gewöhnen – er wäre längst tot oder böse. Dabei will er gar keinen »GV« mit den Damen, nur hübsch »liegen« will er, Vollzug mag er gar nicht so. Der einzige Sex, den er will, besteht darin, in Liv Ullmanns Vagina zu versinken, dort Dagens Nyheter zu lesen und Knäckebrot zu essen. Für den Fall, daß ihn jemand fragt, wie spät es sei, hat er sich auf sein linkes Handgelenk geschrieben: »Frag Liv!« Aber solange Menschen da sind, die ihn nähren und pflegen und ihm hundert Schilling leihen, wird er weiter liebe Zeichnungen anfertigen und schelmisch in diese oder jene Küche lugen, wo Menschen sitzen werden, die sich an ihn gewöhnt haben, ihm ein Ei hinstellen und zärtlich sagen: Er ist nun mal so.

Rille ralle ritze ratze (Harte Haare)

(Februar 1992)

In der Münchner Innenstadt kann man eine Sorte Damen herummarschieren sehen, über welche ich bis vor kurzem mutmaßte, daß es sie in Berlin nicht gebe. Diese Damen tragen Lodenmäntel, und um die Schultern haben sie sich fransige Dreieckstücher drapiert, die erschossene Enten, Halali-Hörner und sonstige Jagdmotive zeigen. Wäre es schicklich, auf ihre Haare zu fassen, könnte man sich an einer leicht knisternden, nachgiebigen Härte ergötzen. Mit einer Mischung aus 90% Desinteresse und 10% Entzücken habe ich einmal ein Exemplar beobachten können, dessen Wimpern mit Tuschebatzen knefig schwarz bepelzt waren wie ein Klatschmohnstengel mit Läusen, wie es ein winziges Schälchen chilenischer Himbeeren für 16 DM erstand und in einen arttypischen Weidenkorb mit Klappdeckel versenkte. Ich dachte: Das sind denn wohl auch die Leute, die die Steinchen kaufen, die das Toilettenspülwasser blau machen.

Seit mich neulich ein Preisgepurzel ins KadeWe lockte, weiß ich, daß man Ententuchmatronen, komplett mit Haaren hart wie Hardrock, auch in Berlin beobachten kann, aber nur am Vormittag von Montagen. Wie von geheimen Kommandos gesteuert, entströmen sie ihren südwestlichen Villen, wo Kieswege Doppelgaragen anknirschen, und schreiten entschlossen durch bessere Geschäfte, einander nicht kennend, doch verabredet wirkend. Ich nehme an, daß sie u. a. an Sammeltellereditionen und *Teewagen* Interesse haben. Teewagen sind ein ziemliches Desaster. Wenn meine Mutter Femme-fatale-Ambitionen überfielen, stellte sie in der Küche das Kaffeegeschirr auf den Teewagen, um diesen zum ca. sechs Meter entfernten Wohnzimmertisch zu rollen. Auf dem Wege waren aber zwei Türschwellen und drei Teppichkanten zu überwinden, was mit einem ganz erbärmlichen Angehebe, Geruckel, Gezerre und Übergeschwappe einherging. Es ist, nebenbei erwähnt, für die Entwicklung von Jugendlichen schädlich, ihre Mütter bei derart ungraziösen Zurschaustellungen beobachten zu müssen. Manch einer soff später oder stand auf bedenklich dünnen Beinen an übelbeleumundeten Straßenkreuzungen.

Zurück ins KadeWe. Es hat wenig gefehlt, und ich hätte mir einen auf 250 DM herabgesetzten *Hausmantel* gekauft. Zwar bin ich zu 99% erbitterter Gegner jedweden Gockel- und Geckentums. Ich hab schon mehr als einmal Herren, die allzu bunte Hemden trugen, mit finsteren Blicken überzogen, von denen ich auch Frauen nicht verschonen kann, die Lockenungetüme spazieren tragen. Der wichtigste Damenkopfmerksatz lautet: *Helm statt Mähne*. Leitbild ist hier die Königin der Niederlande. Der kann man einen Teewagen an den Knopf knallen, und sie merkts nicht. So ist sie immer fit fürs Amt, während die Löwenmähnen blutend im Bett liegen.

Zu einem einzigen, aber auffallend hübschen Prozent bin ich jedoch Propagandist verschwollenster Dandyismen. Ich strich verträumt über Hausmantelseide und sah mich meine Klause durchmessen, eine Schlafbrille auf die Stirne geschoben, hinter welcher sich belanglose Reizwörter zu unverständlichen Gedichten zusammenballten, für die ich schon einen Verleger gefunden hätte, der dumm genug wäre. Auf dem Teewagen glitzerte die Morphiumspritze, und unter dem heruntergesetzten Hausmantel flüsterte und schrie der Körper den Wunsch, sie zu benutzen. Gamaschen hatte ich auch an, obwohl ich gar nicht genau weiß, was Gamaschen sind. Und ein Spitzel war ich, egal für wen. Nichts aromatisiert die Biographie eines Halbseidenen mehr als politische Irrfahrten. Bald hatte ich aber genug von den albernen Hausmänteln und den durch sie geborenen Visionen, kaufte daher keinen, sondern schnöde Strümpfe, schmelzte mir daheim einen Spinatklotz, und bald war es Abend und Fernsehzeit.

Ein kleiner Fernsehstar ist zur Zeit *Nicole Okaj*. Das ist die junge Dame, die am Ende der always ultra-Reklame sagt: *Die Leute, die diese Binde entwickelt haben, die haben sich wirklich etwas gedacht dabei*. Ich verehre diesen Satz, spielt er doch auf die Möglichkeit an, daß es auch Bindenentwickler gibt, die ihrer Profession gedankenlos und nebenbei nachgehen. Man denkt sich schusselige Wissenschaftler mit Dotterresten im Bart, die abwesend in Kübeln rühren, plötzlich hineinschauen und rufen: *Huch, Damenbinden*. Um die sturzbachgerechte Saugfähigkeit dieser Binden zu demonstrieren, wird auch eine blaue Flüssigkeit auf sie herabgekippt. Hinreißend ist es, daß man es für notwendig hält einzublenden, daß es sich um eine *Ersatzflüssigkeit* handelt. Hier erfreut betuliche Dezenz. Lautete die Einblendung statt Ersatzflüssigkeit *Wick Medi-Nait, Curaçao* oder *Toilettenspülwasser aus hygienehysterischem Ententuchfrauenklo,* würden die Fernsehzuschauer unruhig auf ihren Polstergarnituren herumrutschen.

Interessieren würde mich, wie Nicole Okaj rumpfunterhalb beschaffen ist. Trüge sie eine grüne Damencordhose mit Bügelfalte, wäre ich ganz außerirdisch vor Glück, es würden quasi SAT 1-Bälle auf mich niederrieseln, so froh wäre ich. Ich setzte mich zu ihr aufs Sofa und führe mit den Fingernägeln in den Rillen ihrer Cordhose hin und her.

Rille ralle ritze ratze würd ich selig singen. Mit der anderen Hand würde ich auf ihren hoffentlich recht hart gesprühten Haaren herumklopfen. Die Psychologen unter den Lesern sollten hier der Analyse entraten und lieber ihre dreckige Wohnung aufräumen. Da liegen Krümel auf dem Teppich! Neben der Stereoanlage liegt ein Knäuel miteinander verknoteter, kaputter Kopfhörer! Machen Sie das weg! Die Libido streunt gern auch mal abseits der Hauptverkehrsachsen, da gibts gar nichts zu deuten.

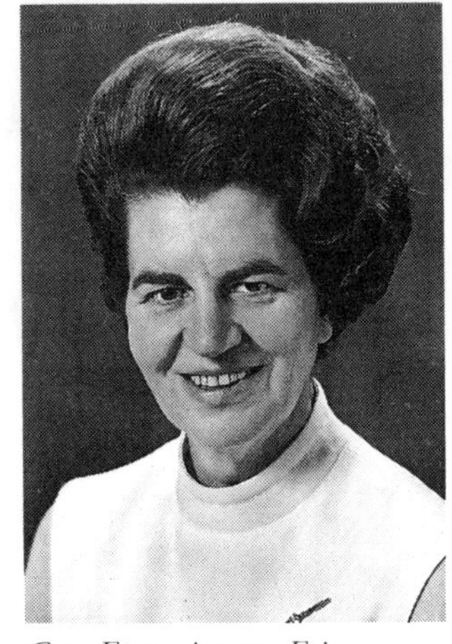

Gute Frau mit guter Frisur

Nun ist Nicole gegangen. Auf dem Sofa, wo sie saß, ist ein kleines, blaues Pfützchen. Rille ralle ritze ratze hat sie arg in Wallungen gebracht. Meine Kolumne ist aus, dort läuft eine Maus, wer sie fängt, darf sich eine große, große Pelzkappe daraus machen.

Sehr wild, sehr inno: Balgballerkolumne, die mitten im Text plötzlich in Ballerbalgkolumne umbenannt wird

(März 1992)

Aus der Lautsprecherdüse meines Anrufbeantworters drang neulich ein RTL plus-Damengejauchze. »Hihi«, jauchzte es, »wer einen so *witzigen* Anrufbeantworter wie Sie hat, der hat doch bestimmt auch *Lust und Laune,* auf unseren Heißen Stuhl zu *krabbeln*« – sie sagte wirklich krabbeln –, »um die These ›Kinder sind Monster‹ zu vertreten. Rufen Sie doch bitte zurück.« Dies zu tun, hütete ich mich, aber ich bin gespannt wie ein Flitzebogen, welcher Dämlack nun statt meiner bei dieser überwürzten Instant-Provokation mitmischt.

Seit Esther Vilar vor zwanzig Jahren mit der unsinnigen, aber griffigen und gut verplauderbaren Behauptung, daß Männer von Frauen dressiert würden, zu beachtlichem Ruhm gekommen ist, herrscht in den Medien glühendes Verlangen nach Leuten, die irgendwelche Quatsch-Thesen an den Haaren herbeiziehen, anläßlich derer man ein Häufchen Schamloser in ein Studio laden kann, damit die sich gegenseitig anschreien. Offenbar sind die heißen Eisen nun alle verglommen, so daß sich Fernsehredakteure jetzt selber ihre geliebten Kontroversen zurechtschustern und sich dann auf die Suche nach Meinungsnutten begeben, die sich des Geldes wegen für solche Inszenierungen hingeben.

Natürlich sind Kinder keine Monster. Dennoch dürfte die Behauptung, sie wären welche, in der Denkfaulenszene ziemlich à la mode sein. Das liegt an den Kinderverherrlichern, diesen tantigen Typen, die immer erzählen, daß Kinder so herrlich unkorrumpiert und offen seien und daß man daher immer ganz besonders genau hinhören müsse, wenn ein Kind etwas sagt. Deswegen muß auch ein *Umweltkindergipfel* veranstaltet werden, auf dem der Nachwuchs schiere Wahnsinnsvorschläge zum besten gibt, so etwa in der Art von: »Ich finde, die Politiker sollen machen, daß Kinder Märchenkassetten zweimal hören müssen, bevor sie weggeschmissen werden.« Und Robert Jungk, der da natürlich auch herumschlurfen muß, ist ganz aus dem Häuschen vor soviel Hellwachheit und tanzt vor Glück mit einer ganzen Clique grüner Ex-Pastorinnen zu irgendwelchen südlichen Scheißlebensfreuderhythmen. Im Gegensatz zu den doofen Kinder-Fans sind Kinder selbst im allgemeinen recht angenehm. Man muß sie tüchtig liebhaben, damit aus ihnen was wird. Sollten sie aber mal allzusehr nerven, dann kriegen sie eine geballert. Allerdings muß man das als anständiger Mensch postwendend bedauern und sich Vorwürfe machen, weil es ja eigentlich nicht so gut ist, einem kleinen Wesen einfach eine zu ballern. Man lasse dann eine Viertelstunde verstreichen, bis man das leider gezüchtigte Wesen in die Arme nimmt, und bald ist alles wieder gut, und Kinderlachen durchscheppert die komisch riechende Wohnung der jungen Familie. Aber wehe, das Balg nervt dann noch mal. Dann kriegt es wieder eine geballert.

Doch Obacht. Ballern will gelernt sein. Das darf nämlich nicht so Haut-den-Lukas-mäßig abgehen. Die Wucht sollte jene nicht überschreiten, die man einsetzt, wenn man eine verqualmte Jacke ausklopft, obwohl das nichts nützt. Die Kraft, die man aufbringt, um einen renitenten Schraubverschluß einer Industriekonserve zu öffnen, ist, auf einen Kinderpopo übertragen, schon zu groß. So. Bis hierher hieß mein Text »Balgballerkolumne«, und jetzt kommt was noch nie Dagewesenes: Ich benenne den Artikel jetzt gleich in »Ballerbalgkolumne« um. Paßt auf, Leser, ich mache es: »Abracadabra, Herren und Damen,

Kolumne, Kolumne, wechsle den Namen.« Toll, es hat geklappt: Die Kolumne heißt jetzt tatsächlich anders. Ei lecker, frohlocken die Leser, jetzt schreibt er uns was Tolles über todbringende Kindergangs, die S-Bahn-Fahrgäste in Angst und Schrecken versetzen, weil die immer sinnlos herumballern. Weit gefehlt: Die Umbenennung ist überhaupt nicht inhaltsbezogen, sondern so unverständlich, wie es gewesen wäre, wenn man Raider in St. Petersburg und Leningrad in Twix unbenannt hätte. Sinnlos war die Artikelumbenennung dennoch nicht, ihr Sinn lag darin, raffiniert überzuleiten zu dem Leningradumbenennungswitzchen, an dem mich erstaunt, daß – so ich informiert bin! – noch keiner vor mir darauf gekommen ist, aber vielleicht ist das Witzchen ja auch nur so mittel oder

Meine dahergelaufenen Leser

gar flau: ein *selbsternanntes, alterndes, dahergelaufenes* Witzchen. Soeben habe ich das Meisterstück vollbracht, sämtliche drei Adjektive zu verwenden, die Journalisten verwenden, wenn sie jemanden niedermachen wollen, gegen den sie nichts in der Hand haben. Die lernt man wohl auf der Journalistenschule, wo auch die reichliche Verwendung von *Möchtegern-* und *Pseudo-* auf dem Stundenplan steht. *Selbsternannt* ist besonders perfide. Wenn man irgendwo liest, jemand sei der selbsternannte Dies oder Das, kann man fast sicher sein, daß das nicht stimmt. Es geht nur darum, das Objekt der Kritik als eitlen Fatz darzustellen. Über mich hab ich mal gelesen, ich sei der selbsternannte Messiahs der neuen Linguistik und begnadet-spätgeborene Enkel von Reich-Ranicki. Altern tun wir alle ständig, und dahergelaufen ist auch jeder zu jeder Zeit. Trotzdem waren die Herren Homosexuellen, die vor Bischof Dybas Kirche demonstrierten, sehr beleidigt, als der Blödmann sie als dahergelaufen bezeichnete. Ich bekenne gern, daß ich dahergelaufen bin. Ich lief los beim Heißen Stuhl, lief dann zum Balgballern, lief vorbei an einem ichfindejanundoch reizenden Witzchen und etwas populärer Sprachkritik, und dort will ich noch einen Augenblick verharren: Irrig ist die Annahme vieler Schreiber, daß man durch die ständige Verwendung von *Bindestrich-Adjektiven* zu besonderer sprachlicher Prägnanz gelangt. »Romantisch-debil« las ich neulich irgendwo. Ich kann mir gut jemanden vorstellen, der romantisch veranlagt ist und debil, aber gibt es etwa eine besondere Form der Debilität, die romantisch ist, oder was soll das? Reinstes Sprach-Aids ist dieser Adjektivlärm. Unanständig finde ich dieses pompös-eklektizistische Vortäuschen von Ausdruckspräzision . . . huch, jetzt hab ich ja selber . . . (ein Späßchen).

Man verzeihe mir diesen Ausflug in den eklen Bereich des Sprachnörglertums. Regelmäßige Leser werden wissen, daß mir Zeitenfolge, Rechtschreibung, Zeichensetzung etc. schnurz sind wie wohl keinem. Leute, die mich auf Dativ/Akkusativ-Fehler hinweisen, kriegen gleich eine geballert. Andererseits schrieb mir neulich jemand extra einen Brief, weil ich während einer Lesung das Wort »Aphrodisiakum« auf der falschen Silbe betont hätte. Das fand ich nun wieder rührend. Ich hoffe, die Leute, die ich mit meiner Adjektivkritik gemeint habe – es sind Heerscharen – finden diese genauso.

Ich habe gerade auf den Zettel neben meiner Schreibmaschine geguckt, wo ich Themen und Ausdrücke notiert habe, von denen ich wollte, daß sie in diesem Text vorkommen. Wie ich nun aber noch den *Monte Carlo Country Club, Ohrlochpistolen, alte Menschen, die englisch sprechen* und *kaltgewordenes Würstchenheißmachwasser* hier einbauen soll, weiß ich nicht. Ich glaube daher, daß meine Kolumne hier zu Ende ist.

PS: Dies war keine normale Onkel Max-Kolumne. In einer normalen wäre ich gegen Ende des Textes noch einmal überraschend auf den Heißen Stuhl zurückgekommen. Wirklich eine tolle These für den Heißen Stuhl wäre freilich: »Soll man alte Menschen, die englisch können, in erkaltetem Würstchenheißmachwasser ertränken?«

PPS: In der vorletzten Ausgabe bezeichnete ich den Wiener »Falter« als die beste deutschsprachige Wochenschrift. Prompt schenkte man mir zum Dank ein Abo. Ich versuchs daher noch mal: Drei- oder Vierzimmerwohnungen in Hamburg sind die besten Drei- oder Vierzimmerwohnungen im deutschsprachigen Raum. Ob es auch diesmal klappt?

Dekorationstext zu zwei Photos über Mangel an bürgerlicher Qualität

(April 1992)

Altbauwohnungsfete, zwei Uhr früh, kein Bier mehr in der Badewanne – da hörte ich einen Herrn zu einem andern sagen: *Das Schlimme ist, daß Europa die Kraft zu Visionen verloren hat.* Beinah hätt ich mich eingemischt: Oh ja, endlich sprichts mal einer aus! Wie schön war es einst, als Europa noch der Visionskraftstrotz war, den alle kannten und liebten. Aber heute? Kraft zu Visionen futschikato! Wissen Sie eigentlich den genauen Tag, an dem das geschah? Meines Erachtens war es der 25. 8. 1975 – interessantes Jahr übrigens: Die Schreikönigin Suzi Quatro wurde in der Gunst der Singlekäufer von der Stöhnkönigin Donna Summer abgelöst.

Warum gibt es eigentlich keine Stöhnplatten mehr? Tja, so geht halt alles den Orkus runter, Stöhnplatten, Kraft zu Visionen, Elite-Trinkjoghurt; die Emblematik unserer Jugendjahre ist verblaßt wie die Tapeten eines billigen Hotels in Paris – schlimm sind ja auch die Nackenwürste! –, und wenn wir nicht aufpassen, dann macht es eines Tages bum, und die Menschheit ist nichts als Fliegendreck auf Gottes Windschutzscheibe. Man schaue sich bloß einmal den Bürgersteig hier unten an. Überall Kippen, Kot und Schlimmeres. Einmal befreite ein Tauwetter eine Damenstrumpfhose aus einem Schneehaufen. Die Leute gehen mit dem Bürgersteig um, als ob sie irgendwo noch einen zweiten hätten. Großer Irrtum! Wir haben diesen Bürgersteig lediglich von unseren Kindern geliehen etc.

Aber ich sagte lieber nichts. Die Herren sahen nicht so aus, als würden sie gern den Rest ihrer Tage als enttarnte Phrasendrescher herumspazieren. Bemerkenswerterweise

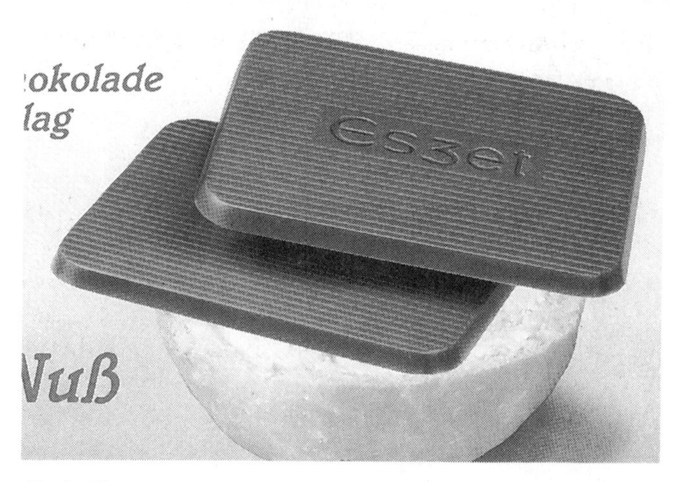

Doofes Essen

war der Sprecher des heiter getadelten Visionsverlustsatzes kein Kulturphilosoph oder Mediensoziologe, sondern Manager eines Star-DJs, und in seiner Rede ging es um Techno-Musik, an welcher übrigens nichts auszusetzen ist. Das Rumgehampele und der sich angeblich einstellende Trance-Effekt sind mir zwar egal. Ich habe jedoch ein durchaus kühles Interesse an Strukturen und Freude an der Abstraktheit dieser Musik. Geringschätzig blicke ich indes auf die Feuilletonisierung des Maxisingle-Auflegens. Tageszeitungen etablieren auf ihren Szene-Seiten zunehmend Dance-Kolumnen, und Stadtmagazine überbieten einander im Interviewen von DJs, sowohl mützigen als auch kopftuchigen, die sich nun mit dem Selbstwertgefühl kultureller Schwerenöter ausgestattet fühlen. Ich möchte lesen, was Herr Genscher wo schon wieder erörtert, und auch, wie unlängst gerade, daß ein Pirmasenser ein geschlechtliches Rencontre mit einem anderen Pirmasenser dadurch abwehrte, daß er dem Zudringlichen eine mit Pfennigen gefüllte Dreiliter-Asbach-Uralt-Flasche an den Kopf schleuderte. Das ist zwar ausgesprochen unhöflich, aber es interessiert mich mehr als eine Aufzählung von Leuten, die unter den Auspizien von dem und dem DJ am letzten Wochenende zu der und der ungewöhnlichen Uhrzeit in dem und dem ehemaligen Stasibunker den Freuden rhythmusverursachter Gewebestraffung frönten.

Von der *DJ Culture* zu *kaltgewordenem Würstchenheißmachwasser,* über welches ich ja schon im letzten Monat referieren wollte, ist es nur ein thematischer Katzensprung. Mancher Leser wird jetzt vielleicht einen Blick auf einen lethargischen Fellklumpen in seiner Wohnstube werfen und denken: Also, meine Katze würde das nicht schaffen. Ich entgegne darauf: Wie der Herr, sos Gescherr! Hätte ich eine Katze, die würde das schaffen. Ich würds gern beweisen, aber leider. . . . .doch horch! Da ist ein Scharren und Maunzen vor meiner Türe! Sollte etwa . . . ? Ich geh mal gucken: Ah, eine Katze. Kommt mir wie gerufen. Fehlt nur noch ein DJ. Ei, es schellt! Ob vielleicht . . . ? Ja,

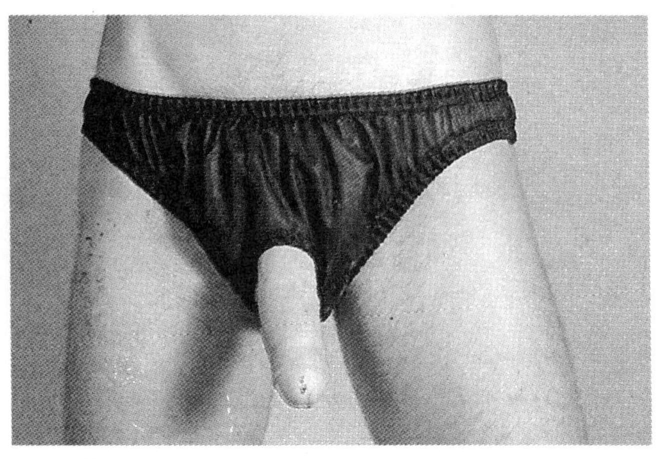

Doofe Kleidung

prima, DJ Westbam ist da. Er sagt: Na, hör mal. Wenn bis zu 5000 Leute mitten in der Nacht irgendwo hinfahren und herumzappeln, dann ist das ja wohl ein bedeutenderes Kulturereignis, als wenn in Pirmasens einer keine Lust hat, mit anderen Männern rumzumachen! Warum darf man darüber denn nichts schreiben? Ich sage darauf: Hast ja recht, hast ja recht! Das mit der Feuilletonisierung des Maxi-Auflegens hab ich nur geschrieben, damit sich mir auf der Straße liebestolle Leser um den Hals werfen und schmachten: Grunz, schnauf, das gleiche hab ich auch schon immer sagen wollen, aber ich wäre nie auf so eine tolle Formulierung gekommen, wie schaffst du das nur immer etc. Wer weiß, vielleicht ergeben sich aus solchen Begegnungen wohltuende Reibungskontakte, Entspannungsmassagen womöglich. Ohne solche beeindruckenden Formulierungen würden mir vielleich eines Tages, wenn die Zeitenfurie mir noch mehr Furchen ins Gesicht gepeitscht hat, infolge meinerseitiger Begehrungsadressen, kleingeldgefüllte Ziergefäße an den Brägen segeln. Da sagt Westbam: Diese Überlegung erinnert mich an einen Satz, den ich einmal in einer Thomas Mann-Biographie gelesen habe, worauf ich entgegne: Thomas Mann? Der hat doch immer nur phantasiert. Und wenn da Geld im Spiel war, dann dürfte das eher in die umgekehrte Richtung gesegelt sein. Doch genug geplaudert, nichts Genaues weiß man nicht. Ich setze dir jetzt diese Katze auf die Schulter, um eine als exzentrisch angemahnte Überleitung zu rechtfertigen. Hops Muschi, hops, rufe ich nun, und schon fliegt die Katze durch die Luft direkt in einen großen Topf auf meinem Herd: Platsch! Doch weh, was schweigt die Muschi nun! Wie bin ich tolpatschig! Ich war mir so sicher, daß ich den Herd vorhin auf Null gestellt habe, doch, ach, ich stellte ihn auf Drei! Nun verbietet es die Pietät, nach diesem unerwarteten Trauerfall noch über kaltgewordenes

Würstchenheißmachwasser zu berichten. Nächsten Monat! Katzen beweint man nur kurz.

Recht lang schon dagegen beweinen gewisse Zirkel das allmähliche Ableben der Vinylplatte. Regelmäßig sieht man verbitterte Nostalgiker in den Musikmärkten mit den Tränen kämpfen. Huhu, rufen sie, bei der LP waren die Cover so schön groß, und bei der CD sind sie so schrecklich klein! Ich erwidere: Das ist in der Tat ein gutes Argument! Weiß vielleicht jemand noch eines? Vielleicht der nette junge Mann mit zerlumpter Kluft und Nickelbrille? Ja, ruft der Angeredete, ich bin nämlich weitsichtig, und auf der CD ist ja alles so kleingedruckt, das kann man ja gar nicht lesen! Gut, sage ich, nun haben wir schon zwei CD-Nachteile. Ich weiß noch einen, schallt es aus der Trauergemeinde, bei der LP, da haben die Designer so richtig schön Platz zum Designen, aber die CD ist ja winzig, wo sollen die Designer denn da hindesignen? Das ist ein neuer, ebenfalls gewichtiger Aspekt, antworte ich, aber nun hören Sie mal alle auf zu heulen! Die CD hat ihren Zenith längst erreicht. Im Gegensatz zu Europa habe ich die Kraft zu Visionen beibehalten. Und eine Vision sagt mir, daß es in wenigen Jahren in allen Städten große Geschäfte geben wird, die nichts als Vinyl-LPs verkaufen. Da kann sich die Industrie grün und blau ärgern, aber ein Teil der Bürger ist und bleibt renitent CD-resistent. Die Industrie ist selber schuld daran: In zehn Jahren ist es ihr nicht gelungen, der CD ein attraktives Image zu verleihen. Obwohl sie bislang noch teurer als die LP ist, hat sie, ähnlich der MC, das Renommee eines Ramsch- und Wegwerfproduktes. Die häßlichen, anonymen Plastikbehälter altern nicht ansehnlich; sie bekommen lediglich langweilige Kratzer. Eine CD-Sammlung verbreitet in der Wohnung soviel Gemütlichkeit wie ein Stapel Tiefkühlpizzas im

Gefriersafe von Super 2000, während der unterschiedliche Zerschlissenheitsgrad einer in langen Sammlerjahren zusammengetragenen LP-Kollektion eine Behaglichkeit erzeugt, wie man sie von alten Bibliotheken kennt. Von der CD kommt der Soundtrack, zu dem konsumgeile Teenager ihre Kaugummikau-Künste und In-der-U-Bahn-breitbeinig-dasitz-Darbietungen zur Schau stellen. CDs kann man ja sogar in Autos hören. Das macht sie unkultisch. Dinge, die in Autos liegen, sind nie Gegenstand von kultischen Handlungen. Im Gegenteil: Die Speckigkeit von z. B. Stadtplänen oder Musikkassetten, die einige Monate in einem Handschuhfach zugebracht haben, ist zu nichts anderem geeignet, als Abscheu hervorzurufen. Darüber hinaus wird, so sagt der europäische Visionär in mir, der Begriff digital bald ein Synonym für prolo sein. Längst ist die Digitaluhr ein Objekt geworden, das von im Matsch hockenden Polen oder Russen an Leute verkauft wird, die auf der sozialen Leiter nicht eben den Klettermax herausgekehrt haben. Man sieht durchaus auch schon CDs im Matsch der Hökermärkte liegen. Am meisten in den Matsch gehört die Doppel-CD. An diesen Kästen dreht und würgt man herum wie an einem dieser ungarischen Zauberwürfel, die den gleichen Weg gegangen zu sein scheinen wie Stöhnplatten und Elite-Trinkjoghurt, einen Weg, den die LP noch lange nicht gehen wird. Ihre umständliche Handhabung erfreut der Menschen Sinne. Die Menschen haben ja auch Freude daran, stundenlang in der Küche zu stehen, um komplizierte Gerichte zu kochen, obwohl sie ja auch schnell irgendwas Doofes essen könnten. Sie könnten auch doofe Kleidung tragen, aber nein, sie haben Spaß daran, Blusen mit vielen, vielen, kleinen Knöpfen an- und wieder auszuziehen, und dies sage ich mit einem lieben Lächeln.

PS: Vor ca. zwei Jahren gab es in England eine Initiative »Rockstars gegen zu aufwendige CD-Verpackungen«. Weiß jemand, ein Bub oder Mädel vielleicht, der oder das wie ich in jungen Jahren extra mit dem Bus in die Innenstadt zu fahren pflegt, um sich den *New Musical Express* zu kaufen, ob es diesen Kampfkreis noch gibt? Ich möchte auch noch sagen, daß meine CD-Äußerungen ausschließlich auf die Rockmusik mit ihren geringen dynamischen Schwankungen gemünzt sind. Nach zerknisterten Pianissimos auf Klassik-LPs dürfte sich wohl niemand zurücksehnen.

Text, den ich zum Abdruck auf Muskelshirts oder Umweltsäckchen freigeben würde

(Mai 1992)

In der neuen Zeitschrift ›Gabis Tasche‹ schrieb jemand Kluges einen Satz, der jeden Freund idiosynkratischer Plurale auf den Tisch hüpfen läßt: *Die Neunziger Jahre werden das Jahrzehnt der männlichen Samantha Foxe.* Ich finde diesen Satz so ausreichend hübsch, daß ich mich endlich von der Pflicht entbunden fühle, *auch mal* einen Artikel über Bodybuilding zu verfassen, von dem ohnehin nur erwartet würde, daß er bissig, wütend und scharf pointiert sei und daß in ihm mit dem erwähnten gesellschaftlichen Phänomen hart ins Gericht gegangen oder gar *abgerechnet* werde. Diesen altbackenen Erwartungen werde ich nie und nimmer gerecht werden wollen. Wozu auch? Die Medien schäumen doch über vor Bissigkeit. Kaum eine Magazinsendung kommt ohne satirischen Nachschlag aus, ebenso scham- wie charmelose neunmalkluge Rappelpersonen speien haßerfüllte Wortspiele im Radio, Moderatoren beleidigen Studiogäste, Talkshows versinken in ordinärem Gebrüll. Hätte ich die Macht zu lehren, würde ich Schüler, die sich evtl. mit dem Gedanken tragen, sich in einem Institut einzuschreiben, in dem Qualitäten wie Schärfe oder Härte gelehrt werden, von dort wegzerren und sie an einer Anstalt anmelden, in welcher Fächer wie Nettigkeit, Schüchternheit etc. auf dem Stundenplan stehen. Den fleißigsten und ergebensten Schülern gäbe ich gar persönlich Unterricht in *Niedlichkeit,* einer heiklen Materie, an der sich die meisten Menschen regelmäßig verheben. Nur Menschen mit Sinnen wie Drahtseilen erkennen die Grenze zwischen Niedlichkeit und Blödheit, doch ich denke, ich darf mit Fug und Recht hier meine Dienste anbieten. Man könnte in diesen Kursen z. B. darüber reden, ob die Eigenschaft Niedlichkeit eine endlos steigerbare ist – Sportler springen ja auch jedes Jahr doch noch einen Millimeter höher oder weiter – oder ob es einen noch zu entdeckenden Niedlichkeitssiedepunkt gibt. Oft stehe ich in Stofftierabteilungen oder Papiergeschäften, die mit *Suzy Cards* handeln, und expandiere in allerlei philosophische Richtungen, was mir lobenswerter scheint, als Hetzartikel über Kraftsport anzufertigen. Kolumnisten gegenwartsbezogener Zeitschriften sind nicht dazu verdonnert, alle Zeiterscheinungen schlecht finden zu müssen. Ich sage lediglich: Manchen Herren stehts ganz gut. Ich möchte aber allen Body-Buildern einen Vorschlag machen: Kaufen Sie sich doch mal einen Bildband mit historischen Photographien vom Landleben. Darin findet man oft Gruppenaufnahmen von Erntearbeitern, die im Schatten eines Baumes bildwirksam sich hingelagert haben. Die harte, körperliche Arbeit verwandelte diese Männer aber nicht in Muskelwunder, sondern gestaltete ihre Körper ganz uneinheitlich: Die Arme eher straff und sehnig statt aufgepumpt, den Rumpf dagegen ausgemergelt und am Bauch ein kleines Reservoir an Fett. Den Rest sieht man nicht, weil früher noch Anstand herrschte. Jedenfalls sehen diese Männer »echt« aus. Das Bestreben der Body-Builder jedoch, ja kein Müskelchen beim Training auszulassen, sich also ganz gleichmäßig zu formen, zeitigt oft kitschnahe Ergebnisse. Die Kunst und die Ästhetik oder was auch immer unterscheiden sich ja vom Kitsch auch dadurch, daß sie das allzu deutliche Ebenmaß fliehen. Ich sah neulich einen jungen Mann, dem ins Gesicht geschrieben stand, daß er unmusikalisch ist. Trotzdem hatte er eine Halsmuskulatur, die in der Natur lediglich bei Opernsängern vorkommt. Diesen Herrn hörte ich gegenüber einem anderen äußern, daß er bis zum Jahresende noch fünf Kilo zuzunehmen wünsche. Manche Leute haben Wünsche, die so stark von meinen eigenen Wünschen unterschieden sind, daß ich mich beinahe in die Behauptung hineineifern könnte, sie seien das glatte Gegenteil meiner Wünsche. Insgesamt aber ist Body-Building, verglichen mit anderen Sportarten, nicht besonders tadelnswert. Das Böseste in diesem Bereich ist der Wintersport, zu dessen Ausübung Uniformen aus garantiert nicht recyclingfähigem Material angeschafft werden. Auch Turnschuhe sind abzulehnen. Es ist erstaunlich, wie wenig das Thema Mode/Kleidung in der Öffentlichkeit unter ökologischen Gesichtspunkten betrachtet wird. Erst vor kurzem hörte ich Publikumsapplaus für eine Schauspielerin, die sich im Fernsehen damit brüstete, niemals echte, sondern immer nur *Kunstpelze* zu tragen. Ich zog die Brauen hoch und dachte: Nanana, du dumme Dame, aus dir spricht nicht die Naturschützerin, sondern die Pelztierniedlichfinderin. Naturschützer tragen auch Kunstpelze nicht.

Es gibt modische Lebensfreudedummköpfe, welche Menschen, die bereit sind, gewisse weltpolitische oder andere Zusammenhänge zu erkennen und daraus wenigstens ein paar Schlußfolgerungen ziehen, indem sie sich z. B. rücksichtsvoll ernähren, in ihrer ureigenen Phantasielosigkeit als *Müslis* oder *Ökos* diffamieren. Stets stand ich fern von diesen Hedonisten. So kommt es, daß es mich nicht erstaunt hat, sondern gar erfreut, daß mich neulich wer scherzhaft als das Umweltsäckchen unter den Kolumnisten bezeichnete. Ich liebe diese Beutel nämlich, und es ist erbaulich zu sehen, wie stark sie sich im letzten halben Jahr durchgesetzt haben. Ich selber habe bereits fünfzehn Stück, und es würde mich angenehm durchbluten, wenn ich zu der ersten ohne Zweifel bald stattfindenden *Umweltsäckchensammlerbörse* eine Einladung zu einem Gastvortrag erhielte. Gegen ein gewisses Sümmchen würde ich mir zu diesem Anlaß dermaßen viel ausdenken, daß den Zuhörern der Schädel qualmt. Ökosacksammeln ist keineswegs ein besonders verqueres Hobby. Es gibt in dieser Stadt einen Taubstummen, der sammelt Kassetten. »Wieso denn, kann er doch gar nicht hören«, krähen da die Leser niedlich. Aber: Er sammelt *Tonkopfreinigungskassetten*. Als ich davon erfuhr, entflog meinem Munde das von mir selten gebrauchte Wort »bizarr«. Über Gehörlose könnte ich auch eine Bemerkung machen: Ich besuche manchmal ein »Szenelokal«, welches auch Treffpunkt jüngerer Gehörloser ist. Kann sein, daß ich mich hier auf Glatteis begebe, aber mir ist so, als seien die Gehörlosen ein verdammt fideler Haufen. Die sind so lustig und nett, immer am Rummachen und Organisieren; möglicherweise sind sie die fröhlichste und geselligste Minderheit im Lande. Neidisch könnte ich werden in Hinblick auf die dröge Minderheit, der ich angehöre. Natürlich sehe ich nicht die, die verdüsterten Gemüts daheim vereinsamen, aber die sieht man bei der Mehrheit ja auch nicht.

Meine liebsten Umweltsäckchen sind solche, die mit überlebenstapferen Redewendungen bedruckt sind. (Überlebenstapfer! Zuerst hatte ich sogar *zukunftstapfer,* aber mit diesen modernen Maschinen kann man so was ja im Nu wegmachen, sagt der Wortengelmacher in mir.) *Für diese Generation und die kommenden, Arche Noah Umwelt: Unsere Sache,* oder *Gemeinsam Verantwortung tragen.* Letztere ist meine liebste. Wenn ich darin ganz alleine die schweren Pfandflaschen von Getränke-Hoffmann die Treppen hochschleppe, dann tröste ich mich damit, daß ich zwar nicht die Flaschen, aber immerhin die Verantwortung mit anderen zusammen trage.

Heute nachmittag saß ich in der Eisenbahn. Leute, deren Sternzeichen das Umweltsäckchen ist, tun das häufiger als andere. Heute hatte ich aber kein Säckchen mit, sondern eine Roland Kaiser-Plastiktüte. Schallplattengeschäfte haben noch keine Baumwollbeutel. Dabei könnte auf denen doch stehen: *Für unsere Kinder gemeinsam die Zukunft vollkrachen.* Auf der Plastiktüte stand aber: *Sein neues Album: Südlich von mir.* Stark zielgruppenorientierter Titel – gerade in bezug auf Frauen hat ja die bloße Nennung des Wortes *Süden* eine Eigenschaft, die Robert Gernhardt in seinem letzten Buch treffend als *Wallungswert* bezeichnete. Ich erwähne dies nur, weil neben mir eine Frau in ein Buch vertieft war. Ich lugte natürlich immer mal hinein.

Plötzlich erspähte ich in dem Buch, das ein Roman zu sein schien, einen Vers:

»In meiner Möse steht geschrieben:
Italien, man muß dich lieben!«

Ich erschauderte! Was ist das denn für ein Buch, dachte ich. Endlich ging die Leserin aufs Klo, und ich konnte gucken: *Angst vorm Fliegen* von *Erica Jong.* Ach *das* Buch ist das, dachte ich nun. Vom Sehen kannte ich es: Es steht bei fast allen Frauen, die ich kenne, zwischen *Christa Wolf: Cassandra* und *Eva Heller: Beim nächsten Mann wird alles anders.* Gibt es eigentlich auch Bestseller-Romane, die nur von Männern gelesen werden? Und gibt es eigentlich Spezialreinigungssprays für Fernseher-Fernbedienungen? Und gibt es eigentlich noch Frauen, die *bohnern?* Und gibt es eigentlich Geld für Texte, die mit viermal hintereinander *Gibt es eigentlich* aufhören? Antwort auf die letzte Frage: Ja.

Nachbemerkung Herbst 1992:

Robert Gernhardt schrieb mir, daß er das Wort »Wallungswert« eventuell von Gottfried Benn, vielleicht auch von Nietzsche übernommen habe.

Alle haben drauf gewartet: Artikel, in dem 25mal(!!!) das Wort »Grufti« vorkommt

(Juni 1992)

Zu meinen Lieblingswörtern und -ausdrücken zählen oft solche, die von bewußten Sprachebenutzern tunlichst gemieden werden, da sie Menschen, die ihrer eigenen Rede nicht zu lauschen gewohnt sind, wie DDR-Plattenbauweiseplatten aus dem Munde rutschen und einen gewissen Hautgout haben. Keinem Sprachfeinbein würde es heute z. B. noch einfallen, das *Schubladendenken* zu geißeln oder gar die *Scheißschubladenmentalität.* Deswegen benutze ich solche Ausdrücke extra gern. Auch bin ich empfänglich für den Charme altbackenen, unterstellten Slangs. Unter unterstelltem Slang will ich Ausdrücke verstehen, von denen bestimmte Leute behaupten, daß andere Leute sie benutzen würden. Vertreter der Tourismusbranche behaupten gern, daß die Berliner die Ruine der alten Gedächtniskirche als *Jenseitsmorchel* bezeichnen würden. Das ist zwar ein reizender Ausdruck, aber es nennt die Kirche niemand so. Vor vielen Jahren erklärte ich einst Touristen vom Bus aus die Stadt. Eine lebenslange Feindschaft zog ich mir zu, als wir am Funkturm vorbeikamen, und ein Herr mich fragte, wie denn die Berliner dazu sagen würden, worauf ich antwortete, daß die Berliner zum Funkturm *Funkturm* sagen. Dem unterstellten Slang begegnet man aber auch in anderen Bereichen. Immer wieder trifft man auf *Zeitgenossen* – auch ein gut ausgelatschter Ausdruck –, die behaupten, daß Kinder und Jugendliche alte Menschen als *Gruftis* bezeichneten. Dieses von der Lesergemeinde sicher allgemein benasrümpfte Wort hat es mir besonders angetan, und durch einsames, einsteinisches Nachdenken ist es mir gelungen, dem Ursprung dieses Wortes auf die Schliche zu kommen. Wen das nicht interessiert, der kann ja inzwischen den neuen Techno-Joghurt probieren gehen, der unter der Bezeichung *Zott Galaxy* in den Geschmacksrichtungen *Cola Orange* und *Cuba Libre* erhältlich ist. Die Augen der anderen sollten fortfahren, treu durch meine Betrachtungen zu navigieren.

Also: Vor zehn oder zwölf Jahren fing es an, Jugendliche zu geben, die sich, angeregt durch akustische und optische Erscheinungen im Reiche des Poppes und Rokkes, in schwarze Tücher hüllten, sich die Haare dunkel und nach oben weisend machten und finster blickend durch die Großstädte schlichen. Wie sie sich selber nannten, weiß ich nicht, aber ich erinnere mich an eine so zurechtgemachte Frau, die sagte, sie wäre eine *Gothic-Frau.* Andere nannten diese Menschen Gruftis, und den Medien war zu entnehmen, daß sie in Särgen schlafen und nachts gar auf Kirchhöfen herumtoben würden. Nun muß man sich vorstellen, daß so eine junge Person durch eine Fußgängerzone geht. Neben ihr geht zufällig ein älterer Journalist. Den beiden kommen zwei Normaljugendliche entgegen, von denen der eine zum anderen sagt: »Kiek mal, een Grufti!« Der damit gemeinte Mensch hört das gar nicht, denn seine Trommelfelle sind okkupiert von einem satanischen Klangteppich aus dem damals gerade aufkommenden Walkman. Der ältere Journalist aber fühlt sich angesprochen und denkt: »Nein, diese mitreißende Volkskreativität! Klar, für diese Kinder bin ich schon so alt, daß sie mich quasi in der Gruft wähnen.« Dann schreibt der Herr mit jovialem Pfeifenraucherschmunzeln in seine Zeitung, daß alte Knacker von der Jugend heute Gruftis genannt werden. Andere schreiben es ab, plappern es nach, und ich würde mich nicht wundern, wenn es tatsächlich Kinder gegeben hat, die Grufti sagten. Ein anderes Beispiel für fremdbestimmten Volksmund ist *Ossi* und *Wessi.* Als unser

Land noch von Haß und Stacheldraht geteilt war, nannten die Ostdeutschen die Westdeutschen *Bundis* oder *Westler* oder, meistens, *BRD-Bürger* bzw. *Westberliner*. Die Westdeutschen nannten die Ostdeutschen überhaupt nicht, weil sie sich überhaupt nicht für sie interessierten (leider!), und wenn doch, dann sagte man *Ostler* oder *Ostrentner*. Diese Ausdrücke wurden auch in der Nacht beibehalten, als die Westdeutschen sich aus der Menge der durch die Grenzübergänge quellenden DDR-Bürger wahllos Exemplare herausgriffen, sie in Kneipen zerrten und Bier und Wurst in sie reinzwängten. Den Medien waren aber die alten Begriffe nicht sektlaunig und sympathiewiderspiegelnd genug, und da dachten sie sich »Wessi« und »Ossi« aus, und es dauerte nicht lange, daß die Menschen einander tatsächlich Ossi und Wessi nannten, allerdings leider ohne die erwünschte Sektlaune und Sympathie. Mit umso mehr Sektlaune möchte ich aber nun mitteilen, daß man mich erstmals seit sechs Jahren sonntags zwischen 18.40 und 19.09 wieder anrufen darf. Ich gucke keine Lindenstraße mehr, und zwar seit der Folge, die ganz und gar in der Ex-DDR spielte. Zu bekümmerter Musik von Enya zeigte man hustende Menschen, die in Mondlandschaften auf den Weltuntergang warten. Selbstverständlich gab es auch Rechtsradikale, die einen Ausländer alle machten. Alle Welt will einem weismachen, daß die Leute in den Neuen Ländern voll Haß und Verzweiflung mit Messern auf Birgit Breuel-Puppen einhacken und daß sie, wenn ihre marode Industrie gerade keine Birgit Breuel-Puppen liefern kann, sich statt dessen Ausländer vorknöpfen. Ich sage: Schluß jetzt damit! Die Ostbürger sind relativ prima drauf. Wer Düstergetue will, der soll in ein Sisters of Mercy-Konzert gehen und keine Stimmungsbilder aus dem Osten herbeifabulieren. Aber es gibt auch Klischees, die ins Positive verzerren. Jeder kennt die Bilder, auf denen westdeutsche Politiker von Kameras umringt in ostdeutsches Obst beißen. Die Faxe aus dem Bundeskanzleramt kann ich mir lebhaft vorstellen: »Verehrte Medienpartner! Der Bundeskanzler wird heute um 10.35 in der Soundsohalle einen Apfel aus den fünf neuen Ländern essen.« Statt zu sagen: Haha, *ein* Apfel aus *fünf* Ländern, wetzen sie alle dahin und knipsen den schmatzenden Staatsmann. Die Äpfel sind in der Tat köstlich. Bedenklich ist aber das übereifrige Beteuern, daß die Produkte aus den neuen Ländern mindestens genausogut, wenn nicht gar besser als die aus den alten sind. Dieses Gebaren erinnert mich an unweltläufige Hausgäste bei privaten Essenseinladungen. Personen, die sich gerade mal den ersten Bissen in den Mund geführt haben, aber sofort losschnurren »Hhmm« und »Mann, ist das lecker!« etc. Die in Benimmwegweisern angeführte Regel, daß man bei einer privaten Einladung das Essen grundsätzlich nicht lobt, sondern sich bei Verlassen des Hauses zwar für den schönen Abend, aber auf keinen Fall für das gute Essen bedankt, scheint veraltet zu sein. Auf jeden Fall aber lobt man eine Mahlzeit erst dann, wenn man sie gegessen hat! Ähnlich sollte man mit Lebensmitteln aus dem Osten verfahren. Ich habe vieles gekostet, und da ich in die Abwesenheit von Schleim und Kitsch wie vernarrt bin, muß ich sagen, daß die ostdeutschen Produkte häufig *schlechter* sind als die westlichen. Die Milch der Marke »Mark Brandenburg« ist die labbrigste, die es gibt. Da der Trend heute zu Milch mit naturbelassenem Fettgehalt geht, möglicherweise nicht homogenisiert, ist diese Marke aus den Kühlregalen meines Stammsupermarktes schon wieder verschwunden. Die Fischkonserven der Firma »Rügenfisch« sind matschig. Birnensaft von »Havelland« schmeckt nach Brackwasser, und das Knäckebrot aus Burg bei Magdeburg ist nicht knusprig genug. Wir Westbürger wollen knuspern und nicht auf laschen

Batzen herumkauen. Wenn wir am Knuspern gehindert werden, werden wir mysteriös und schreiben Texte, in denen 25mal das Wort »Grufti« vorkommt. Das muß man den Herstellern sagen, damit sie sich nicht über schmale Westabsätze wundern, obwohl die Produkte doch angeblich gleichwertig sind. Außerdem müssen sie ungewöhnliche, »verrückte« Nahrungsmittel herstellen, um den Altbundesbürger zu interessieren. Warum gibt es keinen Joghurt mit der Geschmacksrichtung »Deutsche Einheit«? Wenn es Joghurt gibt, der nach »Freies Kuba« schmeckt, sollte auch das möglich sein.

Da im Radio gerade der Schlager »Some broken hearts never mend« kommt, fühle ich mich, bevor ich beschreibe, wie ich neulich an einer Tiefkühltruhe stand, bemüßigt, zum Trost zu sagen, daß das in Ost-Berlin gebraute Bier viel besser schmeckt als das aus dem Westteil. Doch, wirklich! Also, wie schon angedeutet: Ich stand an einer Tiefkühltruhe und dachte an mein Gedächtnis. Um einen anvisierten Fischkonsum zu rechtfertigen, sagte ich mir: *Fisch enthält Phosphor, und Phosphor ist gut fürs Gedächtnis.* Ich sah den Fisch schon in meiner Pfanne brutzeln, als ich innehielt und mich fragte, woher ich das mit dem Phosphor überhaupt habe. Da fiel mir ein, daß ich diesen Satz vor zwanzig Jahren in einer Sprechblase gelesen habe. Donald Duck äußerte ihn gegenüber seinen des Fischverzehrs überdrüssigen Neffen. Wenn du dir das merken kannst, sagte ich zu mir, dann brauchst du wohl keinen Fisch mehr zu essen. Verdrossen ging ich heim, wo ich mich mal wieder mit Karnickelfutter stärkte, wie mein Vater, orthodoxer Kotelettschmurgler, Salat und Gemüse zu brandmarken pflegte. Erstaunlich ist es, mit was für Kleinigkeiten jemandes Laune zu vermiesen ist. Ebenfalls beachtlich ist, mit was für einfachen Mitteln eine Laune zu retten ist.

Ich hatte vor kurzem auf einem Universitätscampus zu

tun und war übellaunig, weil ich eine bestimmte Person nicht fand, sondern immer nur Bekloppte. Da öffnete ich die Tür zu einer Art Workshop-Hangar. Darin war nur ein

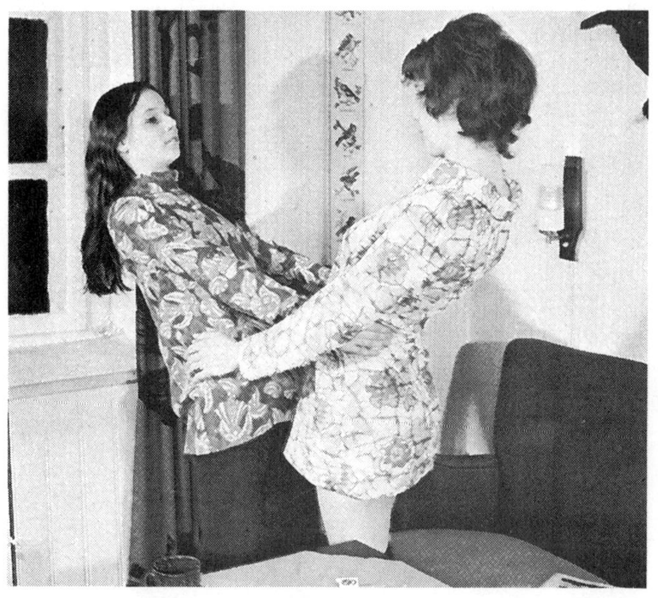

Sie sind nicht vom normalen Tanzen

wildes Weib, das zu spanischer Musik aus einem Ghettoblaster wie vom Satan besessen auf einem Brett rumtrampelte. Da ging ich lieber rasch wieder raus. Draußen fragte mich eine andere Frau: »Bist du vom normalen Tanzen?« Meine Antwort: »Ich bin von gar keinem Tanzen.« Die Frau: »Ach so, ich bin nämlich vom normalen Tanzen, aber ich habe heute gar keine Lust.« Ich wieder: »Da drin ist eine, aber ich glaube, die ist auch nicht vom normalen Tanzen.« Sie: »Nee, das ist die Dani, die macht Spanisch und deswegen.« Vergnügt verabschiedete ich mich. Es hatte mich sehr beflügelt, daß es jemand für denkbar gehalten hatte, daß ich vom normalen Tanzen wäre, denn meist werde ich als einer eingeschätzt, der vom Auf-dem-Sofa-Sitzen ist. Menschen krächzen gar ungläubig, wenn ich ihnen sage, daß ich mich als Jüngling freiwillig vom Zehnmeterbrett stürzte und sogar einen Führerschein besitze. Ich gelte als ein Bruder von *Ministerin Merkel.* Der traut man außer Schlurfen, Schleichen und Schlafen auch nichts zu. Wenn in der Tagesschau kommt, wie sie in ihrem Dienstwagen irgendwohin chauffiert wird, sieht sie aus wie eine sympathische Dorfbewohnerin, die in einem Preisausschreiben der Bonn-Werbung einen Tag Bonn incl. Fahrt in einer richtigen Politikerlimousine gewonnen hat. Immer wenn ich Frau Merkel sehe, schwebt eine Axt herbei, die meinen Kopf in einen Schlechtfind-Sektor und einen Gutfind-Sektor teilt. Die Hirnzellen im ersten rufen: Pfui, bäh, eine so wenig urbane Person soll die Frauen unseres Landes lenken? Unter den fettigen Haaren der Muff von vierzig Jahren! Wütend widerspricht der Gutfind-Sektor: Ach ach ach, wieso denn? Ist doch gerade gut, wenn so eine auch mal Ministerin sein darf! Das gibt es auf der ganzen Welt sonst nicht! Auf jeden Fall gibt diese Frau meiner Phantasie Zunder. Ich glaube z. B. daß sie, wenn sie Suppe ißt, unglaublich lange ihren Löffel anpustet und sagt »Heiß, heiß«, und daß auf dem Boden ihrer Handtasche allerlei Krümel und Flusen undefinierbarer Herkunft liegen sowie ein altes Pfefferminzbonbon festklebt. Ich fürchte, wenn ich eine Akte über diese Dame anlegen müßte, kämen häufig Begriffe wie »festkleben« oder »Fettfleck« darin vor. Ich möchte sie aber nicht kränken. Mit Rücksicht auf sie würde ich eine Stelle als Politikerkopfkissenkontrolleur auch ablehnen. Sie hat ja auch recht: Haarwaschmittel reizen die Kopfhaut und belasten die Gewässer. Es lebe daher hoch der naturbelassene pH-Wert der Kopfhaut von Angela Merkel und das Bemühen, laut knusperndes Knäckebrot herzustellen, damit man das vom Westen inszenierte Ostgestöhne nicht mehr hören muß. Lang lebe aus diesem noblen Grunde Finncrisp! Grufti, Grufti, Grufti, Grufti, Grufti, Grufti, Grufti, Grufti, Grufti, Grufti, Grufti, Grufti, Grufti, Grufti, Grufti, Grufti, Grufti, Grufti, Grufti, Grufti.

Nachbemerkung Herbst 1992:

Zu diesem Text erreichten mich ungewöhnlich viele Zuschriften. Alle betrafen ein Thema: den Fisch-Phosphor-Satz, von dem ich meinte, daß Donald ihn gesagt hat. In den meisten Briefen stand, daß Goofy den Satz gegenüber Micky geäußert hat. Nun war ich verwirrt, da ich in der Jugend kaum Micky Maus-Geschichten gelesen hatte, sondern immer nur Donald Duck-Hefte. Wie geriet ein Ausspruch des verhaßten Goofy in mein Langzeitgedächtnis? In meiner Ratlosigkeit wandte ich mich an die deutschen Donaldisten, deren Zeitung ich immer wieder mal gerne lese. Ich fragte, ob Frau Dr. Fuchs diesen Satz vielleicht in mehreren Geschichten verwendet hat. Die »Präsidente der D.O.N.A.L.D.«, Herr Andreas Platthaus, gab mir verneinenden Bescheid. Allerdings gebe es eine Fisch-Geschichte namens »Gehirnnahrung«, in welcher Donald sagt: »Fisch ist reine Gehirnnahrung. Wer seine Geisteskräfte steigern will, muß Fisch essen. Das weiß man doch.« Doch da baust die Meis keinen Faden ab: Ich irrte. Bei allem Respekt für Erika Fuchs, deren Kunst mein Sprachgefühl sicher nachhaltiger und positiver beeinflußt hat als alle Schullektüre, möchte ich deswegen aber nicht sehr lange mit gesenktem Haupt herumlaufen.

Das Diskretionsteufelchen und der Motivationsfisch

(Juli 1992)

Aus dem Munde eines Menschen, der Schauspieler nicht mag, hörte ich neulich eine hübsche Schmähung springen: »Pah, Schauspieler! Fünf Schals, und sie kratzen sich mit der linken Hand am rechten Ohr.« Keine Ahnung, wo er das mit den fünf Schals herhat, aber auch mir war die Welt des Theaters immer fern, besonders störte mich stets das Bühnengepolter, wenn flott angetanzt oder mal gerungen wird. Warum legen die die Bühnen nicht einfach mit Schaumstoffmatratzen aus? Dann müßten die Schauspieler nicht mehr so schneidend und überakzentuiert sprechen, und der etwas eiernde Gang, den sie dann zweifelsohne einlegen würden, verliehe mancher Klassikerinszenierung ganz ohne entstellende Aktualisierungen eine völlig neue Würze. Ebenfalls war ich nie Verehrer von Filmschauspielern. Was an Romy Schneider oder Humphrey Bogart toll sein soll, mögen mir dereinst die Engelein verklickern, wenn ich mit Auszeichnungen für Aufrichtigkeit behangen durch den Himmel spaziere. Zu Lebzeiten habe ich keine Zeit, mir erläutern zu lassen, warum Posen oder persönliche Schicksale postum verklärt werden müssen. Bei anderen Stars sind die Quellen des Ruhms leicht zu orten. Marlon Brando ließ sich in seinen frühen Filmen ungewöhnlich oft *von hinten* aufnehmen, und Marlene Dietrich ist berühmt wegen ihrer komischen Augenbrauen. Ich bin nicht Kinomane noch Transvestit, aber als ich hörte, daß nach ihrer Beerdigung ein »Defilée der Bürger« vonstatten gehen solle, sagte ich: Da muß ich mitdefilieren.

Ich hatte mir die Mythosverscharrung als ein unwürdiges Spektakel ausgemalt. Rempelnde und dröhnende Urberliner, die auf dem winzigen Friedhof Rabatten zertram-

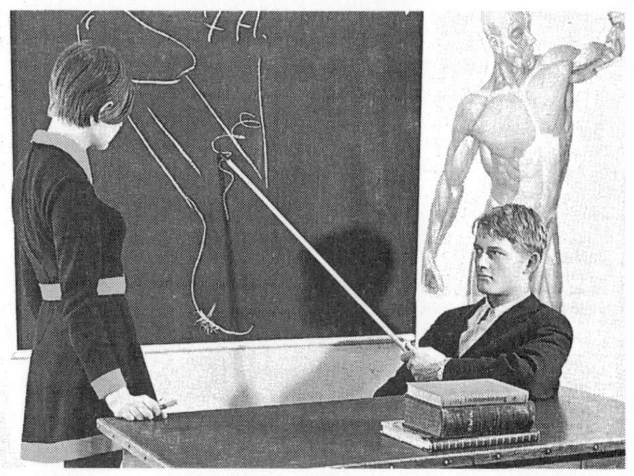

Paul Rindfleisch unterrichtet Anna Schande

peln, Grabschmuck mopsen und in Hecken pinkeln, halt so, wie man sich als Lackaffe die Berliner vorstellt. Doch da hatte ich mich verlackafft. Geduldig und stille stand man in der langen Schlange, man sah kein verrohtes, dummes Gesicht, keiner schlabberte an Limonadendosen. Die Leute kamen in Straßenkleidung, manche trugen schwarze Jeans, nur wenige Trauergewand. Ein Muskelmann hatte sich eine schwarze Binde um den Bizeps geschnürt, eine junge Frau erschien mit selbstgepflückten Gänseblümchen, viele hatten eine Rose dabei, die ein bißchen aussah wie vortags in der Kneipe gekauft. Paul Rindfleisch und Anna Schande sind zu etwas Ruhm gelangt, denn jeder kam an ihren Gräbern vorbei und sagte leise oder dachte: Schau, da hieß eine Anna Schande, und denk dir nur, da liegt Paul Rindfleisch. Doch niemand lachte grell, und die ganz paar Nachtgewächse, die angemalt und mit Koffern (berühmtes Lied!) auftauchten, standen an wie alle und störten überhaupt nicht. Nach zwei bis zweieinhalb Stunden war ein jeder dran mit Erdewerfen und bemerkte den Kranz der Alternativen Liste sowie den schäbigen der Knef. Schönes Wetter, keine Trauer, aber irgendwie Dank und Respekt. Prima wars am Grab des Stars!

Der raffgierige Enkel der Diva hat Photos ihrer Wohnung an die Zeitschrift Bunte verscherbelt. Man sieht den besudelten Teppichboden und ihr Telephon, das von Tesafilmstreifen zusammengehalten wird, so zertelephoniert ist es. Ich finde, bevor man stirbt, sollte man unbedingt seine Wohnung renovieren oder zumindest aufräumen, was natürlich auch bedeutet, daß man *rechtzeitig* sterben sollte, und nicht erst, wenn es gar nicht mehr anders geht. Deswegen ist es auch taktlos, andere Leute zu ermorden. Man nimmt ihnen dadurch die Möglichkeit, gewisse Dinge beizeiten fortzuschaffen. Einem Bekannten von mir oblag es einmal, die Wohnung eines Verwandten zu entrümpeln, der von einem Auto totgefahren worden war, und dann stand er da mit zwanzig Jahrgängen der Zeitschrift Sonnenfreunde und ganzen Kisten mit Filmchen und Videos. Um Leser, deren sittliche Festigkeit noch unvollkommen ist, vor irritierenden Spezialdurchblutungen zu verschonen, würde ich auf Fragen wie »Was denn so für Filmchen?« nicht mit farbigen Einzelheiten, sondern nur mit einem vagen »Na, was für Filmchen wohl!« antworten. Was aber sollte nun mein Bekannter mit seinem problematischen Erbgut anstellen? Einfach wegwerfen? Nein, sein Verwandter hatte offenbar sein gesamtes Vermögen in diese Anregungsmedien investiert. Wegwerfen wäre praktisch der Vernichtung eines Lebenswerkes gleichgekommen. Hätte mein Freund daher die heikle Habe in eine Stiftung überführen und der Öffentlichkeit zugänglich machen sollen? Ein kauziger Gedanke! Er schmiß sie also doch in den Container, nicht ahnend, daß er sich damit strafbar machte. In der Zeitung las ich nämlich einmal, daß ein Herr am Tage vor seiner Hochzeit einige Eheersatzbildbände arglos in den Altpapiercontainer gab. Wühlende Kinder wühlten sie hervor und brachten sie zur Mama, welche daraufhin fauchend zum Polizeirevier stapfte. Der Mann wurde irgendwie ausfindig gemacht und mit einer hohen Geldstrafe belegt. Um die scheelen Blicke seiner jungen Frau wollen wir ihn nicht beneiden. Ich habe einen Vorschlag, wie man dieses Entsorgungsproblem in den Griff kriegen könnte. Es gibt ja luxuriöse Telefaxgeräte mit Diskretionsbriefkasten, d. h. mit einem zweiten, vergitterten oder sonstwie gesicherten Auswurfschlitz, wo man nur mit einem Schlüssel rankommt. Sekretärinnen auf der ganzen Welt schätzen diese Ausrüstung, denn schweinische Briefe beleben den Büroalltag sehr. Nun müßte es auch Diskretionscontainer geben, in welchen mechanische Teufelchen sitzen, die alles zerfetzen. Für mancherlei wäre so etwas gut. Ich habe z. B. noch ein großes Konvolut Jugendgedichte, die ich nie in den normalen Müll geben mochte, weil ich befürchte, daß ein Herr von der Stadtreinigung ihrer findig werden und sie veröffentlichen könnte, um in Talkshows als Müllmann der Lyrik gefeiert zu werden. Mir und all den Lebensmüden, die ihren Angehörigen Schockerlebnisse beim Schubladenöffnen ersparen wollen, wäre damit sehr gedient. Ich sehe sie schon pilgern, all die Überdrüssigen mit ihren Koffern und Tüten voll Schund, wie sie geduldig, vielleicht betend vorm Diskretionscontainer anstehen. Daneben sollte sich ein modernes Einschläferungsstudio mit gepolsterten und angenehm temperierten Kabinen befinden. Ich finde es eine gesamtgesellschaftliche Ungezogenheit, von erwachsenen Menschen, die ihre Lebenslust eingebüßt haben, zu erwarten, daß sie sich von Bürohochhäusern auf Gehwegplatten schmeißen, dabei auch noch Gefahr laufen zu überleben, weil sie statt auf harten Stein auf eine weiche Oma fallen, oder daß sie widerliche Tabletten schlucken und infolgedessen, statt friedensreich hinwegzudösen, an ihrem Erbrochenen ersticken. Freilich müßte man Sorge tragen, daß da keine Teenager mit Liebeskummer oder unreife Studentlein eingeschläfert werden, die es in ihrer Wohngemeinschaft nicht mehr aushalten. Bis vierzig sollte es schon jeder aushalten müssen. Danach ist die Zeit für freies Entscheiden.

Ich stelle es mir so vor: Vor dem Eingang des, nennen wir es: »Haus des sanften Lebensendes« – es könnte sich auf einer Flußbrücke befinden – steht eine adrett gekleidete Psychologin. Die sagt zu dem Lebensmüden: »Sehen Sie diesen garstig schmutzigen Fluß? Gäbe es unser Haus nicht, müßten Sie da hineinspringen, und im Wasser würden Sie, trotz Todeswunsch, instinktiv nach Luft schnappen, und dann schwömme Ihnen ein todkranker Fisch mit scheußlichen Krebsgeschwüren in den Mund. An dem würden Sie ersticken. Und Ihre Angehörigen müßten Sie dann in der Leichenschauhalle mit dem Fisch im Mund identifizieren.« Sie zeigt dem Kandidaten ein gräßliches Foto vom Fisch. »Pfui Spinne«, sagt der Lebensmüde. »Na, sehen Sie«, spricht die Psychologin, »nun zeigen Sie mal Ihren Ausweis her, und haben Sie es sich auch gut überlegt? Soo schlimm ist es doch gar nicht, sehen Sie doch mal, die lustigen Gimpel im Geäst!« »Doch, es *ist* so schlimm, und die Gimpel können mir nichts mehr geben.« »Prima, dann jetzt hübsch rein mit Ihnen.« Jetzt hat die Dame mich erspäht .. »Ach, gute Frau, ich habe nur eben meine Gedichte aus den Siebziger Jahren dem Diskretionsteufelchen anheimgegeben, und nun wollte ich Ihnen ein wenig bei Ihrer sinnvollen Arbeit zusehen.« Die Frau scheint nicht zu hören. »Sehen Sie diese verschmutzte Kloake? Wenn es unsere Institution nicht gäbe, müßten Sie an diesem tumorüberwucherten Fisch ersticken, und Ihre

Angehörigen würden Ihr Leichentuch vollkotzen, und deshalb rein mit Ihnen und . . .« »Nein, nein, ich will nicht sterben«, unterbreche ich sie, »ich wollte nur mal gucken.« »Das sagen sie alle«, ruft sie und beginnt mir am Blouson zu zerren. »Nein, ich will nicht, ich habe mir gerade einen Bademantel und ein Fax und einen Pürierstab gekauft, und ich will noch ganz viel im Bademantel herumlaufen, faxen und pürieren im Leben!« Die Dame ist wie wild. Da nehme ich ihr das Fischphoto weg und zerreiße es. »Sie haben meinen Motivationsfisch zerrissen«, plärrt sie, ich verkrümle mich, und schon erörtern die daseinslahmen Heftchenvernichter, welche hinter mir standen, die Bestellung eines Sammeltaxis zum nächstgelegenen Fernmeldeturm.

Tja, so gehts, wenn gutes Recht in überforderte Hände gerät. Vor kurzem war ich noch für Einschläferungsstudios, doch das böse Weib hat mir die Meinung geändert. Einst war ich für das Recht auf Abtreibung, dann war ich fünf Jahre dagegen, seit fünf Jahren bin ich wieder voll dafür – ein Meinungshinundher ist das! Bin ich blöde oder was? Nein, wer seine Meinung ändern kann, der lebt noch gern und braucht sich nicht einschläfern zu lassen. Der Meinungswandel gehört zum Leben, ebenso wie der Stimmungsumschwung. Zu diesem jedoch pflegen viele ein ungesundes Verhältnis. Kein Mensch hat Anspruch auf psychische Unversehrtheit und ein kalifornisches, d. h. stets besonntes Gemüt. Kommen finstere Stimmungsepisoden angeschlichen, dann muß man sich mit ihnen arrangieren, und wenn einem mal drei Tage lang Selbstmordvisionen im Hirn umherfegen, dann hat man das gefälligst auszuhalten. Doch ach, die Menschen rennen gleich zu Therapeuten, Psychiatern etc. und klagen gute Laune ein. Unsinn, Blödsinn, Wahnsinn! All die Seelenfritzen und -susen sind schlecht. Die wollen nur unser schönes Geld, damit sie ganz alleine in Achtzimmerwohnungen in Charlottenburg wohnen können, die sie mit Antiquitäten vollstopfen. Es gibt nämlich gar keine Wohnungsnot, sondern nur zu viele Zahnärzte, Innenarchitekten und Zeitungsredakteure, die ganz alleine in riesigen Altbauwohnungen wohnen, bzw. meistens nicht wohnen, weil sie ja die ganze Zeit in In-Lokalen hocken müssen und dummes, dünnes, mexikanisches Szene-Bier saufen. Am nichtsnutzigsten sind aber Therapeuten usw. Alle, alle, alle! Einst hatte ich einen bösen Ausschlag. Der Hautarzt hatte natürlich keine Ahnung, was das für ein Ausschlag war, und seine Salben fruchteten nichts. Da ging ich zu einem Heilpraktiker mit einem Fusselbart, der meinte, ich hätte Neurodermitis und daß die Haut der Spiegel der Seele sei und ähnliche Waschweibermärchen, und daß mich nur der Gesprächstherapeut retten könnte, der er nebenbei praktischerweise auch noch wäre. Ich mochte dem schmierigen Herrn aber nichts über meine Mutter erzählen. Da rief er: »Du blockst noch, du blockst noch«, worauf ich rasch das Weite suchte und einen anderen Hautarzt konsultierte, welcher mir riet, ich sollte mal einen Monat nicht baden und duschen. Und siehe da, nach einem Monat war der Ausschlag fort und kam nie wieder. Von wegen Spiegel der Seele! Gesprächstherapie wegen Pickeln! Nun höre ich berechtigte Einwände von altersweisen Differenzierern, daß man doch nicht alle Therapeuten, Psychiater etc. in einen Topf werfen könne. Da rufe ich unberechtigterweise: Doch! Alle in einen Topf! Und dann kaltgewordenes Würstchenheißmachwasser drüber und Deckel zu! Danach wollen wir sie alle auf einem riesigen Friedhof verbuddeln und uns auf der Beerdigung recht würdelos benehmen. Wir werden an Brausebüchsen schlabbern, in Hecken pullern, uns über die Namen auf den Grabsteinen grölend lustig machen und die ganze Nacht auf Bongos spielen. Dann ziehen wir in die freigewordenen Achtzimmerwohnungen, wo wir den ganzen Tag im Bademantel herumschlurfen, Sachen pürieren und einander wirre Texte faxen.

Das waren jetzt 13 K-Bytes. Hier noch ein K-Byte Nachbemerkungen:

1) Jaja, möglicherweise sind es nicht Innenarchitekten und Zahnärzte, die dieses teure Corona-Bier trinken, aber was sind denn das für Dummerles, die das tun? Man muß immer heimisches Bier trinken, denn es spottet jeder ökologischen Vernunft, Energie dafür zu verschwenden, Bierflaschen um den halben Globus zu transportieren, nur um überreizten Großstadtkindern exotische Sensationen zu bieten.

2) Ich hätte diese Kolumne durchaus mit Bildern von der Dietrich-Beerdigung illustrieren können, aber ich fand das fad. Hier nun ankreuzen, ob es inzwischen eine lauwarme Masche ist, daß die Fotos eine höchstens metaphysische Beziehung zum Text haben.

☐ Ja
☐ Nein
☐ Ich husche lieber meinungslos zur Seite.

Kreuz mit zartem Bleistift machen. Nirgendwo hinschikken.

Gemeine Gentechniker wollen Ute Lemper wegen der Hitze in eine Euterpflegecreme-Fabrik auf Helgoland verwandeln

(August 1992)

Heute früh ereignete sich ein Zwiegespräch zwischen mir und der Hitze. Ich sagte: »Liebe Hitze! Ich muß heute kolumnieren und daher bitt ich dich: Würdest du so umgänglich sein, wenigstens für einen Tag mit Brüten und Braten innezuhalten, damit ich meinem Kopf einige überraschende Gedanken bzw. blumige Sentenzen abtrotzen kann?« Die Hitze antwortete: »Was hat dich enthemmt, daß du mir mit Forderungen kommst? Wenn es mir behagt, im Verbund mit meiner hageren Schwester, der Trockenheit, die Landwirtschaft Dänemarks zu ruinieren, dann werd ich wohl kaum zögern, dein Hirn zu Dörrobst zu machen. Einen Rat mag ich dir dennoch geben: Wenn Flottschreibern nichts einfällt, dann schreiben sie entweder über Eisenbahnfahrten oder über Ute Lemper. Tu es ihnen gleich!«

»Ich bin aber kein Flottschreiber«, rief ich noch, doch die Hitze schwieg. Nun denn: Ute Lemper. Zu dieser Frau fiel mir jüngst ein treffender Vergleich ein: *Ute Lemper ist wie Heidelberg*. Heidelberg ist in Deutschland deswegen berühmt, weil alle Amerikaner und in ihrer Folge auch alle Japaner dahin fahren. Das liegt nicht daran, daß die Stadt irgendwelche einzigartigen Schönheiten aufzuweisen hat, sondern daß sie vom Frankfurter Flughafen aus günstig zu erreichen ist. Darüber hinaus hat es irgendwann einmal eine in Amerika populäre Operette gegeben, die im Heidelberger Studentenmilieu spielte, und da dachte man in den USA, daß Heidelberg wohl etwas Besonderes sein müßte. Bei Ute Lemper ist es nicht viel anders. Sie ist in Deutschland nicht wegen künstlerischer Leistungen berühmt geworden, sondern weil sie angeblich im Ausland berühmt ist, obwohl sich wahrscheinlich nie jemand die Mühe gemacht hat nachzuprüfen, ob das nicht nur ein Trick ist. Inzwischen ist Ute Lemper zusätzlich auch noch dafür berühmt, daß sie der Ansicht ist, in Deutschland nicht berühmt genug zu sein. Selbstverständlich ist Ute Lemper auch gut vom Flughafen aus zu erreichen.

Nun zur Eisenbahn. Wenn man in einen IC oder ICE steigt, muß man immer davon ausgehen, daß 20 bis 30% der Fahrgäste Schriftsteller und Journalisten sind, die darauf warten, daß ein Klo verstopft ist oder daß eine Horde brüllender Bundeswehrsoldaten oder Schlachtenbummler Bedenken wegen der Nationalität des Minibarkellners kundtut. Darüber wird dann mit ein bißchen Heiterkeit und viel Kopfschütteln ein Artikel für die Vermischtes-Seite geschrieben. Sobald aus den Lautsprechern eine Durchsage dringt, daß der Zug zehn Minuten Verspätung habe, werden Kollegmappen und Laptops aufgeklappt, und der Waggon ist erfüllt von emsigem Krakeln und Klappern, denn nichts drucken Zeitungen lieber und häufiger als tantige Artikel über die vermeintliche Uneffizienz der Bahn. Dabei gibt es mittlerweile sogar im Berlinverkehr wieder Sitze wie Sand am Meer, und man hat es kommod und wohltemperiert zwischen lauter Leseratten und Umweltengeln. Vereinzelt darf man auch Sonderlingen ins Auge blicken. Neulich setzte sich ein Mann mit schrundiger Haut gegenüber von mir an meinen Großraumwagen-Tischsitz. Er hatte nur einen Plastikbeutel dabei, aus welchem er eine riesige Tube holte, mit deren Inhalt er sich schnaufend Arme und Hals einrieb. Auf der Tube las ich: HAKA EUTERPFLEGE – *Spezialemulsion zur Pflege des Euters und der Zitzen.* Da mußte ich schon all meine menschliche Reife bündeln, um mein Grinsen so zu gestalten, daß man es gerade noch als freundliches Lächeln interpretieren konnte. Dann kaufte sich der Mann beim Minibarmann ein in Plastik eingeschweißtes Stück Marmorkuchen. Er kriegte aber die Tüte nicht auf, und da ich ja die ganze Zeit so »freundlich lächelte«, bat er mich, es mal zu versuchen. Er hätte sich eingecremt und daher fettige Hände. »Jaja, ich habs gesehen, mit Creme für Kühe«, hütete ich mich zu sagen und machte ihm den Kuchen auf. Nach vollzogenem Imbiß strich er die Krümel vom Tisch in die Marmorkuchentüte, fügte auch meine Kaffeesahnenäpfchen hinzu, deutete auf den gesäuberten Tisch und rief beglückt: »Appetitlich frei, appetitlich frei!« Jetzt wurde der Mann müde und machte es sich auf der soeben freigewordenen, gegenüberliegenden Vierergruppe zum Schlafen bequem. Seine Tube ließ er aber vor mir auf dem Tisch liegen. Bald gesellte sich ein anderer Reisender zu mir. Der blickte auf die Eutercreme und dann auf mich. Blickte lange auf mich. Stellte Beziehung zwischen mir und der Creme her. Ich schwieg. Er blickte. Dann griff er seine Tasche und setzte sich woanders hin, und zwar gegenüber dem schlafenden Schrundigen. War vor kurzem mein Lächeln auch noch breit wie Österreich gewesen, nun war die Lebensfreude schmal wie Chile. (Ein Vergleich für Leute mit Globus.) Immer wieder stelle ich verwirrt, verärgert, manchmal auch zufrieden fest, daß ich offenbar sensibel bin. Darf man sensibel sein? Menschen, die Verständnis dafür haben, daß ich nicht rufen mochte »Das ist doch dem da seine Zitzensalbe!« reiche ich gerne eine warme und dankende Hand.

Noch mehr Eisenbahnerlebnisse? Gut, gut, die Hitze ist die Herrin. Einmal unterhielten sich zwei ältere Damen über Gentechnik. Ich will mich darauf beschränken, zwei besonders schöne Sätze aus ihrer Konversation kommentarlos, aber unbedingt zustimmend weiterzuleiten.

»Also, wer einen lila Apfel kauft, ist aber selber schuld.«

»Was soll denn das? Schokolade aus Federn! Das will doch kein Mensch!«

Und wenn ich schon dabei bin, will ich auch noch die Geschichte mit der heiseren Minibarkellnerin loswerden. Normalerweise rufen diese Leute immer »Heiße Würstchen, Kaffee, Cola, Bier«, wenn sie ihren Karren durch den Gang rollen. Eine Kollegin war aber mal heiser, und man hörte sie nur »Minibar, Minibar« krächzen. Als sie an meinem Sitz angelangt war, sprach sie »Mini-« – es folgte ein ausgesprochen undamenhaftes, explosionsartiges Räuspergeräusch – und dann sagte sie »-bar, Entschuldigung, Minibar, Frosch im Hals.«

Nun ist aber Schluß mit Eisenbahn. Laßt uns auf das Schiff zum legendenumspülten Pollenallergiker-Paradies *Helgoland* gehen. Ich kenne schon die Erfrischungsstände auf der Zugspitze, am Deutschen Eck, in Friedrichsruh, bei den Externsteinen und allerlei anderen deutschen Identifikationsstätten. Helgoland fehlte mir noch in meiner Sammlung von Besuchen klassischer Ausflugsziele. Mich reizte der Mythos des Ausgebootetwerdens. Schon als Kind hatte ich im Verwandtenkreis mit Gänsehaut den Erzählungen gelauscht, wie man mitten auf der tosenden See von grimmigen Matrosen in winzige Ruderboote geworfen wird, und wem schlecht wurde, den hielten sie an den Beinen über das Meer. Seeleute sollen ja zur Grobheit neigen. In Wirklichkeit freilich verlief alles gemächlich, auch zahlreiche Greisinnen und Rollstuhlfahrer quietschten froh und nahmen keinen Schaden. Auf dem Boot genoß ich mein erstes Frieren seit drei Monaten. Ich finde es viel schrecklicher, drei Monate nicht frieren zu dürfen, als z. B. drei Monate dem Geschlechtlichen zu entsagen. Ich schloß die Augen und fror wie ein rechter Temperaturen-Gourmet. Beim Ausbooten wird man übrigens fotografiert, und bei der Rückfahrt kann man das Ausbootungsbild für 9 DM kaufen. Die beiden mich begleitenden Herren und ich fuhren aber nicht am gleichen Tag zurück, sondern wir mieteten uns ins Haus Stranddistel ein. Stets war ich der Auffassung, daß man auf schroffen Felsen, wenn man da schon unbedingt hin muß, auch übernachten sollte. Im Atlantik z. B., weit jenseits der Hebriden, gibt es das Inselchen *St. Kilda,* auf dem es nichts Interessantes gibt außer dem endemischen *St. Kilda-Zaunkönig,* einen Singvogel, dem unentwegt eine Schar mit Mikrofonen und Kameras ausgestatteter *Ornis* (wie Vogelfreunde sich selber kosen) auf Zehenspitzen nachstellt. Da die Insel unbewohnt und abgelegen, gilt es in der britischen Männerwelt als ultimative Initiation, eine Nacht dort zu verbringen, und wer das geschafft hat, wird Mitglied im exklusiven *St. Kilda Club,* wo man sein Lebtag tief in sich verankert vorm Kamin seine Taschenuhr mit Zigarrenrauch bepusten darf. Gerne wüßte ich, ob es einen entsprechenden Helgoland-Club gibt. Ich hätte nichts dagegen, mich einmal im Monat mit einigen alten Haudegen in einem Freimaurer-Logenhaus zu treffen, um, bald friesisch, bald lateinisch brabbelnd, mit Feldstecher in der einen, Säbel in der anderen Hand, durch die Gänge zu fegen. Allerdings läßt ein Hotel, wo auf der Zahnputzbecherkonsole eine Gratisprobe Feuchtigkeitscreme für die Haut über 40 liegt, nicht auf eine besonders dramatische Übernachtung schließen. Es kreiste kein Rettungshubschrauber über unseren Betten, bereit, drei bibbernde, in Decken gehüllte Elendshäufchen zu bergen, welche von Mut und Mannesstolz im Stich gelassen. Wir ratzten festländisch konventionell durch. Viel außer Schlafen, dem Inhalieren staubfreier Luft und stundenlangem Ansichtskartenschreiben gibt es auch nicht zu tun, denn beim Thema Sehenswürdigkeiten kommt wohl auch der größte Helgoland-Fan trotz der staubfreien Luft ins Themenwechsel-Hüsteln. Außer den Wohnhäusern aus den sechziger Jahren, über die ich mir allerhöchstens ein anerkennendes »sehr zweckmäßig« abringen kann, und einem Aquarium mit Spezialbecken für Seegurken gibt es kaum was, und die Naturschönheiten sind eher »For Ornis Only«, wobei man aber nie sicher sein kann, ob die Ornis echt sind und nicht etwa getarnte Gentechniker, die aus den Federn der Vögel Schokolade machen wollen. An Spezialitäten gibt es *Eiergrog,* eine schaumige Sache, worin der Trinkhalm aufrecht steht.

Helgoland ist also richtig langweilig. Allerdings liebe ich Dinge, die von Adventureholics als »langweilig« angesehen werden. Wenn im Fernsehen die Reifen quietschen und die Pistolenkugeln in der Menschen Schädel nur so reinhageln, suche ich mir rasch ein Programm, das einen ökumenischen Gottesdienst überträgt. Ich sitze gern in leeren Lokalen und bevorzuge Musik mittleren Tempos. Von mir aus könnte die Welt aus Menschen in grauen Pullovern bestehen, die aus Leihbüchereien ausgeliehene Bücher lesen, die sie schonungshalber in Packpapier einschlagen. Lieber würde ich mich zwingen lassen, allein einen Sonntagnachmittag im November in der Fußgängerzone einer thüringischen Kleinstadt totzuschlagen, als mit ausgelassenen Menschen einen Bummel durch die Düsseldorfer Altstadt zu machen. Oder noch schlimmer: Mit den beiden Assistentinnen aus der *Goldenen Eins,* Andrea aus München und Andrea aus Hamburg, *und* Ute Lemper einen Düsseldorfer Altstadtbummel machen, und in dem Lokal, wo man über eine Rutschbahn reinmuß, begegnet man dann Rudi, dem Glücksschwein. Oink, oink, oink. Das absolute »Unterhaltungsdelirium« (Arnold Schönberg). Eine Vorstellung, so eklig wie ein Splatter Movie oder . . . ein *Kochlöffel-Imbiß.*

Auf dem Schiff mutmaßten meine Begleiter und ich, was

es auf Helgoland wohl für eine Fast-Food-Ketten-Filiale geben könnte. Einer der Herren meinte gar keine, und er wäre froh, daß er eine Packung Finncrisp dabeihätte. Der andere Herr sowie ich äußerten die Annahme, daß es wohl einen Kochlöffel-Imbiß geben würde. Das ist eine Kette, die nur in kleineren Städten Betriebe unterhält; in größere Städte, mit Ausnahme, glaube ich, von Bochum, trauen die Brüder sich nicht rein. Und richtig: Direkt neben dem Fahrstuhl zum Oberland befindet sich ein richtig widerlicher kleiner Kochlöffel-Imbiß. Den schmuddeligsten Kochlöffel sah ich mal in *Worms:* Die Inneneinrichtung ganz verbogen und zerkratzt, die Stühle fast ohne Beine, alles voll Schmutz, und ich aß eine Frühlingsrolle. Totensonntagsrolle wäre eine treffendere Bezeichnung gewesen. Wenn es irgendwo einen Kochlöffel-Imbiß hat, der noch schmieriger ist, würde ich mich um Nachricht freuen.

Worte wie Heu

(September 1992)

Gerne denke ich an Wien. Dort gilt es nicht als spleenig, sich in ein Lokal zu setzen, möglicherweise gar in ein Exemplar der in Deutschland stark bedrohten Spezies »Lokal ohne Musik«, um dort ein Buch zu lesen, einen Brief zu schreiben oder Einfälle in ein Oktavheft zu notieren. Schon die Gymnasiasten lieben es, ihre Hausaufgaben im Kaffeehaus zu erledigen. In einem Berliner Lokal würde ich es nie wagen, ein Buch zu lesen, obwohl ich das gerne tun würde. In der Wohnung kann ich mich auf Lektüre nicht konzentrieren. Dort gibt das Telephon Geräusche von sich, die man aus Formulierungsfaulheit noch immer als Klingeln bezeichnet, dort müssen regelmäßig 27 Kanäle durchgeschaltet werden, dort liegt ein Zuckertütchen auf dem Teppich und will aufgehoben werden; Zettel bitten darum, zu entscheiden, ob ich sie fortwerfe oder irgendwo abhefte, der Müll beginnt zu miefen, dann muß ich mal wieder Info Radio 101 anstellen, wo alle zehn Minuten die Temperatur und die aktuellen Flugverspätungen durchgegeben werden, dann muß ich alleweil zum Kühlschrank schleichen, ob nicht doch irgendwas »Interessantes« drin ist, dann stehe ich mit schiefem Kopf vor dem Plattenregal und stelle fest, daß die Morrissey-Maxis nicht in der Reihenfolge ihrer Veröffentlichung stehen: Ich ordne sie neu, ärgere mich dann über diese sinnlose Pedanterieattacke und über das schöne Geld, das ich für Platten ausgebe, die ich einmal höre und dann nie wieder, wonach ich gucken muß, wieviel ich eigentlich auf dem Konto habe, und in der Schublade, wo das Sparbuch drin ist, liegt ein Bündel alter Briefe, die ich *alle* noch einmal lese, und rawusch ist der Abend vorbei, und das Buch liegt ungelesen im Sessel. Wie vergleichsweise arm an Zerstreuungen sind Kneipe und Café! Ein vielzitierter Satz von einem dieser vielzitierten alten Wiener Literaten, von welchem ist mir wurscht, besagt ja, daß das Kaffeehaus der Ort für Leute sei, die zum Alleinsein Gesellschaft brauchen. Diese Erkenntnis steht zwar in der Hitparade abgedroschener Zitate nur wenige Plätze hinter »mit der Seele baumeln«, »Menschliches und Allzumenschliches« und »Denk ich an Deutschland in der Nacht . . .«, doch sie macht mich heftig mit dem Kopfe nicken. Aber keine Schangse in Berlin: Wenn man in hiesigen Lokalen Dinge in kleine Heftchen notiert, wird man angesehen, als ob man gerade der Psychiatrie entwichen sei, oder argwöhnisch ausgefragt: *Was schreimsen da?* und warum man das mache. Ganz arg wirds, wenn dem Oktavheftvollschreiber etwas Lustiges einfällt, über das der lachen muß – da erkundigt sich die Kellnerin schon mal beim Kollegen nach der Telephonnummer gewisser weißgekleideter Herren kräftigen Zugriffs. Nein, das darfs nicht geben, daß einer allein an einem Tische sitzt und sich kraft eigener Gedankenmanipulation gute Laune herbeialchemisiert, während die geselligen Ibizaleute am Nebentisch mit den Fingern knacksen, um einander zu unterhalten. Gewiß bin ich ein glühender Verfechter des gemütlichen Zusammenseins und Umherstrolchens. Wie sagt man in Berlin? »Und dann ziehn wa mit Jesang in das nächste Restorang . . .« Aber doch nicht jeden Abend! Die Obermotze der Firma Herlitz werden mir bestätigen, daß sie Oktavheftchen herstellen, damit man emsig in sie hineinschreibt, und nicht, damit man singend durch die Straßen läuft. Ein anderes Notizbuch befindet sich auf meinem Nachtschrank. Dort schreib ich manchmal, eher selten, noch im Bette liegend Träume hinein oder merkwürdige Wortreihen, die ich beim Erwachen im Kopf habe. Ich messe den Träumen weder

Psychogramm- noch Ahnungscharakter bei, aber finde sie bisweilen ausgesprochen flott gewoben. In schweißgetränkter Morgenstunde träumte mir vor kurzem dies: Ich befand mich mit meiner Ex-Gattin Else und einer weiteren, mir nicht bekannten Dame in einem Hotelzimmer, welches sich in einem oberen Geschoß eines Wolkenkratzers befand. Ich sagte: Gleich kommt ein Erdbebenfilm im Fernsehen. Darauf riefen die Frauen, daß sie sich, wenn ich den gucke, im Badezimmer verstecken würden. Ich entgegnete: *Wieso denn? Ist doch nur Fernsehen!* Dann schauten wir aus dem Fenster. Unter uns stürzten Gebäude und Brücken ein. Die Frauen rannten ins Badezimmer und schrien: Komm auch, komm auch! Ich sagte: *Wieso denn? Ist doch nur Fenster!*

Eine Freundin, die eigentlich dem Naturschutzgedanken nahesteht, berichtete mir vor einiger Zeit beinahe wutschnaubend, daß sie im Fernsehen ein Tier gesehen hätte, auf dessen Betrachtung sie liebend gern verzichtet hätte. Nacktmull wäre sein Name. Sie war ganz aufgelöst, das Haar hing ihr wild ins Gesicht, und schreiend griff sie einen Zettel, auf den sie verschrumpeltes Gewürm mit furchterregenden Säbelzähnen kritzelte, wonach sie auf ihre Zeichnungen deutete und rief, ein Gott, der derlei zulasse, sei ihr Gott nimmermehr, womit sie nicht ihre Zeichenkunst meinte. Ich hatte ihre Erregung nicht ganz verstanden, bis ich dieser Tage das Augustheft der Zeitschrift »natur« aufschlug, in welcher auf fünf Doppelseiten Fotos dieser wahrlich abscheulichen Kreatur zu sehen sind. Ich mußte mich setzen, um ein Glas Wasser bitten, heftig atmen, und dachte: Selbst wenn ich Präsident des World Wildlife Fund wäre, eher würde ich Herrn Honecker einladen, sein Gnaden-FinnCrisp an meinem Tisch zu kauen, als dieses Tier vorm Aussterben zu bewahren! So dachte ich in erster Erregung. Wenn Gott mir das verzeihen könnte, dann wär das schön wie eine schöne Melodie. Ich bin kein Eek-A-Mouse-Typ; die Spinnen laß ich munter durch mein Zimmer dackeln, und tigern Ratten über meinen Weg, dann sag ich: Kuckuck! Nacktmulle jedoch sehen aus wie in grause Wurmgestalt verzauberte Hautkrankheiten mit Zähnen vorne dran. Hätten die Tiere nicht so eine eigentümliche, unterirdische Lebensweise, könnten Perverse mit ihrer Zucht ein Heidengeld verdienen. Ich kann mir vorstellen, daß die Telephone der ›natur‹-Redaktion seit Wochen »klingeln« wie Berserker, da Zuhälter und Szenecafébosse wegen Bezugsquellen anfragen. Der zu den Abbildungen gehörige Text ist aufschlußreich – ›natur‹ ist eine gute Zeitschrift –, aber ein Satz daraus mißfällt mir: *Zyniker unter den Zoologen bezeichnen die Nacktmulle gern als »Penisse auf Beinen«.* Da ich bisher allen Gelegenheiten, zynischen Zoologen in den Schlüpfer zu lugen, ausgewichen bin, weiß ich nicht, was dort für Zustände herrschen, aber meine sonstige Lebenserfahrung lehrt mich, daß sich der Penis, was seine optische Kreditwürdigkeit angeht, nicht hinter der Schamlippe oder dem Busen verstecken muß und daß weder beim Weibe noch beim Manne Körperteile anzutreffen sind, die einem lichtscheuen Nagetier ähneln. Sicher: In Anspielung auf ein blödes Fußballbonmot sagt man manchmal, Sex sei die häßlichste Hauptsache der Welt, doch bezieht sich diese Halbwahrheit nicht auf sexuelles Treiben an sich, sondern auf dessen übertriebene öffentliche Zurschaustellung, weswegen das ja eben eine Halbwahrheit ist.

Der Penis ist sogar eine der wenigen Körperstellen des Mannes, die beim Älterwerden nicht wesentlich häßlicher werden. Er bleibt ungefähr gleich, wobei man von Schamhaaren alter Leute sagen kann, daß sie aussähen, als ob da nacheinander ein Erdbeben gewütet und die Schweden gebrandschatzt hätten. Ähnlich unschön sind alte Hunde, die eine Treppe hinuntergehen, wie die so die Beine von sich spreizen und in der Mitte durchhängen. Alte Männer indes, im speziellen freilich Schöngeister und Künstler, zeugen oft noch im hohen Alter mit jungen Frauen noch jüngere Kinder. Das würde bestimmt nicht klappen, wenn die Partnerin nach männlichem Schlüpfer-auf-die-Stuhllehne-Legen krähen würde: Pfui Teufel, dein Penis sieht ja aus wie ein alter Hund, der die Treppe runtergeht. Nein, die Parfum- und Porzellankreationen Paloma Picassos verdankt die Welt der historischen Tatsache, daß ihre Mutter freudig krähend beobachtet hat, daß ein junggebliebener Hund eine Treppe hochgegangen ist. Das mit dem Krähen ist natürlich eine Metapher, Allegorie, Parabel, Spirale oder irgendwas. Ich denke weniger an ein akustisches Signal als an ein innerliches Aufkrähen des vom Ereignisglanz des emporgegangenen Vaterorgans geblendeten oder zumindest beleuchteten statistischen Urweibes. Die Österreicherin Jelinek mag bitte mit fantastischer Hutkreation auf ihrem vermutlich eigentlich freundlichen Kopf an mir vorbeistürzen, denn sie weiß ja sicher noch besser als ich, wieviel Spaß vielen Frauen die innere Mobilität männlicher Sonderausstattungen schon bereitet hat.

Ob es mir als Koketterie ausgelegt wird, wenn ich angebe, daß ich den letzten Abschnitt, in dem ich mich erneut meiner Vorliebe für betuliche Penissynonyme und anderen Marotten hingegeben habe, in der Rekordzeit von 42 Minuten aufgeschrieben habe? Es sind nunmal gerade Olympische Spiele. Der drahtige Asiate, der im Fernsehen gerade über einen Klotz mit zwei Griffen dran wirbelt, hätte bestimmt viel länger für diesen Text gebraucht, und hinterher wäre er ganz verzweifelt, weil er nicht wüßte, was ein »statistisches Urweib« sein soll. Ich weiß das auch nicht, aber ich bin nicht verzweifelt. Man soll sich der Pingeligkeit enthalten. Wenn so was im Radio auf englisch kommt, wird ja auch nicht gemosert. Es gab Anfang des Jahres einen Schlager, wo der Refrain lautete »Sie sind berechtigt und antik, und sie fahren einen Eiskremwagen«. *Damit* mag es vielleicht gar noch eine Bewandtnis haben, aber von den *Sisters of Mercy* gab es einst ein Lied, in welchem es hieß »Sing diese Verrostung zu mir«. *Solche* Sätze kenne ich gut. Wenn ich mir des Morgens den Sandmann aus den Augenwinkeln reibe, feststelle, daß in meinem Portemonnaie 50,– DM weniger als am vorangegangenen Abend sind, angewidert an meiner Jacke rieche und dann in meinem Oktavheftchen Sätze lese wie »Ich habe Worte wie Heu, doch wer glaubt heut noch einem reichen Mann«, dann sag ich: »Kombiniere.« Auch im Ausland gibt es Leute, die abends kichernd Heftchen vollschreiben und sich morgens sehr darüber wundern. Im Gegensatz zu uns scheuen sich Ausländer nicht, so etwas zu singen. Es sind Wohlfühl-Worte. Dichtung kann auch in Geistesverfassungen erfolgen, die dem Nichtkenner dafür ungeeignet erscheinen. Ich glaube zwar nicht, daß jemals gelungene Werke in ganzer Länge im Bierlokal verfaßt worden sind, aber Passagen und Zeilen ganz sicher. Wir sollten uns an so etwas erfreuen und, je nach Neigung, ein statistisches Urweib oder einen zynischen Zoologen zu modernen Tänzen auffordern.

Groß ist die Sehnsucht der Deutschen nach Wohlfühl-Worten, klein sind Kraft und Wille, sie in der eigenen Sprache zu suchen. Die Angst vor Bedeutung überragt den Respekt vor der Schönheit haushoch. Ein Rundfunkredakteur sagte: »Man kann in einer Magazinsendung unmöglich ein deutsches Lied spielen, weil seinem Text in Zusammenhang mit einem Informationsbeitrag automatisch eine kommentierende Wirkung zukäme, die in unglücklichen Fällen als zynisch empfunden werden könnte.« Mich würde interessieren, wie Briten und Amerikaner mit diesem Problem klarkommen.

Der Nacktmull gilt in unseren Augen als scheußlich, das Meerschweinchen als niedlich, obwohl beide Tiere miteinander verwandt sind, so wie das Deutsche mit dem Englischen. »Jaja, der Nacktmull übt sicher irgendeine wichtige ökologische Funktion aus, und mit dem Deutschen lassen sich Informationen präzise weiterleiten«, wird widerwillig eingeräumt, doch Deutschland sitzt weiter, Meerschweinchen streichelnd, vorm englisch singenden Radio. Ich denke, jedem Tier und jeder Sprache gebührt ein gutes, zartes Plätzchen, und jeder ist berechtigt und antik genug, im Lokal zu sitzen und Oktavheftchen vollzuschreiben, wenn er will. Doch manchmal gehts wirklich zu weit. Was lese ich da, geschrieben vor einigen Wochen:

Vor der Reise nach Kiel
- Visa
- Impfen
- Bikinis

Hatte ich dereinst einen Knall? Wütend werf ich das Notizbuch aus dem Fenster. Doch, ei, das Notizbuch denkt »ist ja nur Fenster«, und gleich einem Vogel fliegt es zum nächsten Baum, baut sich ein Nest und legt ein dickes Ei. Unter dem Baum hält ein junger Mann mit einem DIESEL-Only-The-Brave-DIESEL-T-Shirt ein Nickerchen, denn es ist der 9.8.1992, mit 37,7 Grad der heißeste Augusttag seit Beginn der Temperaturaufzeichnung in Berlin, wie Info Radio 101 nicht müde wird, alle zehn Minuten zu betonen. Da hat der Mann Schatten gesucht. Vor Hitze fällt das Ei aus dem Nest und landet, platsch, auf der T-Shirt-Inschrift. Rasch trocknet die Hitze den Inhalt des Eis und bildet ein interessantes Muster aus lauter kleinen Wohlfühl-Worten. Froh rennt der Mann durch die Gegend.

Die Jugend sollte lieber wieder Gloria-Punkte sammeln

(Oktober 1992)

Ich war eigentlich immer ein Fan der Gruppe »Ungleich verteilter Reichtum«. Ich weiß wohl, daß die UVRs als versnobt und elitär gelten und keinerlei street credibility genießen. Privat sollen sie räudige Zierbengel sein. Aber die alten Hits waren doch gar zu herrlich, z. B. »Renaissance- bzw. Barockschlösser«. Manch einer mag kopfschüttelnd auf die scheußliche B-Seite hinweisen, welche heißt »Hunderte müssen schlechtbezahlt schuften, damit irgendein Landfürst unter Schnörkellüstern Bouillon schlürfen kann«. Da entgegne ich: Ach, die B-Seite hört man sich einmal an, aber die A-Seite legt man immer wieder auf und summt sie noch nach Jahrzehnten frohgemut mit. Kein Mensch kann sich heute an die B-Seite des Hits »Gotische Kathedralen« erinnern. Und gerne geb ich zu, daß ich zu UVR-Konzerten vornehmlich wegen der alten Hits gehe, die neuen Lieder nehme ich nur in Kauf. Bei einem der aktuelleren Hits, »Euro-Disney«, bin ich sogar genervt pullern gegangen, obwohl ich gar nicht unbedingt mußte, und auf der Toilette drängelten sich die Leute, die auch nicht mußten, sondern nur das Lied doof fanden. Als ich wieder in den Saal ging, kündigte der Sänger gerade die neueste Single an. Die gefiel mir nun gar nicht. So was hätten die früher noch nicht mal auf einer B-Seite versteckt, sprach ich und trollte mich.

Das Lied heißt »Aids-Kranke müssen in der Berliner U-Bahn betteln«. Ich habe es bislang dreimal gehört. Es geht so: Ein sichtlich schwerkranker Mensch kommt in die U-Bahn und sagt: »Bitte hört mir mal einen Moment zu. Ich heiße Soundso und bin HIV-positiv. Ich bin gerade aus dem Soundso-Projekt entlassen worden und jetzt wohnungslos. Ich bitte euch um eine kleine Spende. Mir ist das selber peinlich, aber ich weiß nicht, was ich sonst machen soll.« Keiner der Fahrgäste schaut während seiner Rede zu ihm hoch. Alle blicken in ihre Zeitung oder auf den Fußboden. Viele geben ihm dann etwas Geld. Nachdem der Kranke das Abteil verlassen hat, spricht niemand darüber. Ach doch, beim dritten Mal sagte ein kleines Mädchen zu seiner Mutter: »Der von gestern sah aber viel schlimmer aus.« Die Mutter: »Ja.« Es ist zwar niederschmetternd zu erleben, auf was für eine erbärmliche Weise vom Tode gezeichnete Menschen, die sich kaum auf den Beinen halten können, ihre letzten Tage verbringen müssen, aber gut daran ist vielleicht, daß man gezwungen wird, sich einzugestehen, daß man um keinen Deut edler, heroischer und weniger hilflos ist als die gemeinen Bürger, auf die man so gerne herabschaut.

Einwand: Man soll nicht »man« sagen, wenn man »ich« meint. Einwand akzeptiert.

Übrigens soll man sich auch des Roß und Reiter scheuenden, Tadel relativierenden »Wir« enthalten. Wenn eine Pastorin zu mir sagt »Wir werfen Steine nach den Menschen« und damit meint, daß wir, also sie und ich, keine Steine werfen, sondern daß andere Menschen das tun, dann haben wir eine Pastorin bei der Anwallung von Pastorinnenhaftigkeit und ein Personalpronomen bei einem Bedeutungsseitensprung ertappt, den wir nicht dulden müssen.

Bedeutungsseitensprünge machen auch geographische Bezeichnungen. Es gibt Bewohner der Stadt Dachau, die, auf Reisen nach ihrer Herkunft befragt, sagen, sie kämen aus der Nähe von München, um einen fünfhundertmal geführten Smalltalk nicht zum fünfhundertersten Mal zur Aufführung zu bringen. Barbara John, die Ausländerbeauftragte des Berliner Senats, sagte, daß bei nicht wenigen

Berlinern ein »inneres Rostock« vorhanden sei, das nicht »ausbrechen« dürfe. Ich will einer Politikerin, die im Rahmen ihrer Möglichkeiten Verdienstvolles leistet, wegen einer sonderbaren Formulierung nicht ans Bein pinkeln, aber was sollen denn die armen Rostocker sagen, wenn sie gefragt werden, wo sie her seien? Bei denen liegt doch gar nichts in der Nähe! Wenn das so weitergeht in Deutsch-

Platz für 15 Albaner

land, wird man auf Reisen bald sagen müssen, man sei aus der Nähe von Frankreich. Aber da auch dort manches im argen liegt, werden wir bald alle, alle sagen müssen, daß wir aus der Nähe von Afrika sind. Das Irre ist: Wir liegen tatsächlich in der Nähe von Afrika und allem Möglichen. Die Folgen der Tatsache, daß dies auch viele Afrikaner wissen, nerven viele hier. Das ist schade und verzeihlich. Genervt sein darf man. Hassen nicht, denn Haß macht böse. Neulich ist ein Kino explodiert. Nein, nein, kein rechter Anschlag auf ein Kino, das antifaschistische Filme zeigte. Es war ein Kino, in dem der Film »Julia und ihre Liebhaber« gezeigt wurde, in dem Peter Falk die aberwitzigsten Schmähungen gegen Albaner ausstößt und das damit erklärt, daß doch ein jeder jemanden brauche, den er hassen könne. Da ist das Kino vor Lachen explodiert. Ich wage jetzt mal ein Experiment. Ich will wissen, ob die Leserschaft vor Lachen explodiert, wenn einer sagt, daß ihn die Zigeunerinnen, die auf dem Bürgersteig sitzen, nerven. Ich versuchs: Also, mich nerven die Zigeunerinnen, die auf dem Bürgersteig sitzen. Ah, ich sehe, die Leser explodieren nicht vor Lachen. Vielmehr deuten sie mit dem Finger auf mich und sagen: Bei dem da ist eben das innere Rostock explodiert. Ich widerspreche: Nein, mein inneres Rostock, das zur Zeit der Niederschrift übrigens »inneres Cottbus« heißt, ist völlig intakt. In meinem inneren Rostock kann man menschenverachtungsmäßig vom Fußboden essen. Der Bürgermeister meines inneren Rostocks sagt: »Ja, mein Gott, wenn sie dich nerven, dann gib ihnen halt kein Geld und geh weiter.« Genauso mache ichs. Man kann halt nicht jeden lieben. Es handelt sich ja auch nur um ein leichtes Nerven. Wir Nerv-Fachleute unterscheiden ja behende zwischen einem leichten, einem mittleren und einem schweren Nerven. Ich gebe mein Geld lieber anderen. Am liebsten behalte ich mein Geld. Ich identifiziere mich sogar stark mit der menschlichen Uridee des Geldbehaltenwollens. Freunden greif ich unter die Arme, Fremden geb ich nischte. Immerhin: Neulich zahlte ich einem blödsinnigen Säufer die Zeche von 32,– DM, weil der Wirt die Polizei rufen wollte, und ich fand, daß man die Polizei nicht mit so einem Käse behelligen sollte. Den drei Aids-Kranken gab ich je 2,– DM. Ich kauf mir truhenweise Tünnef, rette unbekannte Zechpreller, und die Aids-Kranken kriegen 2,– DM. So bin ich leider. Ich fordere nun alle Leser auf, sich hinzusetzen und mich mit goldener Uhrkette, Zylinder und Zigarre zu zeichnen. Alle, alle, alle! Doch das Volk gehorcht wieder mal nicht. Es erkühnt sich, ach so unbequeme Fragen zu stellen.

Frage: Tut es nicht weh, ehrlich zu sein?

Ich: Doch, es tut weh.

Publikum: Ist es trivial, ehrlich zu sein?

Ich: Nein.

Publikum: Machst du das aus Masochismus oder in der Hoffnung, daß es Schule macht?

Ich: Beides. Gegenfrage: Wieviel gebt ihr denn den Aidskranken in der U-Bahn?

Publikum (eilfertig): 5,– DM!

Ich: Ehrlich?

Publikum (den Kopf senkend): Nein, 2,– DM.

Längeres Schweigen.

Eine einzelne Stimme: In meiner Stadt gibt es gar keine U-Bahn!

Viele Stimmen: In meiner auch nicht!

Andere Stimmen: Und wir gurken mit unseren Autos durch die Gegend. Da sitzen keine Aidskranken drin.

Ich: Wie praktisch.

Gegenüber jemandem, dem das Denken fernliegt, bemerkte ich einmal, daß ich es besser fände, wenn die Polizei dem Hütchenspiel ein Ende bereiten würde. Der Angeredete rief: »Och, wieso denn? Weiß doch jeder, daß das Betrüger sind. Also, wer so dumm ist und darauf reinfällt, der ist wirklich selber schuld.« Ich halte diesen Standpunkt für unsozial. Es ist allgemein bekannt, daß ein gar nicht geringer Teil der Bevölkerung für Aufklärungsmaßnahmen vollkommen unempfänglich ist. Man muß die Dummen beschützen, damit die Dummen nicht schaden. Wer Leuten Gelegenheit gibt, auf kriminelle Ausländer reinzufallen, muß damit rechnen, daß diese Leute daraufhin alle Ausländer hassen. Egal ist, ob man diese Menschen dumm nennt oder mit soziologischen Spezialadjektiven angetanzt kommt. Der Menschheit dunkle Kraft, zu hassen, muß eingedämmt werden. Umstände, die zu materieller Verelendung sowie derjenigen des Herzens führen, dürfen nicht begünstigt werden. Sicher: In München oder Charlottenburg nippeln Leute am Sekt, die zweifelsohne einer »Kultur des Hasses« das Wort reden. In einer in diesem Milieu gelesenen Zeitschrift gibt es sogar einen, der eine Kolumne namens »Hundert Zeilen Haß« unterhält. Wie vollkommen idiotisch! Das feuilletonistische Gehasse war in den Achtziger Jahren eine häßliche Modeerscheinung unter überreizten Altlinken. Ich fordere ein universales Insklokippen dieser Mode. Spaßeshalber kann man ja Blumenkohl hassen oder Leute, die in Monaten mit R weiße Jeans tragen. Man kann sich auch auf die unbewohnte Insel Jan Mayen hocken und dort Albaner hassen, weil: da sind ja gar keine Albaner. An Orten jedoch, wo auch nur der Hauch einer Möglichkeit besteht, auf Albaner zu prallen, untersage ich das Hassen von Albanern hiermit. Peter Falk darf natürlich weiterhin albanerhassende Charaktere verkörpern. Der darf alles.

Während der letzten Wochen, in welchen viel Gelegenheit bestand, die Radikalkirmes gelangweilter, selbstherrlicher Jugendlicher im Fernsehen zu beobachten, dachte ich oft an die Langeweile in meiner eigenen Jugend. Wie habe ich mich gelangweilt! Und was habe ich für einen netten Unsinn gemacht, um mich zu unterhalten. Ich sammelte Gloria-Punkte. Meine Schwester sammelte Linda-Punkte. Ewiger Streit, was besser sei! Weiterhin besitze ich noch heute ein Heft, in das ich als Zehnjähriger wöchentlich die Schlagerparade aus dem Radio eintrug. Diese Listen dekorierte ich mit aus der Fernsehzeitschrift ausgeschnittenen Star-Bildern, unter welche ich handschriftliche Kommentare setzte. Unter ein Bild der Sängerin Dalida schrieb ich mit meiner Kinderschrift: »Die zierliche französ. Sängerin hat nur Schuhgröße 34.« Auf die Idee, Ausländer zu quälen, wäre ich gar nicht gekommen. Nicht, daß ich ein besonders edles Wesen hatte, aber mich hat nie jemand darauf hingewiesen, daß ich, statt mir für 100 Gloria-Punkte die Bildserie »Pilze« schicken zu lassen, theoretisch ja auch Ausländer quälen gekonnt hätte. So quälte ich lediglich meine Schwester, indem ich, wenn ich zum Großeinkauf mitging, Lebensmittel ohne Linda-Punkte, dafür aber mit Gloria-Punkten in den Einkaufswagen schaufelte. Heute ist das anders. Da werden Zehnjährige auf dem Spielplatz – ich kenne Leute, die an dieser Stelle in Klammern »sic!« schreiben würden, aber ich finde das doof – von Fernsehfritzen gefragt, wie sie denn die Krawalle fänden, und sagen, daß sie die Krawalle jut finden, weil: wenn »die Scheißpolitiker nichts machen, dann müssen wir das eben selber machen«. Interviews mit arroganten Kindern zu senden, ist ganz töricht. Es fleezen nämlich Millionen anderer arroganter Kinder vor den Bildschirmen, die nichts geiler finden, als sich im Fernsehen zu sehen. »Mutti, Mutti, programmier schon mal den Videorecorder auf Tagesthemen, ich geh zum Asylantenheim.« Daß man mit Hitlergrüßen Geld verdienen kann, wissen heutige Kinder leider ebenfalls. In Rostock wird auch so mancher Geldschein von Journalistenhand in Kinderhand gewandert sein. Die Wanderungsbewegungen Elternkopf – Kinderkopf sind auch nicht erfreulicher. Wenn ein Kind von »Scheißpolitikern« redet, ist das nicht nur lächerlich. Wer schon in jungen Jahren den Kopf mit Haß auf bestimmte Berufsgruppen oder Nationalitäten zugemörtelt bekommt, aus dem wird nie ein freudiger Denker. Das Hassen von Politikern, aber auch Polizisten ist übrigens Ausdruck der gleichen kulturellen Unreife, die dem Hassen von Ausländern zugrundeliegt. Man sollte Menschen, die bereit sind, schwerwiegende Entscheidungen zu treffen, von früh bis spät arbeiten und täglich 50 Interviews geben müssen, mit Respekt begegnen und sehr gut bezahlen. Das kleinkarierte Gejammere über die Politikerdiäten ist auf der Nerv-Skala weit oben anzusiedeln. Ich schlage vor, daß man jedem Politiker monatlich 100 000,– DM gibt. Dann würden sich mehr kompetentere Leute entschließen, so eine kräftezehrende Arbeit zu leisten. Zum Schluß möchte ich noch eine Lanze für Ingrid oder Irmgard Matthäus-Meier brechen. Die finde ich nämlich nett.

PS: Ach, es gibt auch Dinge, die Freude machen. Im nicht gerade unfinstersten Teil des an finsteren Menschen nicht armen Berliner Stadtteils Moabit, wo es nur Videotheken und Kneipen namens »Bei Margot und Heinz« gibt, hat ein Transvestit einen Bioladen aufgemacht. Mutig! Ich habe mir vorgenommen, wg. Mutige-Leute-Unterstützen dort regelmäßig einzukaufen.

Noch ein PS: Ob Ingeborg Matthäus-Meier nett ist oder nicht, weiß ich natürlich nicht sicher. Ihr könnt ja mal im Lexikon nachgucken und es mir dann sagen. Ach nein, schlagt lieber nicht nach, sondern ruft jemanden an, den Ihr mögt, und sagt ihm oder ihr, daß da Liebe in euch schwappt bzw. haust. Der Mensch, der das hört, freut sich dann, und wer sich freut, dem gerinnt sein Genervtsein nicht zu Haß.

Schon wieder ein PS (für Ordinalzahlen-Freaks: das dritte): Vor kurzem jettete ich von Wien nach Berlin. Hinter Prag sagte der Kapitän: »We will continue our flight over the Erzgebirge mountain and the so-called Spreewald.« Ich habe zehn Minuten lang geschmunzelt. Schmunzelt auch! Wer noch schmunzeln kann, dem gerinnt sein Genervtsein nicht zu Haß.

Epilog: Irgendwann ist meine Schwester dann auch von Linda-Punkte auf Gloria-Punkte umgestiegen. Da war ich sauer. Es gab übrigens auch Poly-Punkte, aber die waren nur auf ganz wenigen Sachen drauf.

Der Top-Coiffeur in meinem inneren Rostock

Mit acht Pferdestärken Richtung PIEPS (ohne Inhalt)

(November 1992)

Diesen Monat muß meine Kolumne leider entfallen, weil mir blümerant ist.

PS: Alle Leute, die auch finden, daß die Leute, die im Spätkauf »Metro« im U-Bhf. Kurfürstendamm arbeiten, allesamt einen zwielichtigen und halbseidenen Eindruck machen, sollten bitte am 5.11. um 16 Uhr auf die Straße gehen und eine halbe Stunde lang so tun, als seien sie ein Häschen. Die Leser jedoch, die das gar nicht wissen können, da sie den Spätkauf »Metro« nicht kennen, möchten bitte am gleichen Tag eine halbe Stunde lang so tun, als seien sie Jäger. Aber erst um 17 Uhr, damit es nicht zu Zwischenfällen kommt, für die ich keine Verantwortung übernehmen möchte.

PPS: In Rußland werden Homosexuelle entweder als Päderasten oder Georgier bezeichnet. Stirnerunzelnde Slawistik-Studenten lade ich gerne ein, mich mit Stimmt-ja-gar-nicht-Briefen liebevoll zuzubetonieren. Apropos Georgier: In der letzten Ausgabe hatte ich ein Bild von einem kleinen Raum mit 17 Sitzgelegenheiten. Drunter stand: Platz für 15 Albaner. Das hatte ich absichtlich gemacht, weil ich es zuckersüß fand, mir sesselzählende Leser vorzustellen, und zweitens drollige Beschwerdepostkarten erwartete. Doch nischte kam. (Schluchz, mich vernachlässigt fühl.)

PPPS: Der Durchschnittsdeutsche putzt sich 22 Sekunden täglich die Zähne.

PPPPS: Im Berliner Schlößchen Belvedere ist ein Dessertteller mit einem ausbrechenden Vulkan drauf ausgestellt.

PPPPPS: Manche Stars sind so gut, sich nach den Zeiten des Ruhmes ins Privatleben oder in eine Urne zurückzuziehen. Andere sind nicht so gut. In meiner Jugend schwärmte ich für David Bowie, das »Chamäleon unter den Rockstars«. Alles andere als ein Grund, sich zu schämen. Schließlich hätte ich ja auch für Pussycat, Luv oder das israelische Gesangsduo Shuki und Aviva schwärmen können. Doch was treibt der schlaksige Engländer heute? Er führt das Leben eines Platzhirschen. Zuerst heiratete er ein somalisches Fotomodell. Ging ja noch. Ist ja auch sein Bier. Jedem Tierchen sein Plaisirchen. Hat keiner was gegen. Doch dann schnappte er sich sein Topmodel, schmiß sich mit ihr in ein Überschallflugzeug, und ab ging die Post zu Michael Jacksons Privatmärcheninsel. Wahrscheinlich zum Rumbumsen. Möglich ist es ja. Sicher: Ist deren Angelegenheit. Vielleicht haben sie ja auch Kaffee getrunken. Vielleicht hat ja Michael Jackson auch so einen Rauf-und-Runter-Kurbel-Wohnzimmertisch, und sie haben den die ganze Zeit rauf und runter gekurbelt. Glaub ich aber nicht. Ich glaub schon, daß sie rumgebumst haben. Warum auch nicht? Ist ja die natürlichste Sache auf der Welt. Aber weiter im Text: Auf der Märchenprivatinsel krachte es zwischen dem somalischen Topmodel und dem smarten Fünfundvierzigjährigen. Es ging um die Anschaffung einer Dogge. Wer von den beiden die Dogge wollte und wer nicht, verschweigt die alte ›BZ‹, die ich gestern hinter meinem Sofa gefunden habe. An sich sehen beide so aus, als würden sie schon seit Jahrzehnten von dem Wunsch verzehrt, eine Dogge zu besitzen. Iman jedenfalls verschwand wutschnaubend in die Stadt. In welche Stadt, steht da nicht. In der Stadt hat sie sich wahrscheinlich irgendwelche Klunkerketten gekauft. Oder sie hat sich bei Drospa oder beim Schlecker-Markt mit Monatshygieneartikeln eingedeckt. Die braucht sie als Frau ja schließlich.

Nur mit geschultem Blick erkennt man, daß diese Obstschale durchaus einen Inhalt hat

Bis Mitte 40 etwa, da kann eine Frau noch so reich sein. Vor dem Mond sind alle gleich. Das singende Chamäleon ertränkte seinen Ärger derweil im Nobelfusel. Der Mond stand bereits hoch am Firmament, als Iman nach »Never Never Land« zurückkehrte. Guckte ins Wohnzimmer: Kein Michael und kein David. Guckte ins Klo: Von Weltstars keine Spur. Ihr schwante was. Das schöne Köpfchen umwölkt von Denkblasen, in denen »Na, warte« steht, nudelholzte sie in Michael Jacksons Privatmärchenschlafzimmer. Und richtig, wer lag neben Michael Jackson im Bett? Allerdings: Der gebürtige Londoner (›Life on

Mars‹). Meinte Michael Jackson: »Nichts passiert. Der Fünfundvierzigjährige (›Let's dance‹) wollte nur seinen Rausch ausschlafen.« Was tat nun Iman? Sie wetzte zum US-Magazin ›Confidential‹ und meinte brühwarm: »Mein David ist eben ein interessanter Mann.«

PPPPPPS: Nach diesem Ausflug in das totgeglaubte Genre »Nacherzählung« möchte ich von drei Frauen betreffenden Besonderheiten berichten, die bislang möglicherweise von kaum jemandem bemerkt wurden. Ich sah einmal eine Talkshow, in welcher Marcel Reich-Ranicki die Auffassung äußerte, daß es vollkommen ausgeschlossen sei, bei einem anonymen Manuskript vom Sprachstil auf das Geschlecht des Autors zu schließen. Es gebe keine weibliche Sprache. Da bin ich mir nicht sicher. Eine Freundin sagte neulich: »Schiller ist in Marbach geboren worden«. Das würde bei einem Mann anders klingen. Er würde sagen: »Schiller ist in Marbach geboren« oder »wurde geboren«. Die Formulierung »geboren worden« schildert das Gebären als aktiven Prozeß und schließt die Mutter als Handelnde mit ein. In der männlichen Sprechweise kommt die Mutter nicht vor. Die von mir als weiblich gedeutete Form hörte ich bislang auch nur von Frauen, die geboren haben. Die zweite weibliche Eigenart betrifft nicht Sprache, sondern Stereoanlagen. Eine andere Freundin erzählte mir, sie habe auf einer ihrer Boxen einen Lebenden Stein stehen, der sogar schon mal geblüht habe. Mir entfuhr ein ungläubiges »Echt?« Da sagte sie: »Was auf die Boxen stellen, ist typisch Mädchen.« Seitdem schaue ich, wenn ich Hausbesuche mache, stets auf die Boxen, und richtig: Bei Männern liegt nie was drauf. Die dritte geschlechtsbedingte Unterschiedlichkeit betrifft das Sammeln. Das Sammeln ist sowieso gut. Ein Sammler ist fähig, sich mit sich selbst zu beschäftigen, und das mundet dem seelischen Gleichgewicht. Menschen, die nichts sammeln, sind aggressiv, betreiben landschaftszerstörende Sportarten und laufen blökend auf der Straße herum, wobei sie überall Häufchen hinterlassen. Mann und Frau unterscheiden sich wie folgt: Männer wollen was komplett haben und Frauen wollen was Schönes haben. Für das, was Männer sammeln, gibt es Kataloge und Zeitschriften. Sogar für Stacheldraht. In Amerika erscheint ein Magazin namens »The Barbed Wire Collector«. Frauen sammeln eher Eulen und Frösche aus allen möglichen Materialien. Eulenkataloge gibt es sicher nicht. Ich bin ein ausgesprochen weiblicher Sammlertyp. Nie fiel ich vor Schreck aus dem Bett, weil mir in den Sinn kam, daß mir die Single »Memory of a free festival« von David Bowie fehlt. Ist mir wurscht. Als ich noch Briefmarken sammelte, bin ich auch nicht auf die Idee gekommen, Geld für eine endlos lange Dauerserie auszugeben, wo auf allen Werten Gustav Heinemann prangt. Ist doch doof. Jetzt sammele ich ausgefallene Tütensuppentüten. Nie aber möchte ich alle Tütensuppentüten der Welt besitzen. Würd ich doch ersticken.

PPPPPPPS: Harry Rowohlt hatte neulich in der »Zeit« eine Kolumne, die nur aus Pe-Essen bestand. Fand ich ausgesprochen schrullig, aber gut. Ei, da kommt ein Mäuschen gelaufen und meint: »Könntest Du Dir nicht etwas weniger rauschebärtige Personen zum Nachahmen aussuchen?« Meine ich: »Nö.« Meint die Maus: »Sch-Sch-Schade.« Meine ich: »Du stotterst ja. Piepse als Maus lieber.« Meint die Maus:

»P-P-P-P-P-P-P-P-S: Ich meine, PIEPS.«

Der Pond-Parabel-What-o'-clock-Knopf oder: Sektquirle können nicht schuppen

(Dezember 1992)

Während einer meiner montäglichen Streifzüge durch das KadeWe sprang mir neulich ein Set von sechs vergoldeten Sektquirlen für 98,– DM ins Auge. Einen Moment lang liebäugelte ich mit der Idee, mir vom Verkaufspersonal eine Kiste bringen zu lassen, mich auf sie zu stellen und eine gesellschaftskritische Rede zu halten, in welcher ich Begriffe wie »Somalia« und »Pelzmantelschlampen« aufs gekonnteste miteinander kontrastiert hätte. Ich bevorzugte dann aber ein heiteres Stillbleiben, während dem ich mich vergeblich an den Sinn von nicht nur Sektquirlen, sondern auch Nußspendern und Grapefruitlöffeln heranzutasten versuchte. Warum soll man Sekt verquirlen? Damit die Damen nicht rülpsen? Ich meine, auch der Kehle einer nichtquirlenden Dame entfahren keine nicht gesellschaftsfähigen Geräusche, und Herren trinken sowieso keine klebrigen Getränke. Und warum soll man Nüsse spenden? In meiner Kindheit gab es ein Onkel-Tante-Doppelpack, in deren Haushalt sich ein Nußspender befand. (Verzeihung, aber Vater *und* Mutter heißen Eltern, Schwester *und* Bruder nennt man Geschwister, aber wie nennt man Onkel *und* Tante?) Das war ein brauner Kasten mit zwei Öffnungen und einem Knopf. Oben tat man die Nüsse rein, dann drückte man auf den Knopf, und unten kam eine Nuß heraus. Nicht etwa geknackt oder gewürzt, sondern im gleichen Zustand, in dem sie oben hineingegeben wurde. Des weiteren mag ich nicht vertuschen, daß ich im Besitz eines Grapefruitlöffels bin. Dieser Löffel hat vorn kleine Zähne, die vermeiden sollen, daß einem Saft in die Augen spritzt, wenn man den Löffel in die Pampelmuse haut. Natürlich spritzt es trotzdem. Es weiß aber doch eh jeder, daß man, wenn man sich mit einer Grapefruit befassen will, vorher seine Tapezierhosen anzieht und eine Sonnenbrille aufsetzt. Ich möchte jetzt nicht all die Narreteien aufzählen, die gewisse Spezialversandhäuser anbieten, wie z. B. den Papierkorb, der, sobald man etwas in ihn reinwirft, gesampelte Beifallsgeräusche von sich gibt, oder den beinah legendären Göffel, eine Mischung aus Löffel und Gabel, den eine Münchner Designerin mit dem schwindelerregend psychedelischen Namen Bibs Hoisak-Robb entwarf. Lieber will ich die Aufmerksamkeit auf die klassischste Überflüssigkeit richten, nämlich den Briefbeschwerer. Warum in aller Welt soll man einen Brief beschweren?

Unerklärliches Phänomen im Wohnzimmer von Walter Jens

Wohnte sein Erfinder in einer windigen Wohnung? Ich male es mir so aus: Es war einmal ein Erfinder, der hatte eine rülpsende Gemahlin. »Das liegt an dem Sekt, den die den ganzen Tag säuft«, dachte er und erfand den Sektquirl. Er ließ ihn patentieren, und bald gab es ihn überall zu kaufen. Die Verbraucher fühlten sich vor den Kopf gestoßen. »Wir benötigen keine Anti-Rülps-Quirle, während in der Dritten Welt . . . etc.« riefen sie, schmissen des Erfinders Fensterscheiben ein und schrieben Drohbriefe. Nun herrschten in der Wohnung des Ingenieurs zugige Zustände, und die Drohbriefe flatterten in seiner Stube umher wie das güldene Laub, wenn dem Jahr die Zähne ausfallen. »Wie soll ich denn die Briefe lesen, wenn sie durchs Zimmer schunkeln wie güldenes Blattwerk?« brüllte da der Erfinder. Seiner betrunkenen Frau mißfiel das Gebrüll so sehr, daß sie sich einen der Pflastersteine griff, mit denen die Fensterscheiben zerschmettert wurden, um damit auf ihren cholerischen Mann einzugehen. Wegen ihrer Angeschickertheit verfehlte sie aber seinen Kopf und knallte ihn auf den Rauf-und-runterkurbel-Wohnzimmertisch, über welchem gerade besonders viele Drohbriefe wirbelten, und so kam es, daß zwischen Tischplatte und Pflasterstein ein Brief eingeklemmt wurde. Das Ehepaar verharrte schweigsam vor dem Tisch. Die Geburt einer großen Idee hatte Suff und Zorn die Tür gewiesen. »Dieser Augenblick ist so erhaben, daß wir den Tisch so weit hochkurbeln sollten, wie es nur irgend geht«, sprach der Ingenieur. Und sie kurbelten den Tisch so hoch wie nie zuvor, bis zum Anschlag, bis zum Weißbluten, bis er nicht mehr papp sagen konnte. Dann küßten sie sich dermaßen französisch, daß man das Geschmatze und Geschlabber bis zu den Mülltonnen hören konnte. Nur Insider wußten bislang, in was für einer engen Beziehung die Entstehungsgeschichte der beliebten Redewendung »Sie küßten sich so laut, daß man es bis zu den Mülltonnen hören konnte« zu der Erfindung des Briefbeschwerers steht. Jetzt ists raus, jetzt wissen es alle. Ich bitte insbesondere die jüngeren Leser, die Qualität dieses neuen Wissens mit der Nutzbarkeit desjenigen zu vergleichen, das einem in der Schule vermittelt wird. Bei mir war das ganz schlimm. Im ersten Jahr

Englisch wurde mir weisgemacht, daß man, wenn man jemanden nach der Uhrzeit fragt, sagen müsse: »What o'clock?« Im Deutschunterricht lasen wir immerfort Geschichten, von denen der Lehrer behauptete, daß sie »Parabeln« seien. Kein Schulrat, kein Elternverein machte diesem Unfug ein Ende. Im wirklichen Leben werden Geschichten niemals Parabeln genannt. Parabeln sind irgendwelche beschwipsten Ellipsen, die oben nicht ganz dicht sind, und sonst gar nichts. Am schlimmsten trieben es die Physiklehrer. Die kamen allen Ernstes in den Physikraum und behaupteten, die Maßeinheit für Gewicht hieße »Pond«. Die hamse doch nicht alle! Pond! »Ich hätte gern 500 Pond Zwiebeln!« Den Typen sollte man mal stecken, daß die Maßeinheit für Physiklehrerdoofheit »Tritt in Popo« heißt, und 10 Tritt in Popo = 1 Suspendierung. Am liebsten würde ich in die CDU eintreten, mich dort in affenartiger Geschwindigkeit die Erfolgsleiter hochbumsen und mich zum Schulrat krönen lassen. Dann würde ich die Prügelstrafe wieder einführen. Allerdings für Lehrer. In die Schulbänke würde ich Signalknöpfe einbauen lassen, nennen wir sie mal PPWKs (Pond-Parabel-What-o'-clock-Knöpfe), und wenn ein Lehrer mal wieder blödisiert, drükken die Schüler den PPWK, ich höre in meinem Büro ein Signal, springe in meinen Schulratshubschrauber, lande mit quietschenden Kufen auf dem Schulhof, greife meinen Dienstkochlöffel, und dann kriegt der betreffende Pädagoge den Hintern versohlt, daß es nur so qualmt. Den Schülern ist ausdrücklich gestattet, die Abstrafung auf Video aufzunehmen, ja sogar, diese Videos zu verkaufen. Bald gäbe es überall Spezialshops namens »Das gute Gewaltvideo«, und die armen Jugendlichen müßten sich nicht mehr diese gräßlichen Eingeweidefilme anschauen.

Auch in die Lehrpläne würde ich gebieterisch eingreifen. Sport wird eingestampft, da er in seinen heutigen

Hauptausprägungen zu Männlichkeitswahn und Gewalttätigkeit animiert. Das stinkt zum Himmel, ist trotzdem sonnenklar, und wer eine andere Auffassung vertritt, ist kein kluger Kopf, sondern Nachbeter staatstragender Propaganda, dem der Mund mit dicken Schichten Tesa-Krepp verklebt werden sollte, damit er den Rest seines Lebens nur noch »hmmpf, hmmpf, hmmpf« sagen kann. Zur Auflockerung werden Keulenschwingphasen zwischen die Unterrichtsstunden geschoben. Auch die Buben schwingen Keulen und huschen jauchzend mit Gymnastikbändern über den Rasen. Ich spreche natürlich von eigenhändig bestickten Bändern. Auch die Keulen werden von den Schwingern mit Jugendstilschnitzereien verziert, bevor sie geschwungen werden. Auf freiwilliger Basis dürfen die Jugendlichen Boden- und Geräteturnen machen. Wettkampfsportarten werden ausnahmslos von der Schule verbannt. Jugendliche sollen einander nicht bekriegen und besiegen. Fremdsprachen werden zuungunsten des Deutschunterrichts ausgebaut. Deutsch lernt man von alleine, und Rechtschreibung ist absolut unwichtig. Wer Spaß an sprachlicher Fein- und Korrektheit hat, dem kommt die Orthographie sowieso zugeflogen, wer keinen Sinn dafür hat, der lernts eh nie, und den soll man nicht damit quälen. Der Gipfel von Primitivität ist es, sich über anderer Leute Rechtschreibfehler lustig zu machen. Ich kenne eine an sich reizende Dame, die öfter mal Kontaktanzeigen aufgibt, nur um sich über die Fehler in den Antwortbriefen zu beömmeln. In einem stand: »Ich will Dir die Sterne vom Viermament holen.« Ich fand das super-super-super-süß. (Schlimm: Sie zeigt die Briefe auch noch anderen Leuten, mir z. B. Ich habe ihr aber gesagt, daß das eigentlich nicht sehr schön von ihr ist. Natürlich bin ich scheinheilig: In dem Brief stand, daß der Mann in der Amerika-Gedenkbibliothek arbeitet, Foto lag auch bei, und als ich am nächsten Tag in der Nähe war, bin ich rein in die Bücherei, um mal zu gucken, ob der mit dem Viermament da ist. War aber nicht da, oder muß im Keller arbeiten. Im Keller kriegt man schon mal so Viermaments-Gedanken.) Zurück zum Deutschunterricht: Literaturlektüre wird abgeschafft. Fünfzehnjährige brauchen keinen Brecht und Böll und Goethe und Dürrenmatt und schon gar keine Pädagogen, die ihnen erzählen, daß jeder Satz dieser Herren eigentlich eine »Metapher« für irgendwas ist. Merke: In guter Literatur bedeutet jeder Satz genau das, was er aussagt! Wenn jemand schreibt »Fünf Grapefruitlöffel schuppen bravo Kratzklotz am Busen der natternden Gangsteraula«, dann bin ich mir völlig sicher, daß der Autor den Leser damit auffordern will, sich vorzustellen, wie fünf Grapefruitlöffel am Busen der natternden Gangsteraula bravo Kratzklotz schuppen. Wenn Goethe was von einer Pomeranze schreibt und eigentlich eine Frau meint, dann ist das eigene Blödheit, die andere Leute nichts angeht. Eigentlich wollte ich meinen Beispielsatz erst mit Sektquirlen statt mit Grapefruitlöffeln bilden, dann hätte ich fragen können, wo ist denn der sechste Quirl, in der Packung waren doch sechs, und hätte antworten können, na, der ist wohl hinter die Spüle gefallen, oder: der ist wohl einer kleptomanischen Pelzmantelschlampe anheimgefallen, und dann hätte der Leser denken können: Jaja, mir fällt auch immer alles hinter die Spüle, oder: Jaja, typisch, Pelzmantel, aber klauen, doch leider ging das Wort Sektquirle lediglich mit der natternden Gangsteraula eine Beziehung ein, mit schuppen und Kratzklotz vertrug es sich so wenig wie ich mich mit der Rechtschreibung, die ich aber im Verhältnis zur Schönschreibung für stark überbewertet halte. Wäre ich Schulrat, gäbe es Schönschreiben als Pflichtfach bis zum Abi, und wäre ich nicht Schulrat, sondern christlicher Kalenderhersteller, dann nähme ich ein Foto von einem Heuhaufen bei Sonnenuntergang und schriebe darunter: »Die Handschrift ist das Gesicht der Seele, meine kleinen Spatzen und Katzen.« Die Kalligraphie ist hierzulande die am meisten vernachlässigte Kunstform, und alle Blitze und Hitzen der Welt mögen sich in jenem Teil der Hölle sammeln, wo die Rabauken schmoren, die die deutsche Schreibschrift abgeschafft haben. Man stelle sich nur vor: Man lernt einen wunderschönen Menschen kennen, Abendwind weht lind um dessen wohlformatige Kinnpartie, die Haare hängen hübsch ins Gesicht, und im Munde funkeln allerlei Zähne wie im Schaufenster des piekfeinsten Juweliers von Paris, der so piekfein ist, daß Sophia Loren und Jackie Kennedy draußen vor der Tür stehen müssen, weil drinnen kein Platz mehr ist, denn da drängeln sich schon Catherine Deneuve, Madame Giscard d'Estaing, die Begum, Beate Wedekind und die Mutter von Moosi Moosbauer oder Mooshammer. Was machen die Loren und die Onassis? Sie gehen in ein piekfeines Restaurant und rülpsen. Ist aber egal eigentlich. Jedenfalls sind auch die Augen der Person mit den piekfeinen Zähnen sehr schön, so etwa wie eine Mischung aus Mandeln und normalgroßen Eiswürfeln. Den Rest möchte man auch noch bewundern, aber heute gehts nicht. Man läßt sich die Adresse aufschreiben, doch nun Schock und Anlaß zu traurigem Lied: So ein Krickelkrackel, so ein Geschmiere! Das ist doch so, als ob man entdecken muß, daß die angebetete Person Mundgeruch hat oder volkstümliche Schlager liebt! Von so einer Person läßt man die Finger. Deswegen, Jugend, der Rat eines Älteren: Mühe geben! Ich selbst habe auch eine relativ unschöne Handschrift, aber ich versuchs immer wieder. Schon wenn ich morgens im Bette aufrage, marmele ich zu mir: »Heute setze ich keine großen Druckbuchstaben nebeneinander, verwende keinen schmierigen Kuli und schon gar keinen quietschenden, fetten, schwarzen Filzstift, sondern schreibe flüssig richtige Schreibschrift mit einem guten Kuli oder einem dünnen Filzstift oder mit der schönen Sheaffer-Feder. Vielleicht nehm ich den zarten Bleistift gar. Jaja, lieber Gott, laß mich zarte Zeilen finden mit dem Bleistift. Auf keinen Fall werde ich etwas auf ein kariertes Blatt schreiben, das aus einem Kollegblock gerissen wurde, und mein Format sei stets DIN A4. Briefe an mir persönlich Unbekannte will ich stets mit der Maschine schreiben. Walter Kempowski meint, es sei unhöflich, mit dem kleinsten Zeilenabstand zu schreiben, weil das die Augen ermüde, aber ich finde es eher unhöflich, Papier zu verschwenden und mehrseitige Konvolute zu verschicken. Zwei prima Männer, zwei prima Meinungen. So ist die Welt. Herr, gib mir Geduld, damit ich fröhlich auf ihr wohnen mag!« So marmele ich bzw. bete ich schon des Morgens. Habt keine Bedenken, mir in diesem Belang tüchtig und tapfer zu ähneln.

Register

In Überschriften vorkommende Stichwörter wurden nicht aufgenommen.